ANGELO DE GUBERNATIS

LA FRANCE

LECTURES, IMPRESSIONS ET RÉFLÉXIONS

FLORENCE

IMPRIMERIE G. CIVELLI, EDITEUR

1891.

LA FRANCE

ANGELO DE GUBERNATIS

LA FRANCE

LECTURES, IMPRESSIONS ET RÉFLÉXIONS

FLORENCE
IMPRIMERIE G. CIVELLI, EDITEUR

1891.

Propriété littéraire

À Monsieur Ernest Renan

Cher grand Maître,

Il y a longtemps que je n'ai plus l'honneur de causer avec vous. Il me semble que, même chez les Français les mieux disposés pour l'Italie, il y a des appréhensions pénibles sur les sentiments des Italiens envers la France, que l'on croit aisément hostiles. Ayant visité dernièrement, en votre absence, votre grand pays, j'ai désiré résumer en un livre ce que j'aurais préféré vous dire, dans le désir sincère de vous persuader que tout ce qui pense en Italie ne peut s'associer aux rancunes qui nous ont si funestement éloignés de la France, et que le respect, mêlé d'amour pour la France, est encore l'un des dogmes essentiels de notre credo politique. Tous les Italiens qui ont vu de près le Comte de Cavour à l'oeuvre de notre résurrection nationale, savent que, sans la France, l'Italie ne serait point debout; et, puisqu'il s'agit *d'histoire de notre temps, nous croyons qu'il n'est point permis de l'oublier. Je ne dirai rien de nouveau dans ce livre que je présente à la fois à votre pays et au mien par votre intermédiaire; mais, si on veut le lire avec quelqu'attention, on se persuadera en Italie que la France est bien plus noble, bien plus fière et bien plus grande nation que celle avec laquelle on polémise si souvent dans nos journaux; et en France on se calmera un peu au sujet des Italiens, pas si ingrats qu'on nous représente, ni tellement aveuglés qu'ils cessent de comprendre combien leurs plus grands intérêts touchent de près aux intérêts français, en les poussant vers cette France toujours ouverte aux idées les plus élevées, aux sentiments les plus humains, et, sans laquelle, le monde marcherait encore, sans doute, mais en boitant.*

Cher Maître, puisque vous êtes du petit nombre des élus qui ont le droit de parler haut, dites à votre pays qu'il compte encore de nombreux amis en Italie, et que, sans méconnaître les grands mérites des autres nations, la conscience nationale italienne est avec vous et se révolte contre toute tentative d'ostracisme politique donné à la plus chevaleresque des nations.

Je n'ai point oublié non plus votre magnifique lettre adressée à Strauss, pendant l'année terrible; le temps est peut-être arrivé pour renouveler ce grand cri de paix d'il y a vingt ans; la triple alliance à la quelle je rêve depuis des années, doit réunir l'Allemagne savante, la noble France et la belle Italie dans un seul groupe idéal; l'union de ces trois Grâces puissantes et lumineuses fera le bonheur de l'humanité et anéantira à jamais le monstre de la guerre; ce monstre que nous détestons ensemble et avec la même force, et que la seule lumière de la science enflammée par l'amour, si vous vous donnez la peine de crier bien fort, parviendra à tuer; voilà mon grand voeu, mon voeu suprême pour la nouvelle année! [1]

Florence, 1.er janvier 1891.

ANGELO DE GUBERNATIS.

---

[1] Un écrivain puissant de l'Allemagne, Börne, avait déjà prévu que « de l'union de la France et de l'Allemagne ne dépend pas seulement leur propre fortune, mais encore le sort de toute l'Europe ». Lorsque Börne écrivait ces lignes, l'Italie n'existait pas encore comme nation; si elle avait existé, Börne aurait avec son esprit supérieur, prophétisé la triple alliance de nos rêves.

PRÉLUDE

C'était pendant la grande Exposition Universelle. Nous étions à Paris et nous remontions lentement la rue de Rivoli, lorsqu'un cortége imposant qui s'avançait, en pompe solennelle, nous arrêta. Les douze mille maires de France venus à Paris pour visiter l'Exposition se dirigeaient, musiques et drapeaux en tête, vers l'Elisée, où le Président de la République devait en recevoir les hommages. Le moment était superbe et instructif pour un observateur étranger. Les maires s'étaient groupés par départements. Du Finistère au Var, du Nord aux Pyrénées, toute la France, représentée par ses autorités municipales, se serrait dans cet immense Paris, qui peut, sans se déranger, accueillir tout un peuple, habitué comm'il est, à recevoir, avec une grace parfaite, tout le monde.

Quelle étude intéressante pour l'anthropologue! la pensée essentielle et dominante qui animait ces douze mille maires était une seule, peut-être : rendre honneur à la patrie ouvrière, qui triomphait par l'Exposition Internationale ; mais combien de types, de races, de traditions, et d'habitudes différentes tous ces maires réunis ne présentaient ils pas, en un seul bouquet colossal, aux yeux de l'observateur ! Le Provençal et l'Auvergnat, le Gascon et le Parisien, le Bourgnignon et le Breton, le Savoyard et le Normand, et ainsi de suite, de quelles variétés intéressantes n'agrementaient ils-pas la grande figure de l'union française !

La langue nationale était une ; mais combien de jargons différents ! le sentiment national était le même ; mais combien de façons différentes pour l'exprimer ! Quelle variété de tempéraments ! Si, par un coup de baguette magique, on avait changé tout le magnifique cortége en assemblée délibérante et accordé la liberté de parole et de discussion à tout le monde, non pas sur l'idée générale de la patrie, mais sur un menu détail de la vie nationale, les surprises auraient été nombreuses, et Paris, avec sa tour Eiffel, serait probablement devenu une véritable Babylone.

Le contraire a eu lieu ; et l'accord entre les douze mille maires a été parfait, parceque tout le monde se rendait au centre lumineux de la vie française, en vue d'un intérêt commun. À mesure que les intérêts individuels et locaux s'efforcent de devenir des intérêts généraux, l'idée de la patrie s'agrandit et se fortifie. La France a commencé en elle-même ce travail d'assimilation qu'elle a continué dans ses rapports avec le monde. C'est par ce travail interne qu'elle est devenue une unité puissante; elle peut être déchirée par des partis et ravagée par des guerres; le fil secret, le fil d'Ariadne, cet esprit jadis gaulois, maintenant Français qu'à l'heure du danger et à l'heure de la gloire, lui permet toujours de se montrer fièrement toute entière debout, depuis Vercingétorix, ne s'est jamais rompu. Et c'est, précisément, parceque ce merveilleux tissu de l'unité française est solide, que la France peut attirer le monde entier à son métier, et, avec de nouveaux fils étrangers, préparer à l'infini des tissus merveilleux pour l'oeuvre de la civilisation.

Depuis bientôt quatre siècles, la France passe, aux yeux de l'Europe, pour le pays le plus civilisé du monde. Cette gloire, parmi les nations modernes, lui est bien acquise. Elle ne se l'est point appropriée; c'est l'Europe elle même qui la lui a décernée d'une voix unanime et avec le meilleur gré du monde. Chaque pays peut avoir des qualités de détail supérieures à celles qu'on admire en France; mais, comme ensemble harmonique de qualités, aucun ne peut se vanter de tenir tête à la France.

Chaque nation européenne, à un moment donné,

a eu sa gloire à elle; grande ou petite, une gloire qui lui appartient exclusivement et dont l'éclat a été assez vif. Il y a même des pays privilégiés, hors la France, où la gloire a poussé plusieurs fois et, chaque fois, avec une nouvelle sève puissante, avec une végétation originale et féconde. L'Italie, par exemple, a eu, depuis les Italiotes et les Étrusques, jusqu'à sa reconstitution politique actuelle, plusieurs renaissances merveilleuses. Mais la France seule a su tirer parti pour elle même de toutes ces gloires nationales des autres pays, les résumer, les polir et les rendre humaines, au profit universel. Avec un sentiment de mesure qui étonne chez un peuple doué d'une si grande vivacité, d'une sensibilité, mobilité et souplesse si extraordinaire, elle a enlevé, dans ses nombreux emprunts faits à l'étranger, tout ce qu'il y avait d'excessif et d'un peu sauvage dans une production spontanée et de première main, émoussé toutes les pointes, effacé toutes les grimaces, et, avant de faire entrer dans son organisme, une nouvelle nourriture étrangère, soigneusement écarté tous les ingrédients qui auraient pu la rendre indigeste; l'esprit s'est allié au bon goût dans cette oeuvre sympathique d'assimilation internationale.

C'est ainsi que la France s'est appropriée, de François premier à Napoléon III, d'une partie de la magnificence espagnole, sans la caricature des hidalgos; d'une partie du goût des italiens pour l'art, en laissant bien vite de côté les conventions académiques; du génie industriel des Anglais, avec des sentiments plus humains et plus fraternels pour l'ouvrier; de l'activité marchande des Hollandais, avec des rapports plus faciles et plus doux avec les indigènes, dont ils enlevaient les trésors; de la curiosité scientifique des Allemands, sans la torpeur de leur esprit un peu lourd; de ce qu'il y a d'original dans l'esprit russe, sans aucune de ses violences; de l'esprit d'entreprise des Américains, avec plus d'égard pour le droit d'autrui; et de l'instinct universel, pour le progrès, de cet esprit chrétien, qui s'élargit et se développe de plus en plus, en poussant plus loin les confins de la patrie, et en harmonisant l'amour de la patrie avec le sentiment de l'humanité.

La France nous appartient quelque peu à tous, parcequ'elle a eu soin de nous résumer tous en certaine mesure. Par cette raison, l'histoire moderne, qui a été faite, en grande partie, par la France, n'aurait pas de sens si on voulait faire l'essai impie de supprimer la France du compte.

Effacez de l'histoire moderne le siècle puissant de Louis XIV, le siècle élégant de Louis XV, l'œuvre remuante des Encyclopédistes, la Révolution Française, les guerres de Napoléon, les guerres d'Algérie, la guerre de Crimée, la guerre d'Italie, le percement de l'isthme de Suez, le percement du Fréjus et il restera bien peu à raconter de très intéressant et de très instructif, exception faite pour les conquêtes de la science et de l'industrie et pour l'histoire de la constitution et des colonies de l'Angleterre, qui s'est ressentie, moins que tout autre pays, des révolutions du monde, et s'est développée par ses propres forces d'une manière organique.

Tout ce qui s'est passé ailleurs en Europe est vraiment secondaire, accidentel, presque insignifiant. Il n'y avait partout que des déchéances; déchéance des Bourbons en Espagne et en Italie; déchéance des républiques de Gênes et de Venise; déchéance de la puissance Othomane; déchéance des pays Bas; disparition de la Hongrie et de la Pologne.

Les peuples slaves n'ont pas encore dit jusqu'à présent un seul grand mot bienfaisant à l'Europe; ils ont appris quelque chose de l'Europe, sans lui apprendre rien d'important et d'utile. Ils seront, sans doute, une force pour l'avenir, s'ils se mettent tout à fait au niveau de la civilisation européenne; mais, en attendant, un peuple qui s'annonce à l'histoire par le nihilisme, semble nous menacer de n'avoir aucun idéal devant lui, de n'avoir rien à nous dire, rien à affirmer de nouveau. Les auteurs slaves, des véritables anatomistes, ont averti le monde de certaines maladies sociales qui nous rongent; ils ont analysé toute sorte de playes avec une vérité écoeurante ; mais ce n'est pas, au moyen de l'anatomie, que l'on arrive à composer de nouveaux puissants organismes nationaux. L'anatomie convient aux cadavres ; la vivisection humaine est abominable ; et à un peuple jeune on demande que ses poétes, que ses savants, et que ses artistes, au lieu du souffle glacial de la mort, nous pénétre par le souffle chaud de la vie. Le monde slave, pour le moment, n'a fait que menacer l'Europe d'un danger imminent qu'il court ; son rôle a donc été négatif jusqu'à présent.

Heureusement, pour la civilisation du monde, l'Allemagne idéaliste est debout. La véritable race germanique dominante est noble. Ce qu'il y a de plus épais dans ce qu'on appelle le peuple allemand est, très probablement, un reste de fond slave, qui demeure sur son sol, depuis la conquête allemande. Si en Russie on a pu dire : grattez le Slave et vous trouverez le Tatare, à plus forte raison, dans presque toute l'Allemagne, on pourrait répéter : grattez l'allemand et vous trouverez le slave.

Mais, si l'Allemagne, comme nation, doit sa première culture à l'Italie, elle est surtout redevable à la France de sa culture moderne et de sa renaissance politique. Sans les grands écrivains français du siècle passé, l'Allemagne en serait encore à sa froide imitation des classiques ; sans Rousseau, Voltaire, les

Encyclopédistes, et tout le beau mouvement philosophique de la France du XVIII siècle, on ne comprendrait Lessing, Goethe, Schiller, Herder, Heine et tous les grands écrivains qui ont créé l'esprit allemand moderne; on pourrait même ajouter que, sans l'exemple donné par le peuple armé de la France révolutionnaire et sans la littérature qui accompagnait et illustrait ce superbe mouvement patriotique français, il n'y aurait pas eu une insurrection parallèle ou antagoniste, du peuple allemand, ni des Blucher, ni des Koerner, pour le guider à la victoire. Aucun peuple ne sait mieux que l'Allemand profiter de ses lectures. L'allemand digère lentement ce qu'il lit, mais il digère bien; les idées d'autrui deviennent, petit à petit, chez lui, des opinions personnelles, et les opinions des convictions; c'est alors qu'il agit. C'est la France qui a enseigné à l'Allemagne la manière de battre Napoléon premier; et c'est encore la France qui, en aidant l'Italie à se relever, a affaibli l'ennemi séculaire de l'Italie et de la Prusse, et permis à cette dernière de constituer l'unité allemande.

Ah! si le vainqueur de Sedan, au lieu d'avoir les ambitions d'un homme, avait préféré la gloire d'un Dieu, et, repassant le Rhin, sans déchirer le sein de la France, avait épargné des centaines de milliers de victimes inutiles! quelle gloire pour lui et pour l'humanité! quelle véritable grandeur pour l'Allemagne!

quelle magnifique et unique occasion pour imposer la paix au monde! Par l'annéxion violente de l'Alsace et de la Lorraine, l'Allemagne n'a pas fait sa paix avec la France et elle s'est peut être mis un cancer au coeur; c'est la Vénétie pour l'Autriche, c'est la Pologne pour la Russie, c'est l'île de Crète pour la Turquie, c'est peut-être, Massaouah pour l'Italie, le Tonquin pour la France; une richesse apparente et une faiblesse réelle de plus, qui paralysera une partie de la vie nationale.

On trouve en Allemagne un grand nombre d'esprits justes qui n'ont point approuvé le déchirement de la France après la victoire; et, malgré tout, en Allemagne, on garde encore de très grandes sympathies pour le peuple français. Si on ne les avoue pas ouvertement, certes, on pense tout bas que cette France qui paye noblement ses dettes, après une guerre désastreuse, avant l'échéance; qui, malgré l'abstention des gouvernements étrangers, improvise une Exposition Internationale merveilleuse, mérite encore toujours son glorieux titre de Reine de la civilisation.

Seulement, puisque la France est reine, on regrette qu'une si grande dame prenne de temps en temps les airs d'une petite femme blessée qui boude. Le monde aime à voir la France souriante. On l'admire, lorsqu'elle s'arme fièrement et se lance au combat. Mais, dès que le monde est en paix, et que l'univers, convié par elle à son banquet international, la visite, on aime à retrouver chez elle son grand sourire accueillant. Si elle fronce le sourcil, si elle chicane son voisin, si elle se montre aigrie et ne fait que se plaindre d'être négligée ou délaissée, elle perd, sans doute, une partie de ses grâces et de ses avantages. C'est elle qui a appris à l'Europe le rire discret; c'est elle qui lui a donné le goût de la vie joyeuse. Le plaisir, en tant qu'oeuvre d'art, en tant qu'esthétique de la vie, et douce philosophie, après la Renaissance italienne, est passé au milieu de la société française. C'est donc là qu'on aime à le retrouver.

C'est surtout, par l'histoire moderne de la France et par sa littérature, qu'on a appris à aimer et à apprécier la société française. Lorsqu'on arrive à Paris, on a soin de la rechercher. On sait très bien que des rois comme Louis XIV, que des ministres comme Richelieu, que des généraux comme Bonaparte, ne se révèlent qu'à de grands intervalles dans l'histoire; mais on ne saurait point s'imaginer une France ennuyée, maussade et désagréable, une France qui ferme soigneusement ses salons, de peur que des étrangers suspects les recherchent et les fréquentent; une France sans gentilshommes élégants et spirituels, et sans dames aimables qui sachent causer; une France telle qu'on se la représente lorsqu'on l'étudie de loin, qui ne soit pas tout à fait amoureuse et tout à fait brave, qui n'assaisonne de sa bonne humeur, de son goût, de sa distinction naturelle tout ce qui se dit et tout ce qui se fait de convenable dans le monde.

Toute l'Europe, bon gré mal gré, dans une mesure, sans doute, différente, ouvertement ou secrètement, est amoureuse de la France. Dès que son visage se déride, et qu'elle cesse d'être convulsionnée ou indisposée, l'Europe semble respirer à son aise et se montre empressée de la féliciter.

On s'amuse certainement à Paris plus que partout ailleurs. L'étranger qui cherche des délassements, n'a qu'à parcourir les Boulevards pour s'en procurer à satiété. Mais ce n'est pas là qu'on trouve la meilleure société française, la véritable vie française et ce parfum de plaisir qui est dans les habitudes et dans les goûts de l'homme du monde français. Le plaisir qui court les rues n'est pas le véritable plaisir français; ce n'est qu'un ragoût assez malsain offert en pâture aux badauds de la province; un plaisir grossier et, quelquefois, brutal. C'est le plaisir qui passe et qui tue l'esprit, non pas le plaisir qui le tient en éveil et qui dure. Les vrais parisiens n'en goûtent presque point.

Où sont ils donc? et que font ils? Nous l'ignorons. Mais on doit supposer qu'en ce moment, l'élite de la société parisienne habite très peu Paris, et qu'elle ne s'y montre guère, pour s'occuper de ses terres; et il y a lieu de croire que les grandes dames françaises de notre temps, en opposition avec leurs aïeules et avec le goût moderne, cultivent assez la vie de famille et les vertus domestiques. S'il en est ainsi, on doit en féliciter la France.

À un jour donné, lorsqu'un gouvernement définitif, républicain ou monarchique peu importe, permettra à la France de s'y fier et de se reposer, sans crainte de surprises et de nouveaux bouleversements, on reviendra, sans doute, aux douces habitudes de la vie parisienne. Alors, de nouveau, quelques salons s'ouvriront comme par enchantement, et tout ce qu'il y a de plus exquis dans la société française et étrangère y paraîtra de nouveau au grand jour; et le salon français, qui a toute une histoire brillante, redeviendra une école de bon goût pour tout le monde.

En attendant, qu'au fond de leurs manoirs, les gentilhommes et les dames de France se retrempent dans une vie plus simple et plus pure, qu'ils ne perdent pas entièrement de vue ce grand Paris qui les attend, et où ils devront revenir un jour, pour y reprendre le sceptre de l'esprit et de la grâce. Le séjour de la campagne nuit un peu à la culture de l'esprit; tout isolement amène un certain degré de sauvagerie; mais si on laisse arriver dans la solitude les grandes nouvelles du monde; si, par la lecture et la correspondance, on entretient des goûts élevés; si, en un mot, le château de province songe quelquefois au salon parisien, ces deux termes de la vie élégante française, en s'accordant, donneront encore au plaisir le plus exquis le siège le plus brillant.

Si le Français n'a pas tout le bon sens et toute la droiture de l'Anglais; l'obstination consciente, la profondeur et l'honnêteté de l'Allemand; l'inspiration, la génialité et le coup d'oeuil politique de l'Italien et la grandeur magnifique de l'Espagnol, pour ne mentionner que les peuples qui ont joué le premier rôle dans la moderne civilisation européenne, il possède, en degré suprême, le don de polir les métaux précieux et les perles fines que le monde lui confie et le don de plaire et de se communiquer universellement, par sa langue, si claire et si souple, et par ce feu electrique naturel au français, qui en fait un être brillant et sympathique à part, donnant à tout ce qu'il touche un vernis qu'on appelle parisien, comme jadis on disait athènien, parce qu'il est composé de grâce et d'esprit.

Tel nous nous représentons le peuple français. Mais que les Français de 1890 y prennent garde. Les étrangers qui visitent depuis vingt ans la France sont peinés de constater le manque de courtoisie et de politesse d'une partie des citoyens de la troisième république; employés de toute espèce, portiers et concierges, garçons d'hôtel, cochers, domestiques, dames de magasin, ouvreuses de théâtre, tout ce monde, en somme, avec lequel l'étranger est forcé de se trouver immédiatement en contact, ne sont plus guère obligeants; on était habitué à supporter chez le français un certain degré de blague nationale; mais cette pose insolente des petits, cet air hautain avec lequel le dernier citoyen de la république répond à n'importe qui, ne blesse pas autant l'étranger qu'il fait sérieusement du tort à la bonne renommée du peuple français. Après plus que vingt ans d'absence, nous avons visité la Prusse et la France dans la même année; et nous avons le regret de constater que Berlin a gagné, depuis 1870, en fait d'amabilité, ce que Paris a perdu. Encore une fois, la France a enseigné quelque chose à son ennemie, qui en a tiré grand profit. On dirait qu'à Paris tout le monde se croit en droit de poser; le portefaix, le colporteur, le journaliste, l'artiste, l'expert, le professeur, l'employé, l'académicien, le député, jusqu'à l'illustre et aimable président de la république, qui salue la foule, avec cet grand air de Sultan qu'on a quitté depuis un siècle, dans les cours européennes, chaque citoyen français prend aisément, comme le *civis romanus*, vis à vis des barbares, un air digne et s'enveloppe d'une certaine majesté, lorsqu'il daigne vous accorder une audience; on dirait que la plus part des Français ne sait plus causer naturellement, et que cette bonhomie confiante du bon vieux temps a disparu du sol de France, ou, pour le moins, de la ville de Paris. Je ne charge pas; je raconte ce que j'ai vu et dont j'ai été, en ma qualité d'italien habitué aux moeurs de l'Europe, un peu froissé; ce n'est qu'un mince détail; mais il y a des détails, d'après lesquels un voyageur superficiel décide de l'ensemble. Les français ne s'en doutent point; je leur demande donc pardon d'avoir fixé leur attention sur le danger qu'ils courent depuis quelques années, de perdre une réputation noblement aquise, par la tradition de plusieurs siècles.

La France a le droit d'être fière pour tout ce qu'elle peut montrer de grand à l'étranger; et ce livre se propose surtout d'en esquisser, daus ses lignes essentielles, la véritable grandeur. Mais, c'est précisément parce que cette gloire est bien établie, parce qu'elle est enviable, qu'on n'aime pas à la voir compromise par cette sotte blague et suffisance des menus citoyens qui en tirent une vanité personnelle.

Les étrangers sont tellement habitués à admirer la France comme une très grande nation, qu'on peut seulement lui prêter de très-grands sentiments. Tout ce qui est petit et mesquin ne nous semble pas français. Dans toutes les grandes questions et entreprises on souhaite et on réclame l'avis et l'appui de la France. Les anciens allaient à Delphe pour écouter l'oracle. Le monde moderne accourt à Paris. Les sons mystiques des anciennes forêts des Druides ont parlé à l'antiquité gauloise et inspiré une sorte de terreur au grand triomphateur romain. La France exerce encore la même fascination sur notre temps; et on veut, à tout prix, obtenir son sourire d'approbation, sa grande bénédiction pour tout ce qui se dit et se fait noblement dans le monde; ceux qui affectent du mépris pour le suffrage de la France ne sont point sincères et cachent seulement le dépit de ne pas l'avoir mérité. Mais, justement parceque le rôle que le monde entier attribue à la France est si grand et si beau, tout Français qui respecte la grandeur de son pays doit avoir soin de lui conserver la couronne de reine de la politesse que le Roi François premier a posé un jour sur la tête de la France, et se défendre soigneusement contre tout ce que le sentiment individuel pourrait réceler d'hargneux et de moins poli, surtout envers l'étranger. La France n'existe qu'à condition d'être grande, aimable et généreuse. C'est, par cette seule raison que le culte de la France est devenu pour toute nation civilisée, même pour celles dont les événements ont fait provisoirement des ennemies, l'un des devoirs les plus doux, et un sousentendu nécessaire pour tous les peuples qui aspirent vers une vie idéale.

Chaque peuple a quelque chose à apprendre, quelque chose à attendre de la France; elle a beau s'isoler; on la cherchera toujours; elle a beau perdre contenance, crier, s'impatienter; on lui pardonnera facilement toutes ses algarades; grande enfant gâtée de l'Europe, elle peut être grondée quelquefois; mais tout doucement, en cachant un sourire dans les larmes, sans cesser de l'aimer et de faire des voeux pour son bonheur et d'y contribuer.

Nous pensons que, si on pouvait questionner un à un chaque peuple, comme on questionne un individu, sur la France, telle est la sympathie naturelle que ce seul nom éveille dans le monde entier, que chaque peuple répéterait pour son compte ce que nous serions tentés d'avouer pour le notre; si nous n'étions point nés Italiens, c'est Français que nous voudrions être. Ce compliment secret que chaque peuple, à certaines heures, pourrait adresser à la France, prouve qu'elle appartient, plus que toute autre nation, à l'humanité, et que la grandeur des sentiments humains dépasse encore en France la grandeur de ses sentiments patriotiques. Que la France garde soigneusement et qu'elle caresse longtemps cette gloire; elle est la plus pure entre toutes, et celle qui lui assure le plus de force et le plus de crédit dans le monde. À ce titre, la nation dont les souverains s'appelaient *très-chrétiens* est aussi la nation la plus véritablement chrétienne du monde, parceque, mieux que toute autre, elle comprend, elle devine, elle embrasse, elle crée, elle répand ce qui est humain.

Nous avons lu qu'à un défilé des drapeaux tricolores italiens avec la croix de Savoie, dans le grand salon du palais d'Industrie, M. Carnot, président de la République, s'est ému, et leur a envoyé un long baiser de bénédiction. Si le fait est avéré, l'Italie toute entière a dû retourner ce grand baiser de paix au chef de la nation française.

La France et l'Italie non seulement ne peuvent et ne doivent se quéreller; mais elles ont toutes les raisons du monde pour s'aimer avec passion et pour s'unir dans la même oeuvre pacifique de civilisation. C'est la France qui a réveillé à la vie politique la belle au bois dormante; c'est la France qui a fait retrouver sa patrie à Mignon exilée. L'ancienne statue aux formes classiques ineffaçables, s'est animée en Italie comme en Grèce, et c'est la France qui a la gloire d'avoir soufflé la vie moderne sur ces deux chefs d'oeuvre de la nature. Maintenant, la belle vierge immortelle est debout; sa voix claire et sonore resonne dans le monde; son regard qui perce loin, qui a découvert le mouvement des astres dans le ciel profond, et le nouveau monde, à travers l'Ocean, regarde encore dans le lointain; le génie lui appartient encore comme à la Grèce ancienne. Sa démarche d'impératrice est sûre et majestuese; fière au combat, comme Minerve, suave au foyer, comme une Madone. Aussitôt délivrée, elle s'est tournée avec amour vers sa grande soeur de France, une soeur idéale, vive, délicate, intelligente, au sourire délicieux, grande dame, élégante, généreuse et riche, puissante dans le travail, charmante dans le repos, qui sait tout saisir et tout donner, qui gazouille dans sa cage comme un oiseau sur sa branche, brave dans la mêlée, comme sa divine Jeanne d'Arc, joyeuse, fringante, étourdie et adorable. Dès qu'elle ouvre la bouche, on l'écoute avec admiration ; dès qu'elle se lance à l'oeuvre, on la suit avec émotion ; le succés est son compagnon fidèle. Et les deux soeurs unies dans une oeuvre commune, ont déjà fait deux fois merveille ; elles ont réuni deux mers divisées, et elles ont percé les montagnes. Voilà le produit bienfaisant de leur alliance ! L'Italie n'a autre richesse que celle de la lumière qui l'entoure et qui éveille son génie ; elle invente, elle découvre, elle aide à découvrir les sources ; la France sait puiser de l'or a toutes les sources et le prodiguer dans des oeuvres de civilisation. L'Italie médite pendant que la France rêve ; l'Italie chante, pendant que la France parle ; l'Italie garde sa démarche royale, pendant que la France marche vite ; l'Italie a plus de muscles et plus de sang ; la France a plus de nerfs et plus de feu ; en France il y a plus de verve, en Italie plus de suite. La France est une ondine, l'Italie une sirène ; la France est une fée, l'Italie une sybille ; la France est une Grâce, l'Italie une Muse ; mais toutes les deux ont le pouvoir de charmer, d'attacher et d'inspirer le monde. Chercher à les mettre l'une contre l'autre ou à les séparer, ce n'est pas seulement un crime de lèse humanité; c'est un crime de lèse divinité, et le pire des sacrilèges.

Angelo De Gubernatis.

UN COUP D'OEIL À L'HISTOIRE DE FRANCE

Aussitôt que la France, sous le nom de Gaule, a commencé à compter dans l'histoire de la civilisation, ont commencé ses rapports avec l'Italie; tantôt dominée, tantôt dominatrice, la France n'a presque jamais séparé ses destinées des destinées italiennes. L'Empire, l'Eglise, les traditions de l'école romaine, les Républiques marchandes Italiennes, la Renaissance, la decouverte de l'Amérique, la cession de la Corse à la France, sont des faits de l'histoire italienne qui ont exercé une influence essentielle sur l'histoire de la France. Suivre les rapports réciproques des deux pays c'est tracer les lignes principales de leur histoire nationale.

Où le fait italien semble être absent, c'est le plus souvent une idée italienne, c'est un principe posé par Rome ou par Florence, c'est Auguste ou Machiavel qui gouverne la France; César est arrivés deux fois de l'Italie en France. Catherine et Marie de Médicis, Richelieu, Mazarin, Louis XIV avaient puisé leur sagesse politique en Italie. Lorsque la France a montrè le plus de sagesse et le plus de force s'est souvenue des institutions de l'antiquité romaine. La centralisation qui a fait sa forte unité est un héritage du gouvernement romain des Gaules.

L'administration romaine était des plus simples; un petit nombre d'employés suffisait pour régir le monde romain. On pourrait jusqu'à un certain point se rendre compte du système romain en comparant le système actuel du gouvernement anglais dans l'administration des Indes, où le Vice Roi répond au préfet du prétoire qui gouvernait les Gaules, les *Governors*, les *Commissionners*, les *Collectors*, avec leurs bureaux, représentent les fonctionnaires intermédiaires de premier rang. Dans les différentes charges indiquées dans l'almanach de l'Empire du cinquième siécle connu sous le titre de *Notitia imperii romani*, on pourrait trouver le terme corréspondant des charges actuelles de l'administration anglaise aux Indes. Le système assez déspotique des préfectures renouvelé en France sous le premier Empire a reproduit, à certains égards, le modèle impérial romain adopté dans les anciennes Gaules; seulement l'état de la société moderne a rendu impossibles certains abus inhérents au système, et certaines violences ont heureusement disparu, à la suite de la séparation des fonctions purement administratives des fonctions politiques. À la gloire de l'administration romaine dans les Gaules et ailleurs on peut cependant ajouter que le tiers du revenu des villes et des impots était deja alloué à des travaux publiques, chemins, aqueducs, ponts, ports, murs, théâtres, thermes etc.; l'Angleterre aux Indes et Napoléon 1.er, cet italien qui a fait de la France un nouvel empire, ont affécté au même usage les tributs de leurs sujets; mais le *numerarius operum publicorum* de l'empire romain avait donné l'exemple. L'Empire avait substitué une administration plus régulière à l'ancien pouvoir arbitraire des proconsuls de la république. Le droit public, le droit commun commençait à préoccuper l'état; on comprit à Rome que pour subir un gouvernement étranger, les peuples soumis avaient besoin de se sentir soulagés de certains poids qui les écrasaient sous le régime arbitraire des anciens chefs de tribu. Le gouvernement romain devant donc paraître au peuple gaulois comme un pouvoir civil réparateur, la loi succédant au caprice et à l'arbitre individuel, un principe de justice et une sorte d'egalité pénétrèrent, par la domination romaine, dans la société gauloise. La chute de l'empire romain replongea le monde dans le vide et dans la confusion; et ce ne fut qu'au réveil de la tradition romaine opéré, au sein du moyen âge, par l'Eglise, que la féodalité put être disciplinée en France, sous un nouveau régime impérial. Mais Charlemagne est tout aussi bien un fils de Rome qu'un fils de l'Allemagne devenue gauloise.

Et l'Empire romain lui même en cessant, à la suite de la faiblesse croissante et de sa progressive décomposition, d'administrer les Gaules, y laissa des traces profondes de son passage, et peut être l'embryon de la constitution de la moderne société française. L'aristocratie d'épée n'avait peut-être pas entièrement disparu; les anciens chefs de tribu, avaient peut-être adopté des noms romains pour entrer dans l'armée ou ils s'etaient assez civilisés pour pouvoir être admis à quelques unes des hautes fonctions civiles dans le Gouvernement des Gaules; d'autres s'etaient sans doute cachés au fond de leur terre. Mais nous n'avons aucune notion historique certaine qui les concernent pendant les premiers siécles du Christianisme. Nous voyons au contraire une sorte d'aristocratie de robe venir, par les Romains, remplacer l'aristocratie féodale gauloise, dans la classe des familles dites sénatoriales, formées, en grande partie, par des individus marquants qui avaient servi l'état et occupé dans la hiérarchie gouvernementale les premières places. Cette espèce de noblesse de l'Empire sera destinée un jour à jouer le plus grand rôle dans l'histoire de France; elle fournira un certain nombre de doctes prélats à l'Eglise Gauloise; pendant les siècles barbares, elle réclamera pour les légistes de sa caste des privilèges exceptionnels sous le règne de Philippe le Bel; elle deviendra un jour la maîtresse du Parlement et, par le Parlement, elle contribuera à la Révolution française. Au dessous de cette espèce de *senatus*, de premier conseil, de nobles privilégiés, les Romains avaient constitué dans les Gaules, la *curia*, un conseil général, un conseil municipal composé de tous les propriétaires considérables, une sorte de haute bourgeoisie ayant cependant plus de devoirs que de droits, et rendue responsable du recouvrement des impôts pubblics. Gardiens forcés de leurs biens, les curiales ne pouvaient ni vendre leur propriété, ni sortir de leur état, ni quitter leur *curia*. Ils étaient en quelque sorte, les ôtages de l'Empire, auquel était réservé le droit de s'emparer des terres des curiales qui ne remplissaient pas leurs devoirs envers l'état. Plus tard, après la chute de l'empire, la haute noblesse de robe et d'épée ayant partagé avec la monarchie le pouvoir suprême, ces bourgeois descendants des anciens *curiales*, ces anciens conseillers municipaux, ont eu à souffrir des exigences de la Couronne et des Aristocrates bien plus encore qu'ils n'avaient souffert de l'Etat sous l'Empire Romain, et, devenus tiers état, ils ont aidé, plus que toutes les autres classes sociales, au succès de la Révolution, qu'ils ont fait d'ailleurs presque uniquement à leur profit. Mais il est assez curieux de trouver les germes et les causes lointaines de la constitution du tiers etat dans la constitution impériale romaine des Gaules, où, entre le *senatus* et la *plebs*, il y avait déjà une masse de *curiales* fort peu satisfaits de leur sort, ayant déjà toutes les ambitions et tous les instincts de la bourgeoisie moderne. Ils étaient les riches, et en leur imposant des corvées sans fin on les a traité un peu comme on a souvent traité les Juifs dans l'histoire, en les dépouillant avec mépris, en leur réservant seulement quelques minces priviléges, pour ne pas les confondre tout à fait avec la populace, tels que l'exemption de la torture qu'on ne pouvait appliquer aux *curiales*, si ce n'était dans des cas extrèmes, et l'exemption de certaines peines infamantes réservées aux esclaves. Quant au peuple, à la fin de l'empire romain, il était déjà partagé en deux classes, les artisans et les serfs. Les artisans commençaient à s'organiser en corporations; les serfs domestiques et les serfs ruraux s'émancipaient progressivement. Rome, tout en imposant aux Gaules sa constitution civile, posait, en même temps, les eléments d'un développement social qui devait aboutir aux formes de la société moderne.

Lorsque, l'empire romain étant dissou, les Gaules devinrent la proie des barbares, Rome continua encore son oeuvre de civilisation au milieu de la société gauloise par le moyen de l'église. Le christianisme né en Orient s'est affirmé à Rome. Cette force d'organisation que Rome avait montré dans la constitution de l'empire, l'a gardée également dans la constitution de l'église chrétienne. Le principe de discipline qui avait disparu de la société civile passa dans la société religieuse. Le mot de l'Empereur qui gouvernait le monde fit place au mot du Pape. Ce n'est plus un Empereur mais un Pape qui arrêtera Attila; c'est la colère des Papes qui fera écrouler le trône des Lombards en Italie; si les princes de la terre ne se plient à la volonté de Rome ils seront perdus; c'est en s'inclinant devant Rome que Charlemagne deviendra Empereur; excommunié par le Pape l'empereur de l'Allemagne perdra sa couronne; la parole des Papes armera toute la chrétienté pour les Croisades, et lancera, avec la France, toute l'Europe armée en Orient. Rome, après la chute de l'Empire, continue, par la Papauté, par les conciles, par les écoles chrétiennes, par les monastères, par les Croisades, sa mission civile dans le monde; et, après l'Italie, la France est la première à se ressentir des bienfaits du christianisme; aussi le premier prince du moyen-âge qui protegera les études, d'une manière efficace et suivie, sera un français amoureux de Rome. Charlemagne avait eu en Italie une sorte de révélation du monde ancien et du monde moderne; ailleurs il avait triomphé par les armes; en Italie, il trouva l'inspiration pour ses grandes oeuvres pacifiques, et il imita bientôt son prédécesseur impérial Constantin qui avait accordé dans ses constitutions les plus grands priviléges et les plus grands bénéfices aux maîtres d'école. L'influence du christianisme sur les Gaules a été, après la chute de l'Empire, au moins aussi grande et aussi active qu'avait été celle de la culture romaine, sous la domination impériale. Après avoir absorbé l'esprit romain, les Gaules se laissèrent pénétrer plus que tout autre pays par l'esprit chrétien.

Ce qu'il restait d'esprit druidique de l'ancienne Gaule fut appliqué aux nouvelles questions religieuses soulevées par le christianisme. En dehors de l'Orient, nul pays, avant la réforme, s'intéressa plus que la France aux discussions théologiques et provoqua la réunion d'un si grand nombre de Conciles. Les premières grandes discussions de la Sorbonne en France ont été des questions théologiques. Qui cherche Dieu, cherche l'Unité Suprême; avant d'entreprendre les grandes oeuvres, la France a abordé les grandes questions de l'esprit. Elle recevait souvent de Rome des idoles; ses théologues en cherchaient l'âme, et ramenaient toutes ces formes extérieures de la divinité à l'Essence parfaite.

Dès le commencement de l'église gauloise dans son sein se trouvaient déja des frondeurs qui passaient pour des hérésiarques; mais, sceptiques ou croyants, en France, plus qu'ailleurs, on s'intéressait aux choses de l'esprit.

Pendant qu'à Bologne on appliquait à la nouvelle domination impériale les principes du droit romain, les docteurs de la Sorbonne se passionnaient pour les questions les plus subtiles de la métaphysique chrétienne. Ce qui restait de l'esprit mobile et inquiet des anciens Celtes dans la nouvelle société gallo-romaine, la portait à persifler toutes les formes idolatriques du culte chrétien; ce que l'ancien esprit druidique avait laissé de profondément religieux dans l'âme gauloise poussait la nouvelle France à idéaliser le culte, à détacher le Dieu de l'idole, à rêver dans le mystère profond de l'infini.

Il nous faut donc avouer que, s'il est vrai que la France a reçu de Rome le christianisme, elle en a fait, dans le cours des siècles, quelque chose de plus élevé, quoique de moins grandiose et de moins théâtral, de plus pûr, de plus spirituel, de plus touchant et qui saisit et embrasse mieux les consciences.

Même après la terrible révolution française, on se sent plus chrétiens en France qu'en Italie. Autant que les Celtes différaient des Latins, leur sensibilité était autre, ainsi que leur esprit religieux; jusqu'à un certain point, le latin pouvait être superstitieux, mais Dieu n'habitait guère son âme, tandis qu'il hantait souvent l'âme gauloise et la poussait vers les rêves. La Gaule romanisée a subi la discipline de Rome, et de Rome elle apprit sans doute à se gouverner et à s'administer; elle reçut aussi le culte chrétien, mais, le trouvant tel quel, un peu matériel, elle le revêtit de son souffle poétique; le christianisme s'est constitué en Italie, mais ce n'est que parmi les Celtes et les Germains qu'il est devenu une grande poésie et une grande philosophie.

En Orient, en Italie, en Espagne le christianisme était brillant et plein d'éclat; mais il en imposait surtout aux sens; c'était la continuation de cette vision de l'Olympe que l'art hellénique avait consacré; l'art italien et l'art espagnol ont fait pour le christianisme ce que l'art grec avait fait pour la mythologie hellénique. La Vierge de l'Orient est sourtout riche; la Vierge italienne et espagnole surtout belle; la Vierge celte et germaine est l'idéal de toutes les perfections de la femme. Lorsque l'art italien a commencé à mettre quelque chose de tendre, et presque des larmes ou un certain trouble dans le regard de la Vierge, ainsi qu'on le remarque déja dans la Sixtine de Raphâel à Dresde et dans la Madone d'Andrea, dite aux Harpies, à la Galerie de Florence, toute nouvelle représentation de la Madone a presqu'entiérement cessé. Des qu'on a cru reconnaître la femme dans la Vierge les uns se sont émus; les autres ont crié au scandale; l'artiste avait, sans doute, dépassé le but en faisant descendre la Vierge de son autel.

C'est en France, au contraire, que le Christ et la Vierge, s'humanisant dans l'oeuvre d'art, non seulement ne devaient perdre aucun de leurs charmes aux yeux des nouveaux croyants, mais en acquérir de nouveaux; on a compris dans notre siècle que l'artiste, en faisant descendre l'idole de son autel, avait seulement voulu placer devant l'homme un idéal de perfection humaine possible a atteindre, et faire monter plus vite l'homme vers les choses et vers les figures divines. Il ne s'agît pas autant de nous faire vénérer le Christ et la Vierge, que de nous les faire aimer et imiter. On ne nous demande pas autant de nous courber jusqu'à terre pour entendre passer sur nos têtes la justice de Dieu, que de rester debout, remplis de confiance et de courage, les yeux levés vers une région plus lumineuse, animés par la présence de deux figures immortelles et adorables de l'humanité. Cette dernière évolution du christianisme, dont le livre immortel de M. Renan a été l'expression la plus fidèle, s'est faite en France, et quoiqu'à Rome on l'ait condamnée comme impie, quoiqu'elle le soit, sans doute, au point du vue de l'orthodoxie, elle a cependant agi sur l'esprit de notre époque, comme un bienfait; elle a glacé, à jamais, sur les lèvres des fils de Voltaire, le sarcasme indécent contre le christianisme; elle a allumé, au fond même de l'âme sceptique des matérialistes, le feu de la poésie chrétienne.

L'histoire de la civilisation des trois siècles qui ont suivi dans les Gaules la chute de l'empire romain rentre presqu'entièrement dans l'histoire ecclésiastique ; toute la culture y est représentée par des moines et par des évêques. Les Gaules sont déjà si riches en saints personnages, qu'elles peuvent en faire présent à l'Italie; Saint Ambroise dit de Milan, et Saint Paulin dit de Nola, étaient nés dans la Gaule. Et, en même temps qu'elle présentait une série de saints philosophes et d'hommes politiques, la Gaule, par Saint Martin, fondait la vraie chevalerie chrétienne; ce n'est donc pas un petit mérite pour la France que cette double gloire d'avoir fait revivre la culture ancienne et en même temps prêché l'amour chrétien que ses orateurs devenus des chevaliers devaient mettre en oeuvre les premiers.

Chez les premiers écrivains ecclésiastiques de la France, le christianisme n'a déja plus rien de raide, d'aride, et de dogmatique; une certaine liberté de discussion y est admise; la foi doit se communiquer par la persuasion; et, pour y arriver, on laisse à la disputation la plus ample liberté; on dirait que cet esprit philosophique qui, depuis Rabelais jusqu'à monsieur Renan, devra pénétrer et caractériser la littérature française moderne, s'est déjà emparé de l'esprit gaulois, pour enlever au précepte de Rome toute sa rigueur hiératique et y substituer la morale chrétienne en action. Le premier mot d'ordre était, sans aucun doute, oriental et transmis à la France par Rome; mais en Gaule moins qu'ailleurs ce mot d'ordre n'a été aveuglement accepté. Le christianisme n'a certes pas été en Gaule et n'est pas en France le même qu'en Italie; plus imposant, plus propre à frapper, par ces grandes lignes fixes, l'imagination d'un peuple artiste en Italie, plus vague et plus mobile, mais plus sympathique et plus humain en France. Tandis qu'en Italie, les discussions des Pélagiens sur le libre arbitre et sur la grâce, et celles de l'évêque Fauste avec le clerc Mamert Claudien sur la matérialité de l'âme étaient ignorées ou laissaient la foule indifférente, en France elles ont tellement passionné le clergé qu'on pourrait bien dire que l'histoire de la réforme en Europe a commencé par ces discussions dont la Gaule a été la principal théâtre. Pélage, le premier véritable protestant, était un moine breton, un celte; et on ne s'étonne point que la doctrine de ce frondeur de l'ancienne église chrétienne ait trouvé en Bretagne et en Gaule, c'est à dire dans le pays des Celtes, un terrain favorable à sa propagation. Le moine Cassien, le continuateur de Pélage, appartenait au midi de la France; et c'est intéressant de constater que le principe du perfectionnement moral de l'homme, et de sa sanctification, par l'effort d'une tendance vers un but plus élevé, et ce qu'on appelle aujourd'hui l'amour de l'idéal, qui divinise l'homme sur la terre, a été posé en France au commencement de ce moyen âge, qu'on appelle âge barbare. Fauste, le douteur matérialiste, était un breton, devenu évêque en France; et nous soupçonnons fort que la véritable source de la legende de Fauste le savant damné, devenue si populaire en Allemagne et immortalisée par le génie de Goethe, se trouve dans la vie et dans les écrits de cet évêque protestant gaulois, de cet hérétique Faustus, contre lequel le saint évêque d'Hippone aiguisa envain ses armes les plus acérées. Le nom de Fauste, aux yeux des orthodoxes devait mal sonner comme celui d'un ami du diable, que la science a perdu. Les Grecs et les Romains de la Gaule méridionale avaient fourni, par leur culture supérieure, à l'esprit Gaulois des sujets de méditation; le Celte se sentant libre, avant d'accepter les doctrines des philosophes grecs et des théologiens romains, demanda à les examiner, et les travailla avec passion pour son propre compte; de ce travail passionné sont issus deux courants parallèles qui, depuis des siècles sillonnent cette vaste mer mobile de la culture française; l'un des deux courants mène à l'idéalisme le plus pur, l'autre au matérialisme le plus sec; entre ces deux courants, pétille et voltige, perperpetuellement inquiet, tout l'esprit français, et sourit tout doucement quelque sage disciple d'Epicure qui trouve bon de ne pas suivre de trop près ni une route, ni l'autre, et de prendre son plaisir hors du danger, contemplant, d'en haut, tous le beaux rêves, et en plaignant, sur le rivage, les fous qui risquent trop sur des flots qui souvent débordent. A quoi bon gâter et troubler la paix des esprits et des consciences et cette douce oisiveté contemplative, qui permet de rêver toujours sans jamais réfléchir, et de toucher à tout, sans rien saisir, sans se fixer a rien? La masse du peuple français a adopté, par des intervalles, cette philosophie agréable; car si elle avait toujours suivi ce que ses poètes et ses philosophes ont conseillé, elle serait mortellement malade de toutes les dangereuses expériences qu'elle aurait eu à subir; heureusement pour la France, la plus grande partie de ce qui a été pensé, dit et écrit dans son sein, n'a pas agi sur la France seule, et a trouvé dans le monde un théâtre plus vaste devant lequel les idées françaises ont pu se répandre. Malgré toute sa vitalité, la France n'aurait jamais été de force à supporter sur elle seule l'application de toute cette masse d'idées agitées par l'esprit français. Rien d'étonnant donc que la doctrine de l'évêque breton Fauste ne se soit pas développée en France, mais en Allemagne, et que la Réforme religieuse dont le premier mouvement avait peut-être été un mouvement français, ait eu besoin de la collaboration sérieuse et formidable de l'Allemagne pour prendre les proportions et le caractère d'une grande et nouvelle institution sociale.

La France a souvent remué de grandes idées; mais,

dans le cours de l'histoire, elle a trop souvent oublié son ancienne discipline romaine pour savoir les appliquer; c'est pourquoi, dans ses mains, celle qu'on appelle la grande révolution, dont les principes ont été profitables à tant de peuples, au lieu d'un organisme tout puissant, est devenue un monstre protéiforme en France même. Les philosophes avaient, sans doute, vu juste; et les écrivains avaient souvent bien dit; mais, au moment de l'action, cette discipline, cet esprit d'organisation qui caractérisait le romain et caractérise encore, à plusieurs égards, l'italien, a manqué, et les principes ont abouti à l'anarchie. Dans le désir de rendre ici le témoignage le plus éclatant au génie civilisateur du peuple français, nous serons donc forcés de nous entretenir bien plus souvent de ses idées et de ses sentiments, qui ont quelquefois passionné et en tout cas éveillé l'intérêt du monde externe, que des faits proprement dits de son histoire nationale. La France n'a, d'ailleurs, jamais rien fait de grand pour elle même que le monde n'en ait profité en quelque mesure. Ce n'est donc que dans ses lignes humaines que nous continuerons à esquisser, ici, à grands traits, l'histoire de France.

Le premier fait vraiment civil, qui se présente devant nous, après la dissolution de l'empire romain, est l'établissement légal des Rois Francs dans les Gaules, par cette fameuse *Lex Salica*, qui a déjà donné lieu à de si longues controverses. D'après les derniéres conclusions de la critique, elle semblerait revenir essentiellement a l'honneur des Celtes et des Latins. À part le nom celtique attribué par la tradition aux compilateurs, on a crû pouvoir exclure le caractère germanique de la loi elle même, sur l'examen de sa langue et de son contenu. Quoi qu'il en soit, cette nouvelle constitution est certainement inspirée aux rois barbares, sur le sol de France, par la connaissance des lois romaines. Ce premier pas vers la civilisation est fait par les rois barbares, en vue de mettre de l'ordre dans une société désorganisée; mais ce qui fait le plus d'honneur aux auteurs de la Loi Salique est la douceur relative des peines qu'elle inflige aux hommes libres. L'esclave et le vilain sont encore exclus du bénéfice de ces douceurs; mais l'homme libre trouve déjà dans les dispositions de la loi Salique une sorte de garantie de ses droits. Elle ressemble, dans son ensemble, à une série particulière des anciennes Constitutions municipales italiennes; et elle constate, en plusieurs cas, des usages bien plus qu'elle ne fixe de nouvelles lois; les usages étaient si nombreux, qu'il fallait, pour s'en rappeler, et pour ne pas laisser trop de prise a de nouvelles violences, à de nouveaux abus, les fixer par écrit. Ceci a été fait essentiellement; d'où s'explique aussi le désordre avec lequel les différents prescriptions sont énumérées. Un législateur qui se fût proposé de compiler un veritable code, aurait mis plus d'ordre dans la rédaction; ici il s'agissait seulement de mettre par écrit et de réunir en un seul corps tout ce qui se pratiquait isolément, sauf à ajouter quelque détail, dans les cas intéressants, où l'usage ne disait rien. La Loi Salique n'a certainement tenu compte de toutes les coûtumes locales du pays où elle a été promulguée la première fois; mais, le centre du gouvernement déplacé et transféré dans un pays différent, où existait d'autres coûtumes, elle devenait tout à fait insuffisante; alors de nouvelles lois vinrent puiser a d'autres sources locales leur inspiration et leur force; et la Loi Salique tomba, peu à peu, en désuétude.

Mais, si l'on pense qu'au milieu des ténébres du moyen âge, dans le silence presqu'absolu de la législation romaine, avant les statuts des républiques italiennes, la France était assez civilisée, pour forcer les rois Francs Saliens, les rois Francs Ripuaires et les rois Bourguignons à la régir avec une apparence de législation régulière, ce retour au droit, après les violences des invasions barbares, fait autant d'honneur à la France, qu'à l'Italie le code de Rhotari roi des Lombards et la loi du Roi Luitprand. En France comme en Italie, c'est le cas de répéter le fameux *Graecia capta victorem coepit*. Les Francs ont eu la gloire de convertir en Français les Gaulois et de régner sur eux soulement à condition de se civiliser; et les lois qu'ils ont promulgués prouvent que la civilisation gallo-romaine les avait entièrement humanisés. Ce n'est que sur le domaine propre de la race latine, en Italie, en Gaule, en Espagne, que les Rois barbares (Lombards, Francs, Bourguignons, et Wisigoths) dans les premiers siècles du moyen âge s'empressent d'entrer par la loi, à part du droit des gens. C'est encore Rome qui triomphe dans cette concession faite à la notion du droit par les barbares; la Loi Salique éditée sur les bords du Rhin était une espéce de droit d'entrée payé par les barbares de l'Allemagne à la civilisatione romaine; et c'est à Metz, en Lorraine, que la loi des Francs Ripuaires, la *lex Ripuaria* a été promulguée après la *lex Salica;* elle marque un progrés sensible, au point de vue de la constitution civile, et elle fait une place plus considérable à la royauté comme pouvoir central, dépositaire du droit; tout attentat contre la personne royale devient un sacrilège puni avec la peine capitale. La société germanique subit donc en France le prestige de l'esprit romain et impérial de la centralisation; et, tout en restant homme libre, le chef, le chevalier celte et germain, devra rendre hommage à la personne du roi, et reconnaître en elle un pouvoir supérieur, représentant d'une legitimité, consacrée par un droit presque divin. On y fait une place importante à la liberté individuelle, et on facilite, d'aprés les formes de la loi romaine, le droit d'affranchissement, en bas, à condition qu'en haut on reconnaisse un tribunal royal supréme, et une justice absolue sans droit d'appel. Dans la loi Salique on consacre un certain nombre de coutumes locales; dans la loi Ripuaire aussi on se conforme aux usages et aux traditions locales; mais elles deviennent des ordonnances royales. L'autorité royale informe aussi et domine la loi des Bourguignons, qui a précedé la loi Ripuaire; le Roi Sigismond édite, au sixiéme siècle, la loi Bourguignonne, au nom de *l'honnêteté,* de la *règle,* de la *raison* et de la *justice,* et « par amour de la justice, au moyen duquel on se rend Dieu favorable »; le principe romain et le principe chrétien se retrouvent et s'allient dans cette phrase heureuse, qui brille dans l'introduction de la loi Bourguignonne. Le Roi, entouré de ses *comites* et *grandes* et aidé par leur conseil proclame la nouvelle loi de justice, par laquelle les intérets des Romains et ceux des Bourguignons seront protêgés contre toute tentative de corruption, ou velléité de sollicitation pour affaiblir la volonté du Roi. Le Roi met lui même en avant la loi, pour se défendre du risque de commettre, dans un moment d'oubli, quelque abus; la loi Burguignonne devra donc être un frein non moins pour le souverain que pour son peuple. Il est évident que les jurisconsultes romains de l'entourage du Roi ont présidé à cette codification et ont forcé la main du monarque barbare; mais cet hommage rendu, sur le sol de France, à l'esprit des lois romaines par un roi Bourguignon témoigne une fois de plus le degré élevé de civilisation atteint par la société barbare renouvelée, et il est glorieux pour la France qu'à la distance de moins d'un siècle l'un de l'autre elle ait su forcer trois fois ses maîtres barbares à discipliner leur suzeraineté pas la discipline d'une loi écrite, et à adopter une partie du droit civil romain. La loi des Wisigoths, autre manifestation de la civilisation dans les siècles barbares, est née dans le midi de la Gaule pour passer et s'y développer en Espagne. En Gaule les Wisigoths se régissaient par les coûtumes des Goths ayant force de lois, les Romains par le recueil de lois Romaines rédigé sous le nom de *Breviarium;* les deux sociétés se trouvaient en face sur le sol de la Gaule et devaient se reconnaître et se respecter; au delà des Pyrénées, l'élément laïque romain était plus rare et moins gênant, mais l'élément germanique y rencontre le clergé espagnol, qui anticipe son rôle de futur inquisiteur de l'Etat.

Ceci prouve que les conditions d'assimilation qui étaient si favorables à la Gaule cessaient de l'être en sortant du pays gaulois. La Gaule avait su absorber des éléments germaniques après des éléments romains, toute en restant celtique; en France tout devait s'assimiler et servir pour la civilisation; ce qui ne pouvait s'assimiler, devait être rejété hors des confins de la France. Si on pénètre à fond l'esprit de la France moderne, on y trouvera les mêmes habitudes, tendances et capacités; tout ce qu'elle ne peut recevoir dans son propre organisme et s'amalgamer est refusé par elle; il n'y a pas de super-positions et de juxta-positions possibles dans la constitution de la France; ce qui ne peut devenir partie de son sang, de son esprit, de sa vie, lui semble grotesque et lui demeure étranger; sa capacité receptive est très grande, mais chaque corp hétérogène qui puisse troubler les fonctions de son organisme essentiellement celtique est écarté; on n'est naturalisé en France qu'à condition de mettre toutes ses resources à entière contribution de l'esprit français.

Cette unité de la loi, que les Wisigoths n'avaient sû produire en Gaule s'est réalisée en Espagne dès qu'ils eurent franchi les Pyrénées, par l'intervention toute puissante du clergé qui s'est immédiatement emparé du pouvoir civil et l'a contraint dans sa discipline. Le clergé espagnol avait hérité de l'Empire romain le goût de la domination universelle; et il s'appliqua à imposer aux Wisigoths une sorte de code général qui aurait pu convenir à toute la société humaine. Le code n'est plus ni romain, ni germanique; il ne vise non plus à concilier les deux éléments; plutôt que l'homme nouveau, il regarde l'homme chrétien, et il s'applique à le rendre meilleur et plus heureux par une nouvelle règle civile. Rome inspire toujours le législateur; le droit romain est la base de toute nouvelle législation; mais en Gaule la royauté demeure un pouvoir civil; en Espagne elle se présente, par la loi des Wisigoths, déjà entourée d'un certain prestige sacerdotal qui la fera redouter. En Espagne, la royauté est soumise au clergé; en France, le clergé est protégé; mais il ne doit pas oser d'imposer sa volonté au Roi. Les conciles sont convoqués en France par ordre et avec le consentement du Roi; on ne peut acheter en France l'épiscopat à prix d'argent; le peuple et le clergé font l'élection, mais sans le consentement du Roi, aucun évêque ne peut entrer en possession de son siège. Aussitôt que la royauté s'affirme en France, s'affirme aussi la supériorité de l'état sur l'église. Le roi est le grand patron de l'Eglise. Charlemagne lui même qui a donné tant de preuves de son respect pour l'Eglise, s'etait réservé le privilège de la haute surveillance du clergé. Les rapports entre l'Eglise et l'État étaient un nouveau point de législation à regler, qui ne pouvait être contemplé par le droit romain; et ce point nouveau a été envisagé autrement en France qu'en Espagne. Le *summum jus* resta toujours en France au pouvoir civil. En Espagne, a partir de la loi des Wisigoths, on peut voir, jusqu'à la constitution de la Compagnie de Jésus, l'esprit ecclésiastique dominer la royauté et en régler la politique suprême. Le Roi et le Seigneur en Espagne sont à la merci des hautes puissances ecclésiastiques; en France, le petit clergé et les moines réclament, auprès du Roi ou du Seigneur patron de la paroisse ou du monastère, contre la tyrannie et la rapacité des évêques. Cette différence de l'aptitude des deux sociétés laïques vis à vis du clergé, en France et en Espagne, est caractéristique et date des premiers siècles du moyen âge. Ici encore la France, fidèle au droit romain, a le beau rôle; et le Roi et le Seigneur, en face des humbles, prendront souvent l'aspect de chevaliers de justice.

Au sein même du clergé français, se manifeste un certain esprit de révolte contre une église et une hiérarchie arbitraire et tyrannique; et comme on avait déja vu un Fauste, on verra plus tard un Saint Colomban et un Saint Bernard, et après quelque siècles, les prêtres jansénistes et les prêtres constitutionnels faire acte d'indépendance envers le pouvoir suprême religieux. Les évêques français sont presque toujours de leur temps et de leur société bien plus que les évêques italiens et espagnols. Nous attribuons le mérite supérieur du clergé français aux éléments celtiques qui persistent chez les descendants des Gaulois; les Celtes étaient une race vive et sensible, pleine de contrastes, tantôt saisie par la terreur du mystère religieux, tantôt éprise des plaisirs et désireuse de se perdre joyeusement dans le tourbillon de la vie. Avant les doctes évêques, spirituels et mondains, de la renaissance italienne, la France, avait déjà connu l'évêque gaulois, qui était à la fois de l'église et du monde. À tel point les moeurs de la société gauloise s'imposent déja au commencement du moyen âge, que l'italien Fortunatus de Trèvise, devenu en France chapelain des nonnes de Sainte Radégonde, et plus tard évêque de Poitiers, les adoptera et en savourera toutes les douceurs. Ses lettres à Sainte Radégonde, toutes décentes qu'elles soient, auraient pu être écrites aussi bien par un abbé galant du XVIII siècle; tout en priant, le chapelain qui aime la bonne chère et les friandises, cultive l'amitié d'une reine devenue une nonne, avec laquelle il entretient une correspondance agréable qui n'est pas tout à fait ascétique.

Est ce que Fortunatus apportait et introduisait en France, comme l'abbè Galiani, ses goûts italiens? ou subissait-il, dans un milieu gaulois, l'ascendant d'une société plus libre, et moins contrainte par la discipline ecclésiastique? Il est difficile, a une si grande distance de temps, de résoudre cette question. Toujours est-il fort curieux de rencontrer dans la littérature française de ce temps une certaine liberté d'allure dans le langage, dont on chercherait envain des documents dans la littérature italienne de la même époque. L'esprit s'est montré au moyen-âge plus délié en France que partout ailleurs; et la France est presque le seul pays de l'Europe, où la littérature, au moyen âge, ait brillé de quelque éclat.

Tandis qu'en Italie les éléments germaniques et latins ont duré des siècles avant de s'amalgamer et de se confondre dans une seule unité, en France cette unité s'est présentée presqu'immédiatement après l'invasion des barbares; ils s'y sont acclimatés bien vite, et ont subi à l'instant même avec la loi romaine l'esprit de la vie celtique. Cette fusion presqu'instantanée a permis au moyen âge français de se civiliser bien vite, et de présenter en face de la nouvelle invasion musulmane une société déjà fortement organisée et capable, non seulement d'arrêter la marche des Sarrasins, mais de les refouler au delà des Pyrénees. C'est à la bataille de Poitiers que la France a gagné le privilège de se nommer la première des nations chrétiennes; la constitution de l'empire chrétien par Charlemagne, et les Croisades ne sont que la conséquence de la position acquise à la France par Charles Martel; et elle le pouvait aisément, parceque, sous ce Roi, la France était déjà une nation organisée pour la vie moderne. Dans tous les autres pays il y a plus de distance qu'on ne puisse en constater en France entre le moyen âge et l'âge moderne. Le moyen âge français est moins une nuit qu'une aurore; apres Charles Martel, Charlemagne; après Charlemagne, Saint Louis; après Saint Louis l'éclat de la Cour littéraire de Provence; peut-être la France s'endort-elle un peu lorsque l'Italie par les Communes et par les Républiques aura son grand réveil, lorsque la Maison de Savoie quittera la France pour venir s'établir en suzeraine aux pieds des Alpes italiennes; mais Louis XI et Charles VIII arriveront à temps pour organiser la monarchie française au milieu de la formation des grands états européens et pour la transmettre toute puissante à leurs héritiers. Les Rois Lombards en Italie, par la création de leurs trente-six duchés avaient contribué à la division de l'Italie; même après leur chute, l'Italie est restée divisée en plusieurs états; ces divisions ont empêché la constitution médioévale de l'unité italienne; les Bernards, les Bérengaires et les Hardouins ont été des fantômes de rois, plutôt que des véritables monarques italiens. L'absence d'un roi puissant, et la faiblesse des petits états ont favorisé en Italie le développement de la vie communale et des petites républiques, dont chacune a montré une activité prodigieuse, mais sans pouvoir imposer son gouvernement et son autorité au reste de l'Italie. Lorsqu'à leur tour, les républiques semblaient avoir décrit toute leur parabole historique, les anciens duchés crées par les rois Lombards se sont reconstitués sous une nouvelle forme; mais aucun de ces petits états n'avait, à son tour, assez de force pour tenir tête à l'invasion de Charles VIII roi de France qui traversait l'Italie en maître. La force de la France a toujours été son admirable unité. De tout temps elle a plutôt concentré que dispersé son activité; la centralisation était le point de mire de tous ses gouvernements depuis les Mérovingiens jusqu'à la république actuelle; et parceque l'idée impériale romaine a pénétré l'esprit politique gaulois, la France a toujours pu se retrouver dans ses grandes occasions. Lorsque le sentiment de l'unité nationale, par un égarement momentané des esprits, semble se perdre, lorsque les différents éléments qui composent la société française se séparent, se détachent, se désorganisent, il y a anarchie, un trouble profond dans la société française, destruction de la France elle même, qui est seulement puissante tant que son peuple, son clergé, ses bourgeois, sa noblesse et son roi se respectent mutuellement et tiennent les uns aux autres.

La disparition d'un seul de ces éléments rend la France inquiète et malade. Toute son histoire est là pour le prouver. Même lorsque les différents éléments de la société luttent entr'eux, la nature ne les pousse point à se démolir; ils se combattent parceque la prépondérance d'un élément sur l'autre menace l'existence d'un de ces éléments nécessaires à la vie commune et par conséquence l'existence même de la société; la lutte vise uniquement à établir une sorte d'équilibre économique entre toutes les forces qui constituent la société française; c'est encore une lutte pour la vie, dans laquelle le salut de chacun est nécessaire pour le salut de tous. La grande politique des rois de France a été de ne jamais perdre de vue l'unité nationale; et lorsque, dans leurs mesures, ils accordaient de trop grands priviléges ou ils faisaient de trop grandes concessions à une seule des classes sociales, toute la société éprouvait un peu de malaise, dont l'état se ressentait; lorsqu'ils corrigeaient, au contraire, des abus, et faisaient de la royauté une gardienne de la justice, et un pouvoir conciliateur, il pouvait y avoir des murmures, et même des révoltes partielles, mais la France respirait. Il serait injuste maintenant d'attribuer à tel ou tel autre souverain le mérite exclusif de cette unification de la France; elle ne s'est point faite, en un jour, par un seul coup de baguette magique, ni par la volonté d'une seule tête, ni par la force d'une seule loi, mais par l'instinct naturel et traditionnel de la royauté française; l'ouvrage avait été abordé par les Rois Mérovingiens; les Carlovingiens l'ont poursuivi, et leurs successeurs ont presque toujours marché sur leurs traces, de Charlemagne à Louis IX, de Louis IX à Philippe Le Bel, de Philippe Le Bel à Louis XI, de Louis XI à Louis XIV, de Louis XIV à Napoléon I, de Napoléon I à Napoléon III.

Quoique, depuis la Révolution française, on accuse souvent la France de ne pas se tenir tranquille un instant, et de s'agiter toujours en agitant le monde, on doit cependant constater que, dans aucun autre pays de l'Europe, l'idée de l'unité nationale n'est plus ancienne et n'a été poursuivie avec plus de suite et avec plus d'obstination qu'en France.

On s'est demandé si Charlemagne était un Celte ou un Germain; ce qu'on peut répondre de positif, c'est qu'il a été le premier des Français, et que le premier il a habitué la France à parler à l'Europe. Peu nous importe, au fond, de savoir à quelle race originairement il appartenait; même en admettant que le petit fils de Pepin d'Herstall avait du sang germain tout pur dans ses veines, on doit convenir que, né et élevé en France, son esprit y est devenu français. La France était chrétienne; il importait à cette famille germanique de s'affirmer, et de consacrer sa royauté récemment usurpée. Le Pape avait besoin, pour se soutenir, de la force matérielle; au roi des Francs manquait une sorte de consécration de ses entreprises. Pour que l'alliance fût possible, on devait sacrifier quelqu'un; le roi des Lombards a été la victime désignée. La destruction du royaume des Lombards a-t-il été un bien ou un mal pour l'Italie? Nous pensons qu'elle a été, au bout du compte, un grand mal, et qu'elle en a seulement retardé l'unité. Elle était en voie de se constituer; la monarchie des Lombards allait devenir une monarchie nationale, et le Pape serait resté seulement le premier des évêques; la descente de Charlemagne avec ses Francs en Italie, pour soutenir la papauté, l'agrandir, la rendre puissante, arrêta en Italie ce mouvement unitaire. L'Italie passée sous la domination des Francs, fut seulement unie dans la servitude, tant que Charlemagne vécut;

après la mort de ce grand Empereur, elle fut livrée, sous ses ineptes successeurs, à l'anarchie. De même, après la chute de l'empire napoléonien, l'Italie fut déchirée en lambeaux; au lieu d'un seul tyran, elle en compta bientôt plusieurs, presque tous mauvais, et elle cessa de former un seul corps politique. En attendant, la force de gravitation, étant passée, sous les successeurs de Charlemagne, de la France à l'Allemagne, l'Allemagne commença à s'ingérer non plus, en nation barbare, mais en dominatrice légitime, dans les affaires d'Italie.

La France, en négligeant l'Italie, l'a livrée quatre fois dans l'histoire, à l'Allemagne; sous les derniers Carlovingiens; du temps de Charles Quint; après Waterloo; après Sedan. Chaque fois que la France, au lieu de chercher en Italie un point d'appui essentiel, s'en est retirée, elle a joué gros jeu et perdu sa partie. Tant que Rome papale pouvait représenter pour la France la tradition de l'ancienne civilisation latine, on comprenait qu'elle pût s'appuyer sur Rome; Rome était peut-être aux yeux de Charlemagne l'expression la plus haute de la civilisation. Mais la papauté a cessé de personnifier l'Italie, depuis l'apparition des Communes et depuis la grande renaissance italienne. Chaque fois donc que la France est encore venue se mêler des affaires italiennes, pour soutenir la cause vieillie de la papauté contre de nouveaux intérêts essentiels du peuple italien, elle est devenue impopulaire en Italie, et y a perdu du terrain et des sympathies. La France contemporaine n'a pas encore assez compris ses véritables intérêts en Italie. L'intérêt personnel d'un prince, l'ambition de Charles de Valois, de Charles d'Anjou, de Charles VIII, de François I, de Louis XIV, de Napoléon I, de Napoléon III pouvait leur faire souhaiter, à un jour donné, et pour des motifs personnels, la bénédiction d'un pape. Mais l'Italie entière étant devenue plus puissante que la papauté, l'intérêt actuel de la France est de comprendre la grande évolution qui s'est accomplie dans la vie italienne et faire cause commune avec ce peuple qui vient de renaître. Une partie de la France préfère encore soutenir le mort au lieu du vivant; et cette erreur traditionelle de la politique française, en retardant la resurrection politique italienne dans le passé, est, peut-être, la cause de bien de malentendus qui empêchent malheureusement la France et l'Italie de s'entendre et de marcher au même but.

On a dit qu'avec Charlemagne, tout son empire s'est écroulé et que toute son oeuvre a disparu. Mais on a vu alors comme après, sous Louis XIV, sous Napoléon I, sous Napoléon III, d'un côté toute la capacité d'expansion de la France à l'étranger, de l'autre sa tendance naturelle à devenir un empire, à se laisser entraîner, guider, dominer par la volonté absolue d'un seul homme intelligent. Si l'empire de Charlemagne semble un événement isolé et sans attaches dans l'histoire, considéré dans l'histoire de France, il sert à indiquer et a caractériser la nation française. Dès que la France cesse d'avoir un chef, bien en vue, glorieux et puissant, elle s'agite, elle se trouble, elle se laisse entraîner à toute sorte d'aventures; l'esprit mobile français, au lieu de se concentrer dans une seule oeuvre commune, cherche alors à s'emanciper et donne dans tous les travers. La France n'apparaît vraiment grande dans l'histoire que lorsqu'elle confie ses destinées à un homme de génie, qui dans un sentiment commun d'admiration, force tous les Français à marcher vers un seul but élevé. On a dit que la France a besoin d'avoir un maître; le mot maître est dur et n'exprime au juste ce qu'il faut à la France; c'est plutôt une espèce d'Immortel qui personnifie en lui la grandeur de la Nation; et il faut que le Dieu sache tantôt lancer la foudre, tantôt verser de l'ambroisie.

Monsieur Carnot est un président respectable; il a donné des grandes preuves de sagesse, et il mérite toute l'estime dont il est devenu l'objet; mais on le guide plus qu'il ne guide; il garde bien la France, et l'empêche d'avoir des convulsions; mais les Français qui cherchent quelque chose de très-grand en haut, trouvent l'Olympe un peu vide, et ils ne savent plus où tourner la tête, pour entendre le verbe inspirateur.

Nous ne connaissons point les détails de la vie de Charlemagne; nous avons sur lui, malgré la vie d'Eginhard, bien plus de récits légendaires que des données historiques; mais ces légendes mêmes nous donnent la conscience de sa véritable Majesté. Nous devinons, par son oeuvre, par ses lettres et par ses capitulaires, l'élévation de son esprit, et la grandeur de son âme. S'il devait se sentir allemand lorsqu'il ouvrait des écoles à l'Europe qui avait désappris à lire, et lorsqu'il disciplinait la féodalité, par son esprit accueillant et communicatif, Charles était bien français; c'est en s'occupant de grandes choses qu'il a pu frapper l'imagination française et mériter par ses contemporains le nom glorieux que la postérité lui a conservé. Le premier parmi les rois de France, Charlemagne a habitué son pays à sentir sa grandeur; et, en glorifiant son grand prince, la France s'est glorifiée elle même. Charlemagne a personnifié à lui seul tout le peuple Franc; cette seule figure lumineuse éclaire toute la France du moyen âge; et puisqu'à cette époque il n'y avait pas de pays mieux gouverné et plus illuminé que la France, c'est avec Charlemagne que la grande nation s'affirme pour la première fois dans l'histoire et agite devant l'Europe surprise le flambeau de la civilisation. On peut supprimer bien de détails dans l'histoire de France; mais, pour saisir vraiment l'esprit français et se rendre compte des causes de la véritable grandeur de la France, il faut s'arreter devant ces grandes figures, qui, s'imposant à toute une nation qui passe pour impatiente, en résument l'esprit, les goûts, les tendances, et demeurent devant notre esprit comme des expressions typiques de l'idéal français, dans les moments les plus épiques de la vie nationale. Si la France entière ne participait de la nature de ses grands princes, de ses grands ministres, de ses grands écrivains, de ses grands généraux, elle ne saurait point travailler aussi bien pour leur gloire. Si Charlemagne est devenu en France avec ses Paladins le héros d'une épopée populaire, c'est que la France elle même avait l'âme héroïque. Si même l'origine germanique de l'épopée carlovingienne devait être prouvée et établie, il resterait toujours que cette épopée, remaniée en France, a pris une tournure toute française, et la grande sympathie avec laquelle nous la lisons vient de ce que nous y reconnaissons à chaque pas l'esprit amoureux et chevaleresque du chevalier français. Il est de la nature de tous les empires de tendre vers la domination universelle; Charlemagne, comme empereur, devait exercer son influence au dehors bien plus qu'il n'aurait pu le faire comme simple Roi de France. Chaque Roi doit limiter son regard au territoire qui est confié à sa tutelle; un empereur vise plus loin; un empereur latin veut avoir l'hégémonie sur toutes les races latines, un empereur germain sur toutes les races germaniques, un empereur slave sur toutes les races slaves; et si on trouve, en dehors de ces trois races, des autres races que l'on considère comme inférieures et moins civilisées, la tendance naturelle de chacun de ses trois empereurs est d'en devenir, sous l'apparence de protection, le maître. Charlemagne avait parfaitement compris le prestige de son titre impérial, et, participant à la fois de la race latine et de la race germanique, il se fit le protecteur naturel de ces deux races contre les Arabes vers le midi, et contre les slaves vers l'Orient. L'une de ses expéditions militaires fut contre les Danois. Cette guerre peut-être porta aux Normands des nouvelles plus proches de l'Occident et tenta leur esprit aventurier; ainsi l'Empire de Charlemagne toucha, par quelque point, à l'Europe entière. Ses guerres avaient presque toutes un but politique; et partout où il portait ses armes, il laissait des traces lumineuses de la civilisation française. On l'a dit un ignorant; c'est un conte, sans doute; en tout cas, il avait l'esprit éclairé et il était fier de la protection qu'il pouvait accorder aux lettrés de son temps et aux maîtres d'école. Grâce à lui, il y a eu dans la littérature du moyen-âge un siècle de Charlemagne, comme dans l'antiquité il y avait eu un siècle de Périclès et un siècle d'Auguste. Mais Charlemagne a, le premier, au nom de la France, convié l'Europe à une sorte de banquet intellectuel. On dit qu'après lui, le monde est retombé dans les ténèbres et dans la confusion; mais il est juste de constater que cette interruption de la civilisation n'a peut-être jamais été bien réelle en France, où l'Université de Paris, avant celle de Bologne, devint bientôt et demeura, pendant quelques siècles, le plus grand centre de lumière dans tout le moyen âge. L'éducation universitaire était latine en France tout aussi bien qu'en Italie; mais la vivacité, l'animation en était celtique et l'ardeur qu'on y mit, dans la discussion des problèmes philosophiques et théologiques, prouve que le souffle moderne de l'esprit celtique mêlé avec l'esprit germanique y avait déjà pénétré sous les auspices d'un prince universel. La France s'est faite par cette triple, vraiment utile et glorieuse alliance des éléments celtiques, des éléments romains et des éléments germaniques. L'union de ces trois éléments a fait la véritable physionomie de la nouvelle France. Vouloir exclure l'un de ses éléments ou le représenter comme nuisible à l'organisme français c'est le méconnaitre et en préparer la dissolution. Le feu celtique allié avec la double raison romaine et germaine a mis la France, à différentes reprises, à la tête de la vie moderne: elle ne doit donc perdre, en s'isolant dans son unique esprit gaulois, des avantages précieux que les vicissitudes de l'histoire lui ont procurés. Rome et l'Allemagne ont saisi de deux côtés différents la Gaule, pour l'embrasser, bien plus que pour la suffoquer; et tout ce qui passe en France y devient aisément français. L'Empereur Charlemagne, un germain, peut-être, de race, mais né, élevé, poli en France, et amoureux de la gloire de Rome, en a été la première preuve éclatante; Mazarin, Napoléon premier, Gambetta et Garibaldi, prouveront plus tard à quel point la France charme, captive, dompte et pousse l'esprit des grands italiens.

L'empire de Charlemagne résume toute entière la civilisation de son temps, et les Capitulaires en sont, peut-être, l'expression la plus fidèle. Il n'a pas détruit l'essence même des lois locales et particulières à chaque pays et à chaque nation; il les a plutôt utilisées et consacrées; il en a fait une espèce de *Corpus,* comme Théodose et Justinien avaient pratiqué pour les lois de l'empire romain. Dans les Capitulaires se trouve donc à peu près tout le droit du Moyen-Age en résumé. Et il y a encore plus que la loi ; on y trouve l'esprit qui domine la loi et son souffle inspirateur, qui en fait presqu'une oeuvre de génie, si on se rapporte à l'époque barbare, et si on réfléchit que Charlemagne était peut-être le seul dans son temps, à penser si haut et à élever, par son exemple, le niveau intellectuel de tout son entourage.

L'histoire de France, plus que toute autre histoire, peut-être, est monarchique ; jusqu'à la révolution française le peuple y jouait, sans aucun doute, un petit rôle, si on le compare au grand jeu des princes ; mais certains princes ont exercé leur influence même au delà de leur époque. Charlemagne a été un de ces grands princes, à tel point qu'on peut le considérer aisément comme le premier véritable fondateur de la France moderne. Dans les Capitulaires qui nous sont conservés il n'y a pas seulement la consécration des lois reconnues et adoptées par Charlemagne, mais l'expression de la volonté royale dans un grand nombre d'actes de son gouvernement. D'autres princes règnent, parcequ'ils ont hérité le droit et le devoir de régner, et parcequ'ils ont assez bien appris leur métier de roi. Charlemagne voulait être roi, à sa manière, et poser lui même des principes nouveaux pour la royauté ; son oeuvre est toujours consciente, sa volonté bien déterminée, son gouvernement conforme aux principes qu'il s'est posés, et sur lesquels il a évidemment médité longtemps. Si les Capitulaires eussent pu nous parvenir dans une forme moins fragmentaire, l'oeuvre admirable en ressortirait encore plus brillante ; mais ce qui en reste est assez considérable pour nous imposer une sorte de culte pour ce législateur inspiré qui recueille et dicte toutes les lois qu'il a l'intention d'appliquer, dans son profond sentiment de la majésté, de la prévoyance et de la justice impériale.

Les Italiens sont fiers à juste titre de leur prodigieuse Renaissance ; mais il est juste de constater que les Français avaient eu, avant nous, par Charlemagne, leur renaissance littéraire. Alcuin a précédé de plusieurs siècles nos humanistes. Comme Charlemagne était germain d'origine, Alcuin était né en Angleterre ; celte, il ne devait avoir aucune peine à s'acclimater parmis les descendants des anciens Gaulois. Alcuin fut bien vite adopté par l'empereur germain sur le sol de France, et il devint immédiatement le grand savant, le conseiller, le ministre de l'instruction publique du nouvel empire français. Comme, un millier d'années plus tard, Napoléon premier ramenait de l'Italie, entr'autres, un grand savant piémontais, Lagrange, pour le fixer à Paris, et accroître la gloire de son Institut de France, Charlemagne, étant à Parme, engageait Alcuin qui revenait de Rome à se fixer en France. Comme érudit, qui travaillait à copier et corriger les anciens manuscrits, comme professeur, et comme fondateur d'écoles, sous l'aegide de Charlemagne, Alcuin exerça sur la culture de son temps et surtout sur la culture française la plus heureuse influence ; le prince veillait de près à l'oeuvre de cet abbé actif et intelligent ; non seulement il soutenait et encourageait son travail, mais, sous forme d'ordonnances royales, il faisait lui même ce qu'on nomme aujourd'hui l'article aux manuscrits revus par Alcuin et par ses élèves, pour les recommander comme textes uniques aux écoles.

Les enseignements d'Alcuin plus que des leçons régulières, étaient souvent une sorte de passe d'armes, un tournoi d'esprit. Ne croirait-on pas de se retrouver devant des morceaux de Gongora ou devant certains passages des *Précieuses ridicules* lorsque, dans le dialogue entre Alcuin et Pepin fils de Charlemagne, on definit la langue *le fouet de l'air*, l'homme *l'esclave de la mort, un voyageur passager, hôte dans sa demeure, une lanterne exposée au vent*, la tête *le faîte du corps*, l'hiver *l'exil de l'été*, le printemps *le peintre de la terre*, l'automne *le grenier de l'année*, l'année *le quadrige du monde*, la lettre *le messager muet* et ainsi de suite; ce langage affecté et fleuri trahit evidemment le désir du maître d'école et du lettré de se faire admirer par le disciple et par la cour, à cause d'un talent poétique, et d'un esprit prompt et vif; mais certaines réponses dénotent aussi qu'il y avait une profonde intention morale chez l'instituteur de la jeunesse; lorsque Pepin demande, par exemple au maître: *qu'est-ce que le jour?* Alcuin répond: *une provocation au travail*; cette definition nous avertit que, dans son enseignement, Alcuin visait moins à être précis qu'à produire de l'effet, et à contraindre ses éléves à réfléchir.

Alcuin puisait aux devinettes de la littérature populaire le style de ses questions et de ses réponses; les rois aimaient alors ce genre de tournois dans leurs cours; pour gagner la réputation de savant, il fallait avoir une réponse toute prête, courte, vive et spirituelle à toute interrogation; la science se faisait par le moyen d'oracles plus ou moins transparents; le maître dont les sentences avaient de l'éclat était toujours sûr de plaire. Alcuin menait de front les études religieuses et les études classiques; « je m'applique,
« écrit-il à Charlemagne, à servir aux uns le miel des Saintes
« Écritures; j'essaye d'enivrer les autres du vieux vin des
« études classiques; je nourris ceux-ci des fruits de la

« science grammaticale, je tente de faire briller aux yeux
« de ceux là l'ordre des astres..... Au matin de ma vie,
« j'ai semé, dans la Bretagne, les germes de la science;
« maintenant, sur le soir, et bien que mon sang soit re-
« froidi, je ne cesse pas de les semer en France; et j'espère
« qu'avec la grâce de Dieu, ils prospéreront dans l'un et
« l'autre pays ». Ce n'est qu'en France, et étant devenu
français, qu'Alcuin pouvait écrire ainsi.

Les souvenirs du printemps de sa vie au sol natal le touchent encore, mais ce ne sont que des souvenirs; désormais la vie française l'a gagné et c'est pour la France qu'il travaillera, lui le premier des encyclopédistes, qui a l'ambition de tout savoir et de tout enseigner à la France; son école est déjà une espèce d'université; la théologie, la philosophie, la grammaire, l'astrologie; il y enseigne tout; Alcuin le savant universel est le véritable fondateur de l'Université de France. Et l'Empereur à son tour tache de se mettre en condition de pousser avec intelligence l'avancement de toutes les sciences; dans son empire devaient entrer et passer toutes les lumières; aucun prince n'a peut-être eu, après Auguste, une idée aussi vaste de l'Empire; l'Empereur devait veiller sur son Empire comme Dieu veille sur le monde; s'il ne pouvait pas tout créer lui même, il voulait au moins tout comprendre et s'instruire sans fin, s'informant de tout, et à tout propos adressant des questions à Alcuin, qui, tout en éclairant son disciple ignorant, n'oubliait jamais qu'il parlait à un empereur, dont la volonté était absolue. En attendant, Charlemagne laissait à son secrétaire Eginhard, témoin quotidien de ce que se passait à la cour, le soin de raconter sa vie, et de donner à la France, après une série de chroniqueurs, son premier véritable livre d'histoire.

Tout en relevant le prestige de la noblesse qui l'entourait et qui l'avait vaillamment servi pendant ses nombreuses expéditions militaires, Charlemagne, par son autorité impériale, par la grandeur de son génie, par la force de sa volonté, avait su contenir les chefs féodaux dans un état de dépendance et de sujétion qui ne pouvait donner aucun ombrage à la suzeraineté monarchique. Après la mort de Charlemagne, le pouvoir étant passé aux mains de princes ineptes, la noblesse féodale commença à faire acte d'indépendance et chaque chef devint prince dans son château. Chaque château, comme résidence du chef féodal, se dressa en forteresse crénelée où le seigneur gardait un pouvoir absolu. Chaque chef prit, en somme, tant de goût à la domination, qu'il commença à oublier d'avoir un maître en plus haut lieu, duquel lui, comme tout autre chef, dépendait. Ainsi, à côté de nobles fidèles et loyaux, il en surgit des rebelles, qui voulant exercer, sans contrôle, leur tyrannie, se révoltèrent contre l'autorité royale. Ce fut alors que les Rois et les Empereurs commencèrent à faire cause commune avec le peuple contre la noblesse féodale, et que celle-ci, à son tour, adhérant aux complots des légistes, se constitua en parlement, bien plus pour défendre ses propres priviléges et pour enlever au Roi une partie de son pouvoir législatif et se l'attribuer, que pour améliorer la condition du peuple et soutenir les principes de la justice.

La constitution des fiefs impliquait déjà nécessairement un partage de la suzeraineté royale ; mais tant que Charlemagne vécut, ce partage avait été bien plus formel que réel ; après lui, chaque seigneur se concentra dans son fief et ayant cessé toute contrainte d'en haut, chaque fief prit la forme d'une petite principauté avec tous ses droits inhérents. Cette multiplication des seigneuries arrêta presque toute la vie sociale; la vie se concentra autour des châteaux et des monastères; les villages en étaient les dépendances nécessaires. Les villageois se virent réduits à l'état de gens de la cour. Ce ne fut que lorsque le village s'agrandit et devint une ville qu' il s'émancipa du château. Le bourgeois à été de tout temps l'ennemi mortel du seigneur; aussitôt que la bourgeoisie est née, la féodalité a été menacée dans son existence. En France où les anciennes villes étaient plus rares, les modernes ayant tardé davantage à se constituer, la féodalité a duré plus longtemps qu'en Italie.

Les Communes Italiennes devenues des Républiques ont presqu' anéanti le régime féodal chez les Italiens; en France, cette évolution s'est faite plus lentement, et lorsque quelque ville aurait eu des velléités républicaines, l'autorité royale avait déja repris son prestige. C'est par le concours de la bourgeoisie des villes, en leur accordant des priviléges au détriment des nobles, que les Rois parvinrent à affaiblir la puissance de leurs vassaux et à les dompter.

Les villes étaient comme des îles au milieu de cette grande mer de la féodalité; tout ce qui restait de libre dans la société du moyen âge se refugiait dans les villes; la force du château fut donc paralysée par ces puissantes associations de gens libres.

Le château avec ses remparts qui devaient le défendre se trouva isolé et force fut au seigneur de sortir souvent de son enceinte fortifiée pour venir capituler avec les bourgeois de la ville, qui, par le travail, par le commerce et par l'industrie, amassaient des richesses et attiraient vers eux presque tout le mouvement de la civilisation. Les ordonnances royales de Charles le Chauve n'avaient point suffi à arrêter la construction de nouveaux châteaux fortifiés; la France à la fin du neuvième siècle, dans le dixième et onzième siècle en était couverte; si tous ces seigneurs avaient pu s'unir et former une confédération unique, l'autorité royale seule n'aurait point suffi à rompre cette chaîne; mais les Rois trouvèrent dans l'aptitude des villes vis-à-vis des châteaux le plus puissant de leurs auxiliaires.

Sans avoir la toute puissance des républiques italiennes, sans pouvoir exiger comme la ville de Florence le rasement de tous les châteaux dans le rayon de vingt milles autour de la cité, sans pouvoir prétendre non plus comme la ville de Florence que pour administrer la cité on donnât son nom à un métier quelconque, les villes de France absorbaient en elles presque toute la vie nationale et mettaient par là le château qui ne voulait point rester entièrement isolé, dans une sorte de dépendance.

Pendant que le seigneur s'ennuyait au château, fatigué peut-être de sa vie de petit brigand, le bruit de la grande Croisade courut d'un bout à l'autre de la France; toute la noblesse féodale en fut electrisée; tout le monde se trouva prêt à partir; le sentiment religieux y était sans doute pour quelque chose; mais la passion des aventures donnait aussi la plus grande impulsion à ce mouvement de la noblesse féodale vers l'Orient. L'Italie et l'Allemagne ont contribué aux Croisades. Mais celles-ci ont été surtout une entreprise française. Les descendants de ces Francs qui avaient combattu avec Charles Martel et avec Charlemagne contre les Sarrasins, continuérent cette grande épopée en Orient.

L'Italie a servi alors de pont aux Croisés de France, qui entraînérent à leur suite, avec les Normands, un certain nombre de Croisés Italiens. Aprés Charlemagne, les Français n'avaient plus revu l'Italie. Les Croisés français, en revenant de la Terre Sainte, touchèrent encore une fois au sol italien et, en rentrant en France, mêlèrent, dans leurs veillées de chateau, au récit des merveilles de l'Orient, les souvenirs de ces palais d'or des Romains, qui avaient déjà frappé les yeux de Charlemagne, ce grand Croisé, et de toutes les douceurs de la vie Italienne, où le moyen âge même n' a jamais eu le caractère dur, âpre et sauvage qui distingue, par exemple, le moyen-âge germanique.

Le seigneur féodal Français rentré en France après la grande Croisade y devint un chevalier accompli; il avait pris connaissance de la culture arabe, admiré les monuments de l'art mauresque, entendu les chansons des poètes musulmans qui exaltaient les beautés de la femme; les châteaux de France, après les Croisades, prennent un air plus coquet, plus léger et plus élégant; une double renaissance, artistique et littéraire va refleurir; l'architecture en portera les indices; et les Grâces vont de nouveau sourire en Provence. Ce magnifique *intermezzo* des Croisades dans la féodalité du moyen âge français sépare assez nettement la France des Francs de la France des Français. Avant les Croisades il y avait encore des Francs; après les Croisades il n'y a plus que des Français.

La France sombre disparait; et commence la France souriante. Si le seigneur rentre dans son château, ce n'est plus pour y commettre des actes de brigandage; si des brigands existent encore, ils deviendront bien vite l'obbrobre de la société; la vraie noblesse chevaleresque, la noblesse qui oblige, est déjà née, pour ne plus disparaître du sol de France. Le Château ne sera plus un antre, mais un refuge;

la dame du château est devenue un ange de charité; le seigneur sera un pieux défenseur des oppressés, et un chevalier de justice. Les ordres chevaleresques vont naître parce que la chevalerie est née; et c'est la France qui l'a créée; c'est elle qui la révélera dans sa forme la plus brillante.

Nous avons dit, au commencement, que la noblesse française contemporaine semble avoir dans les habitudes de la vie isolée du château repris le goût de la vie de famille; et cette vie de famille était vraiment le plus grand charme de la vie du château au moyen-âge. La châtelaine, depuis le retour des Croisades, a eu dans le château toutes les honneurs. Elle était vénérée comme une sainte et respectée comme une souveraine inviolable. La femme arrivait pure au mariage; et descendait pure au cercueil; le monde artificiel ne l'avait encore point souillée de son fard. Elle avait toutes ses grâces et toutes ses fiertés naturelles; elle n'était pas seulement l'épouse, mais la dame, la *domina;* non pas seulement la mère, mais l'éducatrice; non pas seulement la femme pieuse et charitable, mais, dans tout son fief, l'expression vivante de la piété et de la charité. Et c'est parce que la châtelaine était telle que la chevalerie a pris naissance dans les châteaux. La châtelaine française, par son esprit, par sa grâce, par sa douceur étant supérieure à toutes les autres châtelaines, la chevalerie, qu'on a dit originaire de l'Allemagne, est devenue, par ses proportions et par son dévelopement, une institution essentiellement française. Charlemagne l'avait, peut-être, fondée en France, mais c'est la France qu'en l'adoptant l'a aussi le mieux comprise et s'en est laissé le plus profondément et le plus largement impressionner. L'esprit chevaleresque est devenu essentiellement esprit français.

Le régime féodal était dans sa pleine vigueur, lorsque Hugues Capet comte de Paris s'empara de la royauté. Pour régner tranquille, il devait éviter de trop déplaire aux seigneurs des fiefs; sans cela, sa royauté aurait été compromise. Les velléités de reprendre l'ancienne autorité de Charlemagne sur les vassaux de la Couronne, devenus des maîtres et presque des princes indépendants, auraient été mal vues et mal reçues si Hugues Capet s'était avisé d'en faire parade; aussi le roi usurpateur, le roi parvenu eut soin de ne pas trop heurter les sentiments de fierté de cette ancienne famille féodale devenue une puissante aristocratie. Hugues Capet monta sur le trône de France en 989; après huit cent ans le dernier des Capets, comme on l'appelait, sentait ce trône vaciller sous ses pieds. Huit siècles de gouvernement, souvent glorieux, n'avaient point suffi à le consolider, parce qu'à un jour donné cette noblesse, qui ne sentait déjà plus les liens de la feodalité, devenue parlement, défectionna, en préparant par des intrigues de cour et par la révolte de ses orateurs ambitieux, sa propre ruine avec celle de la Royauté. Le Roi Louis XV qui avait montré assez d'energie pour dompter le Parlement ne put rien contre les Courtisans; à sa mort, le Parlement se releva avec plus d'audace et les Courtisans renvoyés firent cause commune avec les révoltés; ce qui avec les convotises des Princes, et avec la misère du peuple, amena la révolution dans sa forme la plus laide, tandis que la seule révolution noble et légitime, celle des idées avait été préparée de longue date par les grands écrivains du dix-huitième siècle, en dehors du Parlement et en dehors de la Cour.

Hugues Capet avait aussi été politique, en protégeant le clergé pour qu'il consacrât sa légitimité. Maintenant, si on considère bien l'histoire de France dans les moments où la royauté a le plus brillé, où elle a été le plus puissante, on trouve comme conseillers intimes de la Couronne des grands prélats; l'abbé Suger d'abord, puis les cardinaux Richelieu et Mazarin, enfin l'ancien evêque Talleyrand. Les plus grands politiciens de France ont été des prélats. Est-ce un simple hazard? Nous ne le pensons pas. La raison de ce phenomène nous semble inhérente à la nature même de la royauté et de l'église qui ont en commun des tendances conservatrices. Dans les monarchies constitutionelles où le pouvoir du Roi est fort limité, l'influence du clergé sur les conseils de la Couronne est presque nulle; mais ceci n'est point le cas dans les monarchies absolues, telles qu'à l'exception du court royaume de Louis Philippe, toutes les monarchies l'ont étées en France. Les conseils politiques qu'un prélat ministre pouvait donner à un Roi Absolu ne seraient d'aucune utilité et d'aucun prix pour un prince constitutionnel. Il serait sage cependant, de la part d'un gouvernement constitutionnel, de ne pas trop isoler le clergé, et de le faire participer davantage à la vie nationale, comme intermédiaire precieux entre ceux qui gouvernent et ceux qui sont gouvernés. Le clergé ami peut rendre de grands services même à l'état constitutionnel, sans le dominer et sans l'absorber; ennemi, il demeure au milieu de la société comme un ver rongeur. Prétendre de l'anéantir est une folie, tant qu'il existe dans la société le bienfait d'une religion quelconque. Donnez le nom que vous voulez à cette religion; il faudra toujours en avoir une, et chacune aura ses ministres, avec lesquels on devra savoir compter, parcequ'eux seuls parlent directement au peuple; et ils parleraient davantage et ils parleraient mieux, si, au lieu de se voir considérés et encouragés comme des missionnaires de paix et d'humanité, ils ne se sentaient poursuivis et chassés partout comme des bêtes fauves qu'il faut détruire. Tant que le Juif était persécuté, il était bas et vil; il s'est relevé avec la liberté; le prêtre respecté était le plus souvent respectable; il cesse de l'être maintenant qu'on lui donne la chasse. On ne supprime pas aisément de l'histoire de la civilisation humaine toute l'histoire de France; et l'histoire de France est là pour témoigner que le clergé français y a joué, en somme, un rôle bienfaisant; au moyen âge il représentait à lui seul toute la culture; après il a compris la politique de ses rois et il l'a souvent soutenue. Le prêtre français a toujours été de son temps, non exclus ce ministre adroit, ce galant cardinal Bernis qui personnifiait si bien l'esprit et l'élégance, en même temps que les moeurs, de son siècle.

Et l'Académie Française, laquelle, de notre temps, ouvrait ses portes à Monseigneur Dupanloup, a bien compris et indiqué que le rôle du clergé français sous l'Empire était, ensomme, un rôle intelligent, et que l'alliance de la société civile avec la société religieuse n'est pas tout à fait stérile. Ce n'est que lorsque le clergé menaçait de devenir le maître de la France, et de faire descendre la royauté que celle-ci en a modéré le pouvoir. Dès le temps du roi Philippe Auguste, chaque fois que le Pape a voulu se mêler de trop près des affaires politiques de la France, il a trouvé dans l'esprit national de la royauté française soutenue par la noblesse, une opposition énergique. Les rois de France ont été dévoués aux intérêts religieux du Pape, mais indépendants et insoumis, en tout ce qui concernait la direction de leur royaume. Le clergé français, à son tour, était protégé par les rois de France, mais à une condition: il devait reconnaître en France la suprématie du Roi. Si dans les fiefs qu'ils tenaient du Roi, les prêtres se refusaient de payer leur part de tribut, le roi confisquait le bien des rebelles. Le Pape avait beau lancer l'interdit: la royauté ne s'en inquiétait, et les fiefs ecclésiastiques demeuraient saisis, tant que le Pape, en levant l'interdit, n'eût obligé le clergé français à reconnaître les droits souverains du Roi. L'exemple de force donné par Philippe Auguste, très-inutilement excommunié par le pape Innocent, devint un principe traditionnel de la royauté française, et cette aptitude energique des rois de France envers le clergé contribua peut-être à developper dans ce dernier l'esprit national et la loyauté envers ses princes légitimes. On peut remarquer que la même ligne de conduite, dans ses rapports avec les Papes, a été adoptée et suivie en tout temps par les princes de la Maison de Savoye, plusieurs fois vainement interdite par la Cour de Rome, laquelle a toujours fini par céder. Si la Papauté ne cède pas maintenant, si elle ne peut se résigner, c'est que l'esprit maçonique qui domine la politique actuelle du Gouvernement italien, au lieu de se servir du clergé comme d'une grande force nationale, l'a entièrement exclu de la vie publique, et travaille à sa complète distruction. Cette politique insensée, cet aveuglement de la passion d'une démocratie peu éclairée paralyse en Italie une partie des forces nationales, qui pourraient aisément, avec une manière plus large de comprendre le gouvernement, être employée à la même oeuvre civilisatrice. La France, sous ce rapport, a été bien plus sage que l'Italie; et, à l'exception de ses moments révolutionnaires les plus funestes, elle n'a jamais donné une véritable chasse au prêtre. C'est au plus maladroit des ministres de la république actuelle qu'on doit attribuer les trois entreprises les plus insensées de la France contemporaine: l'invasion de la Tunisie, la guerre contre le Tonquin, et la campagne contre le clergé des écoles. Par la première il a jété l'Italie offensée dans les bras de l'Allemagne; par la seconde il a envoyé inutilement mourir dans des régions éloignées des milliers de nobles soldats français; par la troisième, au sein même de la France, il a provoqué une scission qui a troublé et affaibli l'unité nationale.

Le clergé doit être soumis à la royauté et à la volonté du pays; s'il se révolte, on a le droit de le punir. La loi n'est elle pas égale pour tous le membres de la société? Mais aucun gouvernement, ni en Italie ni en France, ne devrait oser d'enlever au prêtre la liberté d'enseigner; et encore moins entreprendre l'anéantissement du clergé. Cette enormité qui est cependant le point de mire, l'idée fixe de la démagogie maçonique et jacobine triomphante ne peut conduire qu'à des résultats très déplorables pour la société moderne, puisqu'elle viole essentiellement le principe de la liberté.

Le Roi de France a été surtout un législateur et un gardien de la loi, un représentant du pouvoir et un ministre de haute justice; pas autant un maître de la terre de France, qu'un seigneur universel des Français. Les rois de France ont toujours eu à leur disposition plus de prestige que de force matérielle. Chaque noble dans son fief était peut être plus réellement maître que le Roi en France; le Roi avait un domaine général, mais ce domaine était plutôt une abstraction qu'une réalité; il n'avait effectivement que le pouvoir que la loi lui conférait, que les vassaux et le clergé obligeaient le peuple a lui reconnaitre; mais ce pouvoir même n'était pas entièrement sans contrôle L'exercice du contrôle des actes de la royauté était même devenu l'un des grands privilèges que la noblesse française s'était arrogé. Le jour où la royauté s'aperçut que ce controle devenait gênant, elle était déja trop faible pour pouvoir s'en délivrer sans courir le plus grand danger. Comme des valets renvoyés, certains nobles excitèrent alors le mépris du peuple contre la royauté, et en sacrifiant leur seigneur au ressentiment personnel, ils se perdirent eux mêmes. Les anciens nobles avaient joui seulement des droits inhérents à la propriété de leur fief; aucun d'eux n'aurait jamais osé réclamer quelque chose de plus, et le Roi demeurait pour eux une sorte de demi-dieu inviolable ; sortis de leurs fiefs et devenus des intrigants de cour, ils demandèrent des privilèges et des bénéfices extraordinaires. Les Rois de France ne virent point, après Louis XIV, le danger qu'ils couraient en augmentant les privilèges déjà excessifs de la noblesse. Le jour devait arriver où le Roi ne se trouverait plus en état de maintenir à toute cette noblesse de cour ses énormes apanages; ce fut alors que l'on vit le plus grand nombre de ses nobles ruinés tremper dans la révolte. Par conséquent, à l'heure du péril, lorsque le Roi aurait eu le droit, comme chef de l'ordre féodal, de compter le plus sur la fidélité des gentilshommes de France, il ne vit presque autour de lui, que des déserteurs et des traîtres. La royauté de France, nous l'avons dit, était surtout un grand prestige; ce prestige tombé, elle devait précipiter; mais, on ne le dira jamais assez, la défection de la noblesse féodale, la cessation de la féodalité fondée définitivement en France par Charlemagne, qui exposa tout seul le souverain à la haine d'une populace excitée, fut la cause essentielle de la ruine du royaume de France, le plus beau, le plus long, le plus glorieux de tous les royaumes depuis la chute de l'Empire Romain. Envain la Restauration essaya de remettre sur pied l'organisme que la révolution avait detruit; au lieu de restaurer l'ancienne monarchie féodale de Charlemagne, de Saint Louis, de Philippe Auguste, d'Henri IV et de Louis XIV, elle essaya de galvaniser la royauté piétiste et absolue de Louis XVI avec toutes ses petites intrigues de cour, ses petites rancunes, ses petites vengeances, un ton plus bourgeois, et un ennui mortel. Les anciens rois de France n'étaient plus; la tentative de créer constitutionnellement un nouvel état monarchique aboutit a une nouvelle révolution. Le seul Empire, s'il n'avait pas commis l'immense faute de la guerre contre l'Allemagne, après avoir commis l'autre de trop contrarier cette Italie à laquelle il avait cependant fait si grand bien, et sur laquelle il aurait eu droit de compter, avait la possibilité de reconstituer en France une monarchie puissante: mais il aurait dû surtout se bien garder, à la fin de son existence, de singer les gouvernements parlementaires.

L'une des premières tentatives d'un chef éclairé du gouvernement français devrait être renouer cette union avec l'Italie, dont le concours n'a point été inutile à la gloire de la France dans le passé et lui serait encore précieux dans l'heure actuelle. Soit pour la convoiter, soit pour l'étudier, soit pour la combattre, de tout temps, la France s'est intéressée à ce qui se passe en Italie. Rome impériale et Rome papale avaient d'abord exercé leur grande fascination; puis, après les avoir connues par les descentes de Charlemagne, et par les voyages des Croisés, les beautés du sol italien captivèrent les Français; Charles et Robert d'Anjou, Charles de Valois, Charles VIII, Louis XII et François premier communiquèrent à la France l'esprit de la renaissance italienne. Léonardo, Cellini, Andrea del Sarto, Primaticcio, Del Rosso, et tant d'autres artistes italiens passés en France, l'enrichirent de chefs d'oeuvre. Les princesses de Savoye et les princesses de Médicis, habitant la France, Mazarin et ses niéces, y ont exercé une influence politique considerable; les acteurs et les actrices italiennes; Scipion Maffei, Beccaria, Galiani, Piccini, Cherubini, Goldoni, Casanova même, dans le siècle passé; Napoléon premier, Pellegrino Rossi, Mamiani, Ferrari, Manin, Gioberti et tant d'autres émigrés italiens; Gambetta, Cernuschi, Rossini, Bellini, Donizzetti, Zola, Brazzà de Savorgnan, Maspero et une foule d'autres italiens devenus français, dans notre temps, chacun dans son rôle, grand ou petit, ont, en différente mesure, contribué a donner un peu plus de physionomie à l'histoire politique ou intellectuelle de la France. Mais ce qui s'est fait inconsciemment, malgré les tristes conditions de l'Italie oppressée et entièrement séparée de la France, combien ne sera-t-il plus évident et sensible le jour où les rapports entre les deux pays libres deviendront plus suivis et presque fraternels?

Nous avons dans cet aperçu, vraiment sommaire, des grands événements qui ont donné origine à la France moderne, taché de retracer les lignes principales de l'histoire du moyen âge français. Depuis Charles VIII, on pourrait même dire depuis Philippe le Bel, l'histoire de France est presque toujours intimement liée avec l'histoire d'Italie, et par conséquent aussi familière aux lecteurs italiens qu'aux lecteurs français. Cependant, si on continuait à juger en Italie le règne de Philippe le Bel exclusivement d'après les invectives de Dante, le regne de Charles VIII d'après son échec de Florence provoqué par la hardiesse d'un mot de

Piero Capponi, le règne de François premier d'après la défaite de Pavie, le règne de Louis XIV d'après la bataille de Turin, le règne de Louis XV d'après la bataille de l'Assiette, le règne de Napoléon premier, d'après le traité de Campoformio ou la rélégation à l'île d'Elbe, le règne de Napoléon III d'après Mentana, cette grande faute de l'Empire envers l'Italie qui a rendu possible le désastre impérial de Sedan, cette manière étroite, exclusive et passionnée d'interpréter l'histoire internationale ne pourrait que confondre toutes les idées de justice, et troubler tous les jugements. Nous espérons que le temps arrivera où tout en rendant hommage aux sentiments patriotiques, on commencera la pacification des esprits, par une appréciation équitable de l'ennemi d'un jour. Pour les italiens Frédéric Barberousse est presqu'un monstre, pour les Allemands une espèce de Demi-Dieu. L'historien doit toujours se placer à un double point de vue, avant de porter son jugement définitif sur la valeur des hommes qui ont le plus passionné l'histoire. Il faut essayer d'abord d'établir la paix dans l'histoire; l'historien devrait être une sorte de juge de paix, sans préventions nationales, sans passions, sans intérêts. Le plus souvent on conviendrait sans doute, que le plus grand nombre de guerres ont été entreprises pour des causes futiles, pour des ambitions ignobles, et qu'elles ont rarement apporté quelque bénéfice à l'humanité. Cette prétendue nécessité de saignées mortelles périodiques est un sophisme politique des plus absurdes. Les médecins ont presque cessé de saigner, par un certain respect du sang humain; les anciens avaient supprimé les sacrifices humains; d'après une superstition médicale du moyen âge, pour guérir de la vieillesse, la lèpre incurable, il fallait tremper le corps du malade dans le sang d'un enfant; lorsque nous faisons encore la guerre nous donnons dans le même préjugé; c'est le peuple que nous sacrifions pour guérir un prince ou un ministre malade d'ambition mortelle. L'historien ne peut certainement pas prétendre des hommes d'autrefois les idées humanitaires de notre temps; l'histoire est telle que les hommes et les circonstances l'ont faite, et l'historien ne peut rien lui ajouter, et rien lui enlever; mais, loin des passions qui ont amené jadis deux peuples à se combattre pour des intérêts presque toujours dynastiques, il doit voir au delà des princes qui menaient la guerre, les peuples qui la subissaient. L'historien qui tient compte du sentiment patriotique de son pays, ne doit perdre de vue non plus le sentiment patriotique des peuples ennemis. Si l'on pouvait donc obtenir de nos jours une histoire internationale de la France et de l'Italie écrite dans ce large esprit, cette sympathie naturelle aux deux peuples ne ferait que se développer, et rendre entièrement detestable toute guerre entre les deux pays dans le passé, pour la rendre absolument impossible dans l'avenir.

LA CIVILISATION FRANÇAISE DEPUIS 1789

Les adversaires plus bruyants que nombreux de la France n'ont qu'un mot pour exprimer leur mépris: *décadence*. La nation que le monde avait exaltée comme *grande* par excellence, aurait, d'après eux, cessé d'en mériter l'admiration. Il nous faut donc donner ici une espèce d'inventaire de tout ce qui s'est depuis un siècle produit en France, au bénéfice de la civilisation. [1]

Des différents gouvernements qui ont régi la France depuis 1789, la monarchie tempérée, la première République, le Directoire, le Consulat et l'Empire, la Restauration et la Monarchie de Juillet, la deuxième république, le second Empire et la République actuelle, chacun a laissé, en proportions différentes, quelque trace lumineuse de son passage, au profit de la civilisation générale. Même au milieu

---

(1) Un excellent livre rempli de détails, nous servira de guide, malgré nos réserves, pour la suite des faits à signaler: *Histoire de la civilisation contemporaine en France,* par Alfr. Rambaud. Paris, Arm. Colin, un vol. de 750 pages.

de ses plus grands troubles, la France ne peut oublier et négliger son rôle humain. Nous espérons le prouver par l'exposé qui va suivre.

C'est un lieu commun le manque complet d'originalité qu'on reproche à la littérature française; et cependant presque toute l'histoire littéraire de France est là pour nous contredire. Quel autre pays peut nous indiquer des chroniqueurs spirituels comme Froissard et Commines? avant Sterne, des humoristes puissants comme Rabelais et Montaigne? des auteurs de mémoires aussi curieux et pénétrants que Saint-Simon? des orateurs éloquents comme Bossuet et Massillon? des auteurs comiques de la force de Molière? et, même après Boccace, des conteurs aussi gracieux que la Reine de Navarre, La Fontaine et Perrault? le roman français est encore unique; et quelle variété dans cette production, à partir de Rousseau, Voltaire et Bernardin de Saint-Pierre pour en arriver jusqu'à Zola! La lettre familière a-t-elle dans les autres pays le charme qui distingue le commerce epistolaire en France? Mais nous n'avons dans ce chapitre qu'à nous occuper de l'oeuvre morale et intellectuelle de la France en ce dernier siècle; et nous devons d'autant plus nous y borner, que la tache sera longue.

Au point de vue de la politique, de la législation et de l'administration, l'influence exercée par la France sur l'Europe contemporaine est essentielle.

Pendant la Révolution, elle a proclamé les droits de l'homme, le principe d'egalité devant la loi, la fraternité des hommes libres de toutes les classes, et de tous les pays. Si la France républicaine n'eût point trouvé sur ses frontières des monarchies hostiles à la révolution, en vertu des principes de droit public posés par la Révolution française, la constitution des États Unis de l'Europe sur un pied de liberté, aurait étée une merveilleuse réalité dès la fin du siècle passé. La vieille monarchie française avait fait de la France une grande unité, compacte et puissante. Le système centralisateur adopté dans l'administration, pendant le long régime monarchique avait essentiellement contribué à cette unité, qu'une armée, une flotte, une finance, une diplomatie, une université, une académie unique rendaient vigoureuse et indestructible. La monarchie avait commencé à admettre certains principes de liberté; lorsque la révolution les proclama d'une manière absolue, cette proclamation venant d'un pays fortement constitué, dont Paris était déjà la tête, produisit le plus grand effet non pas seulement en France, mais sur tout le monde civilisé. Les écrivains progressistes français du XVIII siècle, d'accord avec les économistes italiens et avec les philosophes anglais, avaient ramené à la nature le plus grand nombre de leurs théories; pour établir la nouvelle raison sociale et engager le monde à s'y conformer, elle devait être proclamée par un peuple capable de la soutenir par les armes; la monarchie avait conféré à la France cette force, cette autorité, cette dignité. Si la révolution et l'empire ont trouvé des armées pour se defendre, la monarchie de dix siècles leur avait preparé un tissu, un organisme interne si puissant, qu'il devenait aisé ensuite de gouverner la France et de la conduire, avec n'importe quelle nouvelle forme de gouvernement. La France aurait pu aisèment s'épargner la révolution sanglante, si elle avait eu un roi plus ferme et plus intelligent; elle serait arrivée tout naturellement par simple loi d'évolution à la liberté actuelle; mais elle a été trop impatiente d'un côté, et trop peu éclairée de l'autre; les principes, cependant, au nom desquels elle s'est trop agitée, en se laissant pousser et entraîner jusqu'au crime, demeurent immortels et inviolables. On peut s'irriter, s'indigner même contre certains hommes, contre certaines circonstances qui ont brusqué la *déclaration des droits de l'homme et du citoyen ;* convenir qu'envers le roi on n'a point gardé les formes nécessaires, et que l'application des principes à la famille royale a été indigne de la France chevaleresque, brutale et révoltante; mais de cette page écrite d'histoire on doit répéter avec Victor Cousin, qu'elle est « la plus grande, la plus sainte, la plus bienfaisante qui ait paru depuis l'Évangile »; et cette page qui révèle bien l'âme française, est peut être le plus grand titre de gloire de la France du XVIII siècle.

La substitution de la volonté de tous les citoyens à la volonté d'un seul chef, de la souveraineté nationale à la souveraineté absolue, prouvait que la France était sortie de sa minorité; et, par son exemple, elle engageait tous les peuples devenus majeurs à affirmer les mêmes droits. La loi, d'après la lettre et l'esprit de la *Déclaration*, est l'expression de la volonté générale; tous les citoyens ont droit de concourir, personnellement ou par leurs représentants, à sa formation. On ne supprime pas encore la royauté; par un reste de respect pour les droits historiques, par la prudence qui conseille de ne pas enlever tous les prestiges au pouvoir exécutif, on permet qu'il subsiste un chef de la nation, avec le titre de roi; mais ce roi régnera seulement plus par la volonté nationale. Et cette déclaration qui visait en particulier au roi de France s'appliquera désormais aux rois de tous les pays civilisés. Si les rois absolus reviennent en France, s'ils se maintiennent encore sur certains trônes de l'Europe, l'opinion publique les condamne inéxorablement et les condamne en vertu des principes proclamés par la France en 1789. À l'arbitre du roi est substitué la loi nationale. Les principes d'il y a cent ans sont encore les mêmes qui régissent la société moderne. Citons certains passages de la glorieuse *Déclaration:* « Nul homme ne peut être accusé, arrêté, ni détenu que dans les cas déterminés par la loi et selon les formes qu'elle prescrit; ceux qui sollicitent, expédient, exécutent ou font exécuter des ordres arbitraires doivent être punis. — Nul ne doit être inquiété pour ses opinions, même religieuses, pourvu que leur manifestation ne trouble pas l'ordre établi par la loi. — La libre communication des pensées et des opinions est un des droits les plus précieux de l'homme; tout citoyen peut donc parler, écrire, imprimer librement, sauf à répondre de l'abus de cette liberté dans les cas déterminés par la loi. »

En conséquence de ces principes de liberté proclamés par la Déclaration, la Constitution de 1791 consacrera encore le droit de réunion, et le droit de propriété, garantissant « la liberté aux citoyens de s'assembler paisiblement et sans armes, en satisfaisant aux lois de police » et « l'inviolabilité des propriétés, où la juste et préalable indemnité de celles dont la nécessité publique, légalement constatée, exigerait le sacrifice. »

Faite par des bourgeois, la *Déclaration* des droits de l'homme, au nom de l'égalité, essaya de supprimer tous les titres historiques de noblesse, toutes les traditions de famille, tous les souvenirs glorieux qui imposent des grands devoirs aux gentilshommes. Tout ce que dans cette *Déclaration* était l'oeuvre de la rancune et de l'envie tomba; ce qui était oeuvre de justice, de paix, et d'harmonie sociale vit et brille encore. On a supprimé tous les priviléges des nobles et on a bien fait: mais on n'avait aucun droit de leur enlever un héritage de gloire qui était une propriété inviolable des familles; et les nobles ont repris, après la tourmente révolutionnaire, en France même, peut-être en France plus vite qu'ailleurs, leurs titres héréditaires; le peuple même réclamait pour eux cette restitution. Les privilèges outrageants de la noblesse qui la mettaient au dessus de la loi devaient disparaître; mais le peuple et la noblesse ne pouvaient pas être de l'avis d'une bourgeoisie envieuse et vaine, sur la suppression totale, par un seul article de loi, d'une classe sociale, qui s'était naturellement constituée par des mérites supérieurs dans des époques barbares, et dont les traditions aristocratiques pouvaient maintenir dans la société française des sentiments plus élevés et des aspirations moins vulgaires. Le peuple qui a les grands istincts poétiques a compris bien mieux qu'une bourgeoisie haineuse le rôle bienfaisant et supérieur de l'aristocratie, et il tient plus que les nobles eux mêmes à la conservation d'une classe devenue inoffensive, depuis la juste proclamation de l'égalité de droits des citoyens en face de la loi, mais non pas inutile et superflue, tant qu'on désire maintenir dans la société humaine des aspirations vers des hautes et exquises idéalités.

La *Déclaration* affirme la liberté et l'égalité des citoyens, en même temps qu'elle tache de régler les finances de l'état. La contribution publique est admise, mais elle ne doit plus servir au plaisir du roi, à l'entretien d'une Cour vicieuse et d'une noblesse oisive, mais à l'amélioration de l'état: « Tous les citoyens, dit la *Déclaration*, ont le droit de constater par eux-mêmes ou par leurs représentants la nécessité de la contribution publique, de la consentir librement, d'en suivre l'emploi et d'en déterminer la quotité, l'assiette, le recouvrement et la durée. » Par cet article, on confère évidemment au peuple le droit de s'administrer.

La *Déclaration* pose aussi, depuis cent ans, le principe de l'instruction élémentaire obligatoire et gratuite. « Il sera créé et organisé une istruction publique commune à tous les citoyens, gratuite à l'égard des parties d'enseignement indispensable pour tous les hommes. »

La *Déclaration*, au nom de l'égalité, inculque la fraternité; en conséquence de ce principe, la Constitution de 1791 recommandera l'assistance « des pauvres infirmes et des pauvres valides manquant d'ouvrage. »

Evidemment les doctrines développées dans le *Contract Social* de Rousseau et par les autres philosophes humanitaires du XVIII siècle ont porté leur fruit d'abord en France, et, par la France, dans le monde.

La Révolution française, malgré ses immenses fautes, à touché, dans ses lois, aux questions essentielles de la vie sociale, et fondé presqu'à elle seule la vie moderne. La Révolution française, par ses principes, a été le point de départ de toutes les révolutions politiques de l'Europe au dix-neuvième siècle; toutes les constitutions, celles d'Espagne, celle de Naples, les deux Constitutions piémontaises s'inspirent par les principes généraux de la *Déclaration des droits*. Le Verbe de la liberté a été vraiment soufflé à l'Europe par la France; et il n'y a que les ennemis de la liberté qui s'obstinent à refuser à la France cette gloire. Même où le despotisme sévit encore, il est odieux, et menacé à toute heure, parcequ'il se trouve en opposition aux principes fondamentaux de la révolution française qui sont les principes mêmes de la nature, et par là durables et invulnérables. C'est la France qui a arboré en 1789 la première, au lieu du drapeau dynastique, le drapeau tricolore, le drapeau national: en 1789, La Fayette présageait que le drapeau tricolore ferait le tour du monde; sa prédiction s'est avérée; autour du drapeau tricolore, la Grèce, l'Italie, l'Espagne ont recouvré leur liberté dans notre siècle. On comprend donc qu'un écrivain français puisse se complaire revendiquant à la France la plus grande partie de la gloire acquise par la resurrection civile, morale et sociale des peuples modernes; ce que la France a fait pour elle même a servi à l'humanité entière; on peut donc souscrire de bon gré à ce résumé véridique quoiqu'un un peu emphatique, par lequel M. Rambaud conclut le premier chapitre de son *Histoire de la civilisation contemporaine en France:* « Aux Gestes *de Dieu par les Francs* se sont ajoutées des pages immortelles. Si nous n'avons plus combattu pour un Sépulcre vide, nous avons combattu pour le Dieu vivant, pour la Justice, pour le Droit, ce « souverain du monde » comme le définissait Mirabeau. Ce n'est pas pour nous seulement, mais pour tous les hommes, dans l'avenir comme dans le présent, pour nos ennemis comme pour nos amis, pour les noirs comme pour les blancs, que nous avons brisé le pouvoir despotique, l'organisation en castes, le servage de la glèbe, tous les vestiges de l'ancien état social asiatique; que nous avons mis fin à l'ignorance et à l'exploitation des travailleurs, à la férocité de la procédure criminelle et à la barbarie des supplices, aux châtiments corporels dans les armées et dans les écoles, à l'intolérance et aux persécutions religieuses; que nous avons rendu libres l'homme, la famille, la terre, les métiers, la presse, la conscience; que nous avons enfin, du monde royal, sacerdotal et féodal, fait sortir le monde moderne. »

Tout ceci est vrai, et, au fond, tous les esprits libéraux sont prêts à reconnaître à la France ce titre de gloire ; seulement elle a eu le tort de brusquer les événements, d'imposer les nouveaux principes par la violence, et de les compromettre par l'exagération, et par son impatience dans l'oeuvre de la démolition. Le monde royal, le monde sacerdotal, le monde féodal pouvaient se modifier, par de nombreuses concessions aux idées du tiers état, mais non pas entièrement disparaître ; le caractère despotique de la Convention, de la république montagnarde a paru non moins odieux que le despotisme de la royauté ; les proscriptions et les exécutions jacobines ont été bien plus cruelles et arbitraires que les lettres de cachet ; la Guillotine en deux ans a fait bien plus de mal que la Bastille en plusieurs siècles ; la Deesse Raison ne remplaça point le culte chrétien qu'elle voulait renverser ; et les familles qui avaient été nobles avant la Révolution, n'ont point perdu leur droit de noblesse ; seulement dans le nouveau *struggle for life,* privées de leurs anciens et injustes privilèges, elles ont dû prendre part au travail, à la lutte, au progrès ; elles s'humanisèrent davantage, et au lieu de se heurter, elles commencèrent à fraterniser avec les hommes. La secousse révolutionnaire a rendu le clergé plus éclairé, la royauté plus sage, la noblesse plus active ; ce bienfait est inappréciable : mais, si on veut arriver à la conclusion qu'en vertu des principes de 1789, le roi, le prêtre et le noble sont devenus des inutilités sociales, la nature et l'histoire protestent ensemble contre cette exécution sommaire ; les dictateurs jacobins, les papes maçoniques, les gros bonnets de la finance et de la bureaucratie nous montreront sous une nouvelle forme, beaucoup plus grossière, que la société humaine a besoin de maîtres, de directeurs des consciences, et d'une seigneurie quelconque. Les principes de 1789 conviennent à tous les hommes et sont acceptables de tout le monde, à condition qu'on n'en exagère point la portée, et qu'on n'en tire des conclusions qui troublent les fonctions de la nature dans l'histoire.

Le Gouvernement républicain de 1793 donna à l'Europe le premier véritable exemple de plébiscite; tout le peuple était electeur; le suffrage universel est issu des principes démocratiques de la Convention. Le droit naturel semble, à première vue, réclamer le suffrage universel; mais le peuple, tant qu'il n'est point cultivé, marche comme un troupeau; tantôt les démagogues franc-maçons, tantôt les prêtres fanatiques, tantôt la force armée, tantôt les maîtres de la bureaucratie le guident et le trainent au vote; le seul véritable suffrage est celui des meneurs; le suffrage universel n'est qu'une fiction, un jeu, une arme dans les mains du pouvoir qui le consulte. Le principe peut donc être excellent pour l'avenir; de notre temps, il ne prouve presque rien; c'est au nom du plebiscite que le premier consul fit voter la constitution autoritaire de l'an VIII, que le coup d'État du 2 décembre a été légitimé, et que la République actuelle existe; c'est par ses plebiscites que l'Italie est devenue une seule nation; mais c'est encore par des plebiscites, que deux provinces jadis italiennes se sont détachées du Piémont pour passer à la France, dans la même année ou d'autres provinces italiennes s'annéxaient au Piémont. Le jeu tourne toujours en faveur de l'entrepreneur. Mais le principe du plebiscite est le plus rationnel, et la France a eu le mérite de l'appliquer la première en Europe dans le monde moderne. Si dans la pratique on en a fait quelquefois mauvais usage, la faute ne revient pas à l'instrument, mais à l'ouvrier. Et il faut, après tout, se souvenir que le premier plebiscite a été ordonné en France par la monarchie et non pas par la république, et que le malheureux Louis XVI fut le premier à vouloir que ses sujets « fussent tous appelés à concourir aux élections des députés. » Seulement, Louis XVI voulait des députés pour le clergé, des députés pour la noblesse, des députés pour le tiers état; il ne voyait pas la nécessité de contribuer à confondre la noblesse et le clergé dans le tiers état, ni que le tiers état fût état unique et tout puissant. À un siècle de distance de ses ordonnances, nous trouvons encore que ce qu'il demandait était la raison même, et que la France, en dépassant le but, a compromis la paix et la liberté.

La Constituante et la première république française ont aussi initié l'application du principe de décentralisation dans l'administration des Communes. Peut-être elles n'ont pas fait assez pour sauvegarder les droits supérieurs de l'état à la surveillance et à la tutelle des communes, et par cet oubli volontaire, elles ont préparé la désorganisation de la vie nationale, que la monarchie avait si fortement constituée; mais le droit reconnu alors aux villes et aux communes de s'administrer par elles mêmes a été le point de départ de toutes les réformes dans l'administration communale qui ont eu lieu successivement en Europe. Le premier Consul et l'Empire ont remis les communes sous la tutelle administrative du préfet; mais le germe de la réforme ayant été posé, aussitôt que le Césarisme fut abattu avec César, les municipalités reprirent une partie de leur autonomie, l'autorité politique ayant renoncé à une partie de ses fonctions en faveur de l'administration comunale.

Les grands écrivains français du XVIII siècle avaient frayé le chemin à toutes les libertés ; et, en même temps, ils avaient inculqué aux hommes des sentiments humanitaires. Si les hommes de la Terreur, sous le pretexte du salut public, ont agi dans leurs poursuites, et dans leurs boucheries comme des monstres, ils n'ont cependant jamais renié les principes d'humanité ; les malheureux, les deshérités n'ont pas recours envain à l'assistance publique ; cette assistance a été organisée ; de nouveaux hospices ont été ouverts ; d'autres mieux dotés, et on songea aux aliénés, aux sourds-muets, aux aveugles, en même temps qu'on égorgeait des centaines de milliers de citoyens bien portants ; inconséquences et contradictions humaines ; mais la présence du mal à côté du bien, à une époque donnée, n'empêche pas qu'un jour le bien puisse triompher seul, aussitôt que le mal sera pris en horreur ; et l'époque actuelle trouve sa tache de bienfaisance facilitée par les premiers efforts de cette époque violente pour faire intervenir le plus grand nombre possible de citoyens charitables à l'assistance des êtres humains les plus malheureux.

Les gouvernements de la Révolution ont aussi le mérite d'avoir organisé d'une manière plus rationnelle l'administration de la justice ; et la création du juge de paix est le premier pas vers cette doctrine de l'arbitrage qui, dans les familles patriarcales mettait souvent une fin aux querelles les plus ardentes et qui sera, il faut l'espérer, la dernière forme et la seule de la justice internationale de l'avenir. On ramenait à la nature le plus grand nombre possible de questions sociales ; et de ce retour des lois à leur base fondamentale, préparé et conseillé par les philosophes du XVIII siècle, bénéficie encore la société contemporaine, sans même se douter que le point de départ ont été les réformes et les expériences faites en France dans la dernière dixaine du siècle passé. Napoléon, premier Consul et Empereur, débrouilla le chaos des lois ébauchées ou éditées pendant la Révolution, et son oeuvre en fait de législation judiciaire a déterminé à peu près toute l'organisation judiciaire successive non pas en France seulement, mais presque dans tous les pays civilisés; après le juge de paix, Napoléon établit les trois tribunaux, de première instance, d'appel et de cassation, et il consacra le *jury de jugement* formé de douze citoyens.

La législation civile de l'époque révolutionnaire perfectionnée par le Code Civil napoléonien, fondement du droit civil moderne, a établi le partage de l'héritage en parties égales entre les enfants; aboli le droit de primogéniture; rendu obligatoire, à côté du mariage religieux, le mariage civil; admis le divorce; protégé les enfants contre la tyrannie des parents, dont le pouvoir a été limité; supprimé les servitudes féodales ou démaniales; créé le système des hypothèques sur la propriété foncière. Le Code Civil de Napoléon, approuvé en 1804, rédigé par la volonté du maître et sous son inspiration, par six commissaires, dont il faut rappeler les noms: Portalis, Tronchet, Bigot de Préameneu, Malleville, Treillard et Bertier, consacra dans les parties essentielles, les principes de la Révolution, tout en prenant pour base le droit romain, et tenant compte des usages traditionnels et des législations précédentes.

Et c'est encore à Napoléon qu'on est redevable du *Traité de Commerce* de l'an 1807, qui etablit la procédure des tribunaux de commerce et règle les fonctions des sociétés commerciales et industrielles.

La Révolution ayant établi l'égalité des propriétaires des immeubles devant l'impôt, il fallait pour déterminer les revenus, préparer le cadastre; la Convention l'avait décrété; ce fut encore l'Empire qui se chargea le premier de cette opération compliquée.

L'administration des contributions directes, dont le système adopté la première fois en Piémont par le Comte de Cavour Ministre des Finances assura au Roi de Sardaigne des revenus qui lui permirent de s'armer pour la Guerre de l'Indépendance Italienne a encore été l'un des mérites de Napoléon premier; et c'est toujours sur l'ancien modèle napoléonion que le système de perception des impots fonctionne en France et en Italie. La Cour des Comptes napoléonienne a aussi servi de type à la Cour des Comptes italienne.

Parmi toutes les mesures révolutionnaires au sujet des cultes et de la religion, par lesquelles le pouvoir civil usurpa des droits inouis, le seul décret raisonnable est celui de février 1795 qui affirme solennellement la liberté des cultes et inflige des peines contre les citoyens qui s'aviseraient d'en troubler l'exercice. Ce principe a survécu à la Révolution française et domine encore la société moderne. Le Concordat de 1801 accorde une protection spéciale à la religion catholique comme la religion de la majorité des Français, sans en faire pour cela la religion de l'État, qui doit avoir le même respect pour tous les Cultes, et n'en professer aucun. La Convention et le Directoire avaient adopté un système de liberté complète des cultes; aucun culte n'était subventionné; mais par l'usurpation que l'état avait fait des biens de l'église catholique, il l'avait ruinée. Envers les Juifs, la Convention, le Directoire, le Consulat et l'Empire ont inauguré ce système de tolérance qui a fait dans chaque pays civilisé de l'Europe des Israélites des citoyens actifs et des collaborateurs précieux; si en Pologne, en Hongrie, en Roumanie, il y a une réaction contre le Judaïsme, c'est que l'élément juif menace y devenir prépondérant et absorber la nationalité. Napoléon premier voulait faire du Juif un français, et non pas du français un Juif; le fond de la question anti-sémite est là; et cette question n'existe en réalité que dans les pays où l'élément national indigène est menacé d'être dominé par un élément étranger à la nation. Lorsqu'on nous accuse donc d'idées étroites, d'esprit féodal, parce que nous semblons nous inquiéter en face de la question juive telle qu'elle se présente en Hongrie, en Pologne, en Roumanie, on a tort. Toute espèce de superfétation nous semble contraire au développement normal de la vie organique des peuples; le Juif est respecté en Italie et en France; s'il l'est moins dans d'autres pays, c'est qu'il y devient trop entreprenant, et qu'il y prépare la dissolution de tous les éléments nationaux. Napoléon premier avait parfaitement compris qu'on ne pouvait pas comprendre tous les Juifs sous la même loi de rigueur; aussi certaines prescriptions assez dures du décret du 17 mars 1808 qui s'appliquaient aux Juifs de l'Alsace, moins cultivés, et adonnés, en grande partie, à l'usure, ne s'étendaient point aux autres Juifs de la France, déjà mêlés à la vie française, déjà français dans l'âme, et tous prêts à sacrifier leur vie pour la France.

Au milieu des criminels qui faisaient guillotiner des innocents, la Révolution avait des penseurs, des sages qui méditaient et préparaient des lois vraiment humaines. Aussi dans la Constitution de 1791 on lit: « La nation française renonce à entreprendre aucune guerre dans la vue de faire des conquêtes, et n'emploiera jamais ses forces contre la liberté d'aucun peuple. » Cette déclaration devrait encore être la formule essentielle du droit des gens moderne; si on ne l'avait pas oublié au XIX siècle, on n'aurait point assisté aux guerres ambitieuses de Napoléon premier, aux guerres d'Algérie, de Rome, du Mexique, de Tunisie, et du Tonquin entreprises par la France, constitutionnelle et républicaine, à la guerre infame entreprise par la Prusse et l'Autriche unies contre le Danemarck, à la guerre funeste et désastreuse contre la France et l'Allemagne, à l'invasion armée de l'Egypte par les Français et par les Anglais, à la guerre de l'Italie contre les Abyssiniens. Ces crimes, que la justice et la raison condamnent, se payent cher; et il n'y a pas de sophisme, pas de prétexte qui vaille à justifier cette violation du droit naturel. La France révolutionnaire a, dans sa législation, respecté la souveraineté des autres nations. Le décret de 1792 ira encore plus loin, et, poussé par son esprit girondin de fraternité, ajoutera: « La Convention nationale déclare, au nom de la nation française, qu'elle accordera fraternité et secours à tous les peuples qui voudront recouvrer leur libertés. » C'est au nom de ce principe fondamental, chrétien et humain de la Révolution Girondine que la France au dix-neuvième siècle aidera la Grèce et l'Italie dans leurs mouvements insurrectionnels pour recouvrer leur indépendance; qu'elle témoignera des sympathies si vives pour la Pologne opprimée, pour les Pays-Bas insurgés, pour le Danemarck déchiré, pour les Principautés Danubiennes, qui secoueront le joug de la Turquie, en conséquence de l'opinion publique qui a imposé sa volonté aux différents gouvernements de la France. Robespierre avait sur son âme bien des crimes; mais on est presque tenté de les oublier lorsqu'on l'entend s'écrier, au lendemain du manifeste de Brunswick: « Allons! il faut que le peuple français soutienne le poids du monde. Il faut qu'il soit parmi les peuples ce qu'Hercule fut parmi les héros. » C'est une blague, peut-être, une fanfaronnade de démagogue excité en face d'une assemblée prête à s'émouvoir sous la parole emphatique d'un orateur puissant; mais les mots cachent un sentiment qui est essentiellement français. Nulle part qu'en France un discours pareil aurait été prononcé, parceque nulle part qu'en France il aurait eu la chance de plaire; lorsqu'on trouve des sentiments pareils en Hongrie, en Pologne, et en d'autres pays où le sentiment chevaleresque est le plus développé, on en tire la conclusion flatteuse pour la France que le Hongrois, le Polonais, et tous les peuples sympathiques par leur générosité, ont l'esprit français, et qu'ils sont des Celtes plûtot que des Slaves ou des Turcs.

Les guerres de propagande, les guerres pour une idée ont commencé en France par les Croisades. Le nouveau droit des gens proclamé en France par la révolution française avait eu sa source dans l'esprit traditionnel d'una nation Celte, à l'imagination vive et ardente, à l'esprit entreprenant, à l'âme généreuse; et c'est encore cet esprit celte qui a pénétré l'âme germanique et communiqué à la pensée allemande non pas ses profondeurs, mais ses mouvements humanitaires.

La Convention de 1793, tout en déclarant la guerre aux monarchies, visait déjà à la paix universelle, l'utopie sublime pour laquelle on s'agite encore de nos jours.

Dans la proclamation du 21 février 1793, la Convention apostrophait ainsi les soldats de la République: « Si vous êtes vainqueurs, c'en est fait des tyrans. Les peuples s'embrassent, et, honteux de leur longue erreur, ils éteignent à jamais le flambeau de la guerre. On vous proclame les sauveurs de la patrie, les fondateurs de la République, les régénerateurs de l'univers. » C'était pompeux; et on anticipait peut-être de quelques siècles les événements, par des impatiences aussi admirables que folles; mais lorsque les soldats républicains de la France sont entrés en Italie, au nom de la fraternité des peuples, quelque chose de ce sentiment y est resté; et c'est encore au nom de ce sentiment que nous écrivons ce livre, un siècle après que les Sanculottes sont arrivés dans le Comté de Nice, nous enlever nos vieilles propriétés mal gardées, sacager nos maisons désertes, brûler nos archives, mettre en pièce, dans les rues, nos écussons. Nous faisons grâce à ses excès, en vue des idées saines qu'ils portaient avec eux; si du flambeau que la France leur avait confié, ils se sont servi plus souvent pour brûler que pour illuminer, il ne faut pas en vouloir à la lumière, mais aux mains inexpérimentées qui ont touché au feu.

Il n'y a presque pas un seul principe moderne qui n'ait été posé par la Révolution française. Certains principes n'ont jamais été appliqués; d'autres ont vécu un jour; les principes qui se suivaient étaient souvent en contradiction les uns avec les autres; aussi le même Robespierre qui avait fait du peuple français une sorte d'Hercule du monde, aussitôt qu'il vit comment, par le même droit que la République s'était adjugé de lancer des armées républicaines contre les monarchies, les monarchies auraient eu le droit d'intervenir contre la république française, s'empresse de poser le nouveau principe de droit moderne qui, confirmé par la volonté de Napoléon III, au traité de Zurich, a été si utile à l'unification italienne, le principe de la non intervention, et voici en quels termes: Le peuple français est l'ami et l'allié naturel des peuples libres, mais « il ne s'immisce point dans le gouvernement des autres nations; il ne souffre pas que les autres nations s'immiscent dans le sien. »

La révolution qui avait, à certaines heures, rêvé la paix universelle ne devait admettre le principe de l'armée permanente, déjà décrié par les philosophes et par les économistes du XVIII siècle. Dans le cri moderne qui réclame lo nation armée, il n'y a donc rien de nouveau: l'*armement de tous les citoyens* avait déjà été invoqué au début de la Révolution française. En attendant, on avait, dès 1789, supprimé pour l'armée le tirage au sort, pour admettre les seuls engagements volontaires; et la formation des gardes nationales, donna un premier échantillon de ce qui pourrait devenir un jour la nation armée. Dans l'armée régulière et permanente, les priviléges furent supprimées; les promotions devaient se faire progressivement de grade en grade, par mérite; aucune charge ne serait plus achetée ou vendue. La justice militaire devint plus humaine; on accorda à l'accusé un avocat, et on exigea la sentence motivée. Le Consulat et l'Empire développèrent considérablement en France l'esprit militaire; en accordant aux soldats la légion d'honneur, en créant des généraux sur le champ de bataille, en faisant de ses meilleurs généraux des barons, des princes, des ducs; de ses maréchaux, comme Murat et Bernadotte, des Rois, Napoléon fit de la guerre la première occupation de son état, en forçant, par ses boucheries humaines, le monde à reculer de quelques siècles. Ce n'est qu'en abusant de son système, qu'il fit comprendre au peuple français et au

7

monde combien il était odieux, et que tout le sang humain que son ambition effreinée avait fait verser crierait vengeance. Après les carnages de la Révolution, du Consulat et de l'Empire, l'Europe devait forcément entrer dans une période d'anémie, et sentir le besoin d'une réaction pacifique. Mais, au lieu de profiter de l'expérience et de méditer sur les principes les plus humains de la Révolution, on s'efforça envain de reconstruire l'ancien édifice démoli. Ce jeu d'enfants dépités ne pouvait durer longtemps, et la Révolution de juillet ne tarda à ramener la France sur la voie du progrès.

Certaines lois agraires de la Constituante française avaient eu le tort de troubler en un seul jour tout le système économique de la vieille France; l'abolition du système féodal faite d'une manière violente avait affaibli, abaissé, ruiné la noblesse sans améliorer la condition des paysans toujours obligés de payer des droits exorbitants aux nouveau propriétaires du sol passé aux bourgeois.

La Législative et la Convention allèrent plus loin dans leurs réformes agraires; les droits de propriété deviennent presque nuls; le paysan, le laboureur est désormais le véritable maître de la terre. La Convention décréta « que tous les titres féodaux devront être déposés dans les trois mois au greffe des Municipalités et qu'il seront brûlés en présence du conseil municipal et de tous les citoyens. » Cette enormité, avec la confiscation des biens des nobles insoumis ou révoltés ou émigrés, acheva de ruiner non seulement une grande partie de la noblesse française, mais aussi la noblesse de Nice restée fidèle à la maison de Savoie. Toutes ces mesures étaient injustes et excessives, et on devait, sous la Restauration, admettre jusqu'à un certain point le droit de réparation; mais dans l'application de ce droit, on a tenu compte de l'impossibilité d'un retour au passé féodal tel quel; et ce résultat obtenu de la révolution française est toujours un bienfait considérable. La terre en outre se trouva partagée, à la Restauration, entre un nombre de cultivateurs bien plus grand qu'elle ne l'était lorsque la révolution avait éclaté. M. Rambaud exalte par ces mots l'avènement du paysan français après la Révolution: « Il se forma ainsi une classe nombreuse de citoyens, ardents au travail comme autrefois, mais fiers de la liberté conquise, plus attachés que personne aux principes de 1789 et plus hostiles à toute tentative de retour vers le passé. C'est la démocratie rurale de France, la plus puissante qu'il y ait dans le monde. Cette démocratie rurale sort tout à coup de son humiliation séculaire; elle qui n'a point de passé, point d'aïeux, s'est créée tout à coup; elle joue sur la scène du monde le plus grand rôle qui ait jamais été dévolu à aucun peuple; des députés paysans siègent sur les bancs de nos assemblées; des armées de soldats-paysans, conduites par des généraux-paysans font la conquête de l'Europe. L'agriculture se développe rapidement. De vastes espaces furent ensemencés en blé; 500,000 hectares furent plantés en pomme de terre; la culture de la vigne, de la garance, du pastel, de l'œillette, se développe; celle du lin fut encouragée par les prohibitions ou les droits sur l'importation du coton; celle de la betterave, par l'interdiction des sucres coloniaux. Les greniers, les étables, vidés ou dépeuplés par les réquisitions de la Convention, se remplirent de nouveau quand un gouvernement régulier s'établit. La terre, cultivée par le paysan à son propre profit, produisit davantage. Une preuve incontestable des progrès du bien-être dans les masses rurales, c'est, malgré la fréquence des guerres, le nombre croissant des mariages et le chiffre croissant de la population. Celle-ci surtout dans les campagnes, s'augmentait d'une manière continue et dans une proportion beaucoup plus rapide qu'aujourd'hui. La *Société d'agriculture de France,* qui remontait à 1761, fut réorganisée en 1804. »

Ce tableau séduisant est-il entièrement fidèle? N'accuse-t-il pas de la part de l'auteur un optimisme outré? Quoi qu'il en soit, la prospérité de la vie des paysans en France date de cette époque; et puisque les principales ressources de la France sont fondées sur la richesse agricole, on comprend que la majorité des écrivains français plaide la cause de la grande révolution qui a porté de pareils fruits.

La Révolution toucha aussi, par des mesures radicales, à l'industrie nationale; par la loi de 1791, elle créa les *brevets d'invention* pour garantir *la propriété industrielle.* En même temps qu'elle portait une atteinte sérieuse à la propriété foncière et héréditaire, elle consacrait la propriété du travail intelligent individuel. Sous le Directoire, le ministre de l'Intérieur, François de Neufchâteau, pour encourager l'industrie française organisa à Paris la première *Exposition nationale.* Cette première Exposition fut a peu près un échec, puisque s'y présentèrent seulement 111 exposants; mais, la première idée étant donnée, on la reprendra dans des circonstances plus favorables, [1] et l'exemple de Paris profitera bientôt au monde. L'Empire réglementa l'industrie comme tant d'autres choses; et la France contemporaine se ressent encore de cette ancienne discipline souvent

---

[1] L'*Exposition nationale* de 1801 compta 229 exposants, celle de 1802, 540; celle de 1806, en comptait déjà 1422.

véxatoire, et contraire à la liberté. En 1801 fut cependant fondée par Chaptal, Monge, Conté, Fourcroy, et Berthollet cette *Société d'encouragement pour l'Industrie nationale* qui devait rendre de si grands services à la France. Chaque nouvelle Exposition nationale signalait par de nouvelles inventions, un progrès de l'industrie et de la science. Les intérêts publics étaient, même sous l'Empire, au dessus des intérêts dynastiques; la gloire de la nation devait être une partie essentielle de la gloire de l'Empereur. Les thermolampes de Philippe Lebon, né en 1769, mort en 1805, donnèrent aux Anglais l'idée de l'éclairage au gaz. La machine à filer le lin inventée en 1810 par Philippe de Girard fut aussi utilisée par l'Angleterre. Le métier à tisser dit *à la Jacquard* faillit coûter la vie à son inventeur Joseph-Marie Jacquard de Lyon, mais permettant à un seul ouvrier de tisser une étoffe du dessin le plus compliqué, apporta une économie précieuse de temps et d'ouvriers dans l'industrie du tissage.

En fait de commerce, la Révolution française n'a eu que des principes rétrogrades; elle s'attacha aux lois de protection et de prohibition de Colbert; elle traita l'étranger en ennemi; et arriva jusqu'à décréter la peine de dix ans de fer, jusqu'à la peine de mort, contre les Français qui se rendraient coupables d'exportation à l'étranger de certains produits de l'industrie ou du sol de France; l'usage des marchandises anglaises était défendu en France; quiconque se servirait de marchandises même suspectes subirait la peine de vingt ans de fer. Ces doctrines étroites qui ont caractérisé la Révolution française et couvert de honte ses prétendus économistes, contraires à tous les principes de liberté n'a pas seulement fait du tort à la première république, mais elles menacent la troisième du danger qu'elle court en commettant les mêmes fautes. Le jacobinisme est aveugle, et, en tant qu'il s'impose de nos jours à l'opinion publique française, il bouleverse tous les principes les plus sains de l'économie politique, toutes les théories de libre échange, principe unique et absolu qui devrait régler tout commerce international entre des états civilisés. Tant que la République française ne reniera toutes les absurdes doctrines économiques de la Révolution française, elle se trouvera toujours isolée en Europe, et regardée avec une juste méfiance par les nations voisines. L'Empire continua et poussa encore plus loin le système protecteur inauguré par la révolution; de manière qu'il nous faut convenir que, sous le rapport du commerce, non seulement la France de cette époque n'a rien appris à l'Europe, mais qu'elle lui laissa au contraire, par un système anti-économique, des exemples dangereux et regrettables.

La Constituante et le Consulat eurent cependant le mérite d'inaugurer le système du mètre comme unité de mesure. En même temps qu'on mettait des entraves au commerce, on facilitait les moyens de locomotion. On supprimait les barrières à péage ; on ouvrait des routes magnifiques à travers les Alpes ; on construisait des ponts et des canaux ; en 1790, on déclare la liberté d'exploitation des fiacres ; en 1794, on proclame la liberté des diligences ; mais l'Empire ne tarda a réglementer toutes ces industries de locomotion.

Les monarchies de la Restauration et de Juillet qui semblent un regrès et le sont en effet, au point de vue de certaines libertés, n'ont point été sans effet pour le progrès général et pour la civilisation. Quoique réactionnaire, la première accorda une large place au mérite individuel, au dessus de tous les privilèges de naissance; il y eut alors comme sous le gouvernement issu des journées de juillet, des classes dirigeantes, qui n'étaient ni la vieille aristocratie, ni la riche bourgeoisie, mais l'intelligence toute puissante et dominante. Ainsi on peut dire que le premier homme de la restauration a été Chateaubriand; et des hommes comme Hugo et Lamartine, Thiers et Guizot ont pu, en France, monter aux degrés les plus élevés de l'échelle sociale. Ce respect du génie des poètes et des historiens, après une espèce de fétichisme pour le génie de la guerre nous prouve seulement que la France sent mieux que tout autre pays le besoin d'admirer; et on peut bien dire que l'Europe a appris d'elle à donner une plus grande importance à ses écrivains.

Le régime parlementaire est aussi à la mode en Europe depuis que les Chartes de 1814 et de 1830 ont véritablement inauguré en France la vie constitutionnelle. Nous citons souvent la Constitution anglaise; mais tous nos Parlements ont adopté plus ou moins le type des Parlements français. La Charte de 1814 avait modifié la constitution anglaise, l'appliquant aux moeurs de la France; le Statut piémontais qui est devenu le Statut italien ressemble à la Constitution anglaise autant que les deux Chartes françaises l'ont suivie de près; mais il en diffère, parce que le marquis César Alfieri, le comte Sclopis et les autres éminents hommes d'état piémontais qui ont élaboré sous le Roi de Sardaigne la nouvelle constitution, ont eu la prudence de tenir compte des conditions spéciales du peuple qui devait la recevoir.

De même que le régime parlamentaire français a inspiré

les auteurs de la constitution devenue italienne, la presse française telle qu'elle s'organisa en France sous la monarchie de juillet a donné le modèle à la presse italienne; les revues et les journaux de France ont très certainement fourni le type aux revues et aux journaux italiens. Que la presse italienne, lorsqu'elle s'avise d'attaquer la presse française, tout en soutenant les raisons qu'elle peut avoir, n'oublie point que c'est un élève qui parle devant son ancien maître, pour garder au moins, dans le feu de la discussion, des formes convenables. La quatrième page pour les annonces, le journal quotidien universel, le feuilleton, le journal à un sou, existent chez nous parceque le succès d'entreprises semblables en France nous a encouragés; le journal sur le type anglais a aussi été essayé en Italie, mais le public ne l'ayant pas compris, on est revenu à la mode de France. En Italie on a aussi suivi assez de près le modèle français en fait d'organisation administrative, judiciaire, financière, militaire, scolaire; cette discipline, bonne ou mauvaise qu'elle soit, dans ses parties essentielles, nous la tenons de la France. Nous trouvons un excès de formalisme et de règlementarisme dans tout ce qui concerne l'organisation publique de la vie italienne; la liberté s'y trouve suffoquée; le pédantisme, l'esprit de routine enlève à l'organisme italien toute franche liberté de mouvement; nou savons donc eu grand tort d'imiter l'exemple de la France; nous l'avons même compliqué, par de mesures additionnelles qui nous ont été inspirées du système bureaucratique autrichien; le monstre qui en est sorti est la laideur même. Sous ce rapport, la France ne nous a fait aucun cadeau désirable. Si nous avions mieux étudié les systemes d'administration en vigueur en Angleterre et pénétré plus à fond les besoins réels de la vie italienne, nous nous serions passés des systèmes français et autrichiens, pour revenir à la nature, et simplifier notre machine gouvernementale; mais nous avons voulu suivre la mode française en tout, et, pour cette fois, nous nous sommes trompés; la rigueur d'un règlement étroit a souvent en France comme ailleurs compromis une loi sage et bienfaisante; la bureaucratie a quelquefois entièrement abîmé l'œuvre des législateurs. Au surplus, le système centralisateur qui pouvait convenir jusqu'à un certain point à une France compacte et fortement unie, n'était guère à suivre en Italie, où les traditions régionales et communales exigent un système opposé. En France, Paris est presque tout; Rome n'a pu reprendre son empire absolu en Italie, depuis qu'ont surgi sur ses ruines Florence et Bologne, Turin et Gênes, Milan et Venise, Naples et Palerme. Malgré tous les efforts que nos centralisateurs ont fait pour rendre Rome toute puissante, elle est restée essentiellement une ville de grands souvenirs. Aucun de nos hommes d'état ne pourrait donc, sans heurter contre le sentiment général de peuple italien, appliquer à l'Italie, ces paroles que M. Thiers adressait à la France: « Nous voulons faire abonder la vie sociale au centre de l'État; nous voulons réaliser ce grand phénomène moderne; celui de faire vivre le corps social dans une grande unité. » La grandeur et l'originalité de l'Italie ne peut sortir que de sa variété; si l'Italie n'est pas bien vivante partout elle ne l'est réellement nulle part. Il n'y a peut-être pas de pays aussi riche en articulations qu'en Italie; mais il faut qu'un seul feu électrique passe dans tous ses membres, et il n'y a aucun gouvernement central, aucun décret qui puisse les mettre en mouvement. L'application du système centralisateur français à la vie publique italienne est aussi funeste qu'inintelligent; si le système présente des inconvénients en France, transporté en Italie, il devient detestable.

En général, on peut dire que les deux monarchies qui ont suivi le premier Empire, en ont respecté l'organisation générale, en y introduisant des réformes partielles. Comme l'Empire romain, l'Empire napoléonien, malgré sa courte durée, avait trouvé une république désorganisée, presque anarchique, et, par l'esprit de centralisation, créé un nouveau puissant organisme; seulement, tandis que l'organisation impériale romaine était des plus simples, de manière qu'avec un nombre très restreint de fonctionnaires, Auguste pouvait régir le monde entier, Napoléon sentit le besoin de s'attacher beaucoup de monde, et couvrit son état d'une nuée d'employés; tout ce luxe bureaucratique continue avec le luxe des armées à ruiner les états, sans les mieux servir et sans les rendre plus forts. Sous ce rapport, le système anglais, nous ne nous lassons de le dire, est bien plus raisonnable et digne d'être imité par tous les peuples civilisés.

Parmi les progrès réalisés sous la monarchie de juillet, on ne doit pas oublier le décret de 1831 qui admet le culte israélite au bénéfice des subventions de l'état comme tous les autres cultes. « La France, observe M. Rambaud, était alors la seule nation en Europe qui eût donné aux israélites l'égalité absolue. En Angleterre même, ils n'ont été admis qu'en 1858 à siéger comme députés au Parlement. »

La Monarchie de la Restauration avait donné un autre exemple de tolérance. Malgré son apparent despotisme, elle favorisait la liberté des peuples; le Roi Louis XVI en 1778 avait envoyé une flotte et une armée en Amérique pour soutenir les États Unis dans leur lutte pour l'Indépendance;

le frère de ce malheureux monarque, Louis XVIII, en 1824 entreprenait une autre guerre pour une idée, envoyant une flotte et une armée en Grèce pour soutenir les Hellènes qui luttaient pour secouer le joug de l'empire othoman.

La France des Croisades pouvait seule entreprendre des guerres aussi désintéressées. La politique bourgeoise et militaire de Louis Philippe ne lui permit d'intervenir pour les Polonais et pour les Italiens s'agitant contre leurs oppresseurs; et la seconde république fit seulement une descente en Italie, pour y rétablir le despotisme aveugle des Papes; mais, dix ans plus tard, la plus noble des armées, commandée par Napoléon III, arrosait du sang le plus pur les campagnes lombardes et donnait la main au peuple italien, en lui criant le *surge, Lazare, et ambula.*

Ce miracle de générosité accompli par la France en Italie, il y a trente et un ans, est encore un exemple donné aux autres peuples qui suivent une politique égoïste et utilitaire.

Certainement, par son bienfait, la France a contribué non seulement à l'unité italienne, mais aussi à l'unité germanique, deux nécessités historiques, qui, même sans le consentement de la France, tôt ou tard devaient se réaliser; mais elles auraient été retardés, et si l'Empire avait suivi la politique des Thiers et des Guizot, il serait peut-être encore debout. Mais les deux unités créées, en quelque sorte, consciente ou inconsciente, par la France ont tourné contr'elle; ce qui est déplorable; mais non pas parceque nous pensions qu'un bien pour l'Italie et pour l'Allemagne ait pu devenir un mal pour la France; mais parceque la France qui avait montré un si grand cœur pour nous aider à nous relever n'a pas eu ensuite le bon esprit de se réjouir et de nous embrasser en frères ressuscités, aussitôt qu'elle nous vît debout; elle s'inquiéta, au contraire, elle s'effraya de nos mouvements; elle se demanda a tort si l'enfant, en grandissant, ne deviendrait pas trop fort, et se mit à regretter tout le bien qu'elle nous avait fait. C'est dans cet égarement de l'esprit français qu'il faut chercher la vraie cause de notre abstention en 1870, qu'elle taxa d'ingratitude, malgré l'intervention volontaire de nos Garibaldiens, dans la campagne des Vosges. Ni l'unité italienne, ni l'unité allemande devaient inquiéter la France; si elle avait tiré parti de tout son esprit, non seulement elle n'aurait eu à ressentir aucun dommage de la constitution dans son voisinage de deux unités puissantes; mais elle aurait attiré vers elle toutes les sympathies et toutes les fortunes. Des publicistes maladroits ayant au contraire jeté un cri d'alarme, et chauffé l'imagination du peuple français, par la suggestion qu'une Italie et une Allemagne fortes auraient affaibli la France, cette fatale erreur a amené une guerre desastreuse et maintient encore dans un grand nombre d'esprits français des préventions entièrement injustes contre les Italiens et contre les Allemands.

La France aurait eu tous les avantages à maintenir son rang de protectrice de toutes les nationalités; chaque nation aurait senti de lui devoir quelque chose et n'aurait point manqué de témoigner toute sa sympathie à la France. Une nation, tout aussi bien qu'un individu, éveillant des sympathies autour d'elle, ne se rend pas seulement agréable, mais elle assure ses propres intérêts. La France tenait surtout à plaire; et cette politique lui a été longtemps aussi profitable, que toute autre politique lui serait nuisible. Les bouderies de la France lui font des rides; et tous les peuples qui en sont amoureux n'aiment pas à lui voir une figure sombre, et soucieuse. On fait très mal sa cour à une jolie grande dame dépitée; si le jeu se prolonge, on s'impatiente et on s'en éloigne. Qu'elle ouvre, au contraire, au monde son grand sourire et tout le monde se tourne en fête vers elle; le travail mêlé avec le plaisir reprend son train; la lumière se répand de nouveau, et du contentement de la France tout le monde se réjouit et se trouve bien; si elle a du repos, le monde se tient tranquille; si elle s'agite, l'univers se trouble. On doit donc souhaiter que la France puisse retrouver son équilibre interne et prendre noblement son parti de l'existence de deux voisines puissantes qu'elle a contribué à former; son plus grand intérêt est de se les rendres amies et devouées; et ce n'est que lorsque on consolidera cette nouvelle triple alliance que la civilisation en Europe reprendra sa marche naturelle.

Nous admirons la science des Allemands et leurs laboratoires scientifiques; mais une histoire de l'oeuvre des gouvernements français depuis un siècle, en tout ce qui concerne l'instruction publique, ne serait pas moins édifiante. Si les Français ont souvent utilisé les idées reçues du dehors, le plus souvent ils les ont perfectionnées et appliquées à des buts civilisateurs plus élevées; les écoles françaises de Rome et d'Athènes, la création de l'école des langues orientales vivantes, les fouilles de Niniveh, les voyages d'exploration en Egypte, en Asie, dans l'Asie mineure, en Syrie, en Perse, dans l'Indo-Chine, ont donné de grands résultats non pas seulement pour la France, mais pour l'humanité.

Nous admirons dans l'histoire, Socrate qui enseigne la morale, un roi Açoka qui crée des inspecteurs publics pour la morale, et l'empereur Marc-Aurèle qui rêve un état moral; mais ce n'est qu'en France qu'on a eu l'idée d'un grand prix pour les bonnes actions. Le prix Montyon ne fait pas seulement honneur à son fondateur, mais à la France entière, qui montre par cette haute distinction, qu'elle met le bien au dessus de tous les autres intérêts.

Cette haute idéalité qui a gouverné depuis un siècle les actes essentiels des gouvernements français, dans l'art, la littérature, la science, la vie publique française, n'est ce pas un titre de gloire enviable pour la France? ne suffit-elle pas à donner à la France la première place parmi les nations civilisées?

Notre civilisation est plus ancienne, et, à certains égards, supérieure à la civilisation française; mais celle-ci, pour le moment, est encore la plus complète qui existe; celle dont l'oeuvre est le plus largement, le plus vite, le mieux ressentie et utilisée par l'humanité entière. Les découvertes partielles qui se font dans le monde, arrivent partout en traversant Paris; il faut que le savant, l'écrivain, l'artiste français, constitué juge, approuve, pour qu'une découverte, un livre, une oeuvre d'art, fasse son chemin hors de son pays. La première répugnance de Paris à reconnaître l'oeuvre de Richard Wagner, a rendu très-laborieuse la carrière de ce génie sur la route de la gloire. C'est par le triomphe du *Guillaume Tell* à Paris, que le génie de Rossini a été vraiment consacré à la gloire du monde. Et c'est à Paris que Cherubini, Meyerbeer, Bellini, Donizzetti, Verdi, sont allés demander tour à tour leur baccalauréat universel. Un succès obtenu à Londres, à Berlin, à Saint Petesbourg est considérable, mais point aussi décisif qu'un succès parisien. Dans le siècle passé un seul mot de Voltaire suffisait à créer ou à démolir une réputation; c'est à Paris qu'Henri

Heine se rend lorsqu'il veut se venger de l'Allemagne devant le monde. L'Angleterre et les États Unis inventent de nouvelles machines; mais les Expositions françaises les rendent populaires et les transmettent à tous les pays civilisées, à partir de la première machine à vapeur qui figura dès 1806 à une exposition de Paris. Les Français dans presque toutes leurs découvertes avaient eu des devanciers; mais, remplissant toujours leur grand rôle de civilisateurs, ils appliquèrent et propagèrent toutes les découvertes des autres. Et il ne faut pas oublier, à la gloire de la Restauration, que le roi Louis XVIII fut le premier en France à comprendre l'utilité du gaz pour l'éclairage, à protéger, soutenir, recommander cette industrie, qui fit appeler notre siècle *le siècle de la lumière*. L'éclairage au gaz, avant la lumière electrique, a été pendant un demi siècle le symbole du progrès; et c'est à un roi censé réactionnaire que revient la plus grande partie du mérite de son introduction en France. Une des plus belles applications de la lumière a été l'invention de la photographie; cette gloire qui date de 1813 et de 1829 appartient à deux Français qui en ont eu la première idée. Le seul tort de presque tous les gouvernements qui se sont succédés en France depuis la Révolution a été de compromettre tout ce mouvement d'expansion du dedans au dehors, du dehors au dedans par des lois anti-économiques fondées sur des doctrines protectionistes. L'éducation publique, l'instruction scolaire, la presse n'ont pas assez travaillé pour divulguer les principes du libre échange. Les gouvernements français ont été souvent obligés de trouver des excuses pour expliquer vis-à-vis de l'étranger leur conduite illibérale sous le rapport économique; et ils se sont défendus en accusant l'opinion publique qui a été presque constamment contraire en France à l'application des principes du libre échange; mais il ne devrait pas être difficile, s'il y avait des économistes à la tête du gouvernement français, de changer cet ordre d'idées. La liberté seule convient à la lumière, qui est si chère à la France; en France, le vrai sentiment de la liberté est souvent méconnu; on y invoque souvent la liberté; mais on n'en fait guère usage, on ne la respecte pas assez chez les autres; on n'en retire qu'un très-mince bénéfice, malgré la république; l'Angleterre, l'Italie et la Belgique, trois monarchies, font un emploi bien plus actif de leurs libertés constitutionnelles et sont sur la voie d'adopter, dans l'ordre économique, le régime le plus libéral. Lorsque la France l'acceptera à son tour, il deviendra le système unique de la civilisation européenne, et malheur aux pays qui s'aviseront de vivre en dehors de ce système. Si la République Française, au lieu d'adopter, au point de vue économique, les principes les plus étroits d'une bureaucratie et plutocratie bourgeoise; si au lieu de donner tant de temps à une politique hargneuse, avait fondé son économie nationale sur les principes de la plus ample liberté, on pourrait se faire des illusions sur les principes démocratiques inhérents au régime républican; mais, en attendant, les états voisins, font bien de garder très paisiblement leur gouvernement monarchique, puisqu'il protège, dans le pays, un plus grand nombre d'intérêts et de libertés qu'en France. Le peu de préoccupation que la majorité des hommes politiques français montre pour la liberté en général, et l'antipathie manifeste contre presque toutes les libertés économiques sont cause essentielle, nous l'avons dit, de l'état d'isolement dans lequel la France se trouve, malgré son ascendant civilisateur.

La France est grande, par elle même; elle est forte, bien peuplée, bien armée; ouvrière puissante, riche par les ressources de son sol, de son esprit, de ses institutions; mais elle n'est plus seule toute puissante en Europe; tout le monde marche vers la lumière; il n'y a presque plus de barbares à vaincre et à dominer en Europe. Puisqu'il nous faut donc vivre tous comme entre des gens civilisées, l'intérêt commun ne nous oblige pas seulement à avoir des égards les uns pour les autres, mais à convenir que l'intérêt de chacun dépend de l'intérêt de tout le monde et qu'il y a toute convenance à faciliter les ententes, à laisser circuler, dans le commerce international, les hommes et les choses tout aussi bien qu'on laisse circuler les idées. Si la République vient nous prêcher ce genre de libertés, elle peut-être persuadée que l'Europe entière tôt ou tard la suivra sur cette voie. L'avenir de la civilisation européenne dépend de l'application à la vie publique nationale et internationale des plus larges et complètes libertés économiques. A côté de cette suprême évolution nécessaire du progrès humain, toutes les autres réformes, nous oserions même dire, tout ce que le génie humain pourrait encore inventer de plus sublime, auraient un intérêt secondaire. Nous avons les libertés civiles; mais ces précieuses libertés, pour la société humaine sont presque nulles si le grand souffle de la liberté économique n'inspire, n'entretient et n'anime point le commerce des hommes.

Ce point fixé, voyons encore quel a été le rôle de la France contemporaine dans la littérature, dans la science et dans les arts:

La France n'a pas fait de grandes découvertes; elle n'a pas donné au monde aucun génie aussi universel qu'Homère en Grèce; que Dante et Galilée en Italie; que Shakespeare en Angleterre; que Goethe en Allemagne; cependant dans aucun pays la science et la littérature n'ont atteint la gloire et la popularité dont elles jouissent en France. Et, comme ensemble, aucune littérature du monde ne présente une série aussi longue, aussi complète, aussi intéressante de productions éminentes que la litérature française. Elle est aussi la plus humaine, la plus souple et la plus universelle. Elle touche à tout, elle comprend tout, elle embrasse tout. Ce qui intéresse la France et l'humanité a fait partie de la litérature française; a partir des vieilles chroniques latines et des vieux sermons, des vieux discours, de vieux traités latins des premiers siècles du moyen-âge, en arrivant à la première Renaissance, aux siècles de Louis XIV et de Louis XV, jusqu'à la Révolution française, à la Renaissance Romantique, à la dernière évolution naturaliste, l'esprit français a toujours vivifié le livre, et lui a donné un charme unique. L'histoire littéraire de la France a brillé de mille feux étincelants; tandis que dans les autres littératures on rencontre des époques entières où tout ce qu'on écrit se ressemble, car au ton académique du langage répond presque toujours une aridité désolante d'idées et une grande sécheresse de sentiments, dans presque tous les siècles de la littérature française on rencontre quelque chose de vivant, et une variété sympathique de genres littéraires. On accuse généralement la littérature française de manque d'originalité; et cependant ses deux cycles épiques et sa littérature lyrique provençale ont contribué essentiellement au développement de l'ancienne littérature italienne qu'on trouve pourtant si originale. L'Italie a reçu de la France les matériaux d'une grande partie de ses poèmes. La France a aussi exercé par sa littérature épique une certaine influence sur les anciennes littératures allemande et anglaise.

L'ancienne littérature française manquait de formes plastiques; elle a circulé dans le peuple, et, par le commerce international des derniers siècles du moyen âge, elle a passé à d'autres peuples; mais le manque de plastique n'a point permis à ces anciennes compositions littéraires françaises d'atteindre la perfection qu'ont pu obtenir, au contraire, les anciennes oeuvres italiennes, grâce aux souvenirs des littératures anciennes et aux traditions du goût classique. C'est ainsi que les poèmes naïfs de la Table Ronde ont pu développer en Italie une véritable épopée littéraire.

À son tour, un peu plus tard, la France essaya d'imiter l'Italie par sa littérature classique, en s'efforçant de donner à son oeuvre littéraire un cachet classique. Le seizième et le dix-septième siècles témoignent de cet effort; et la France aussi a pu depuis lors compter des classiques éminents. L'Angleterre a eu Bacon; la Hollande Spinoza; l'Allemagne Leibnitz; la France nous présente à elle seule trois grands penseurs Montaigne, Pascal et Descartes qui sont à la fois trois grands écrivains. L'Italie vante Pomponazzi, Telesio, Bruno, Campanella, Galilée; mais aucun de ces écrivains n'a donné un livre classique, pour le monde, comme les *Essais*, comme les *Pensées*, comme les *Méditations*; le Dialogue même si sublime de Galilée n'est jamais devenu populaire. La France a, en outre, créé de nouveaux genres littéraires; le conte de fée; le conte en vers; les Mémoires, les Maximes; elle a fait une véritable oeuvre d'art de la chronique; elle a donné les plus beaux modèles de tragédie, et de comédie moderne. À Machiavel la France peut opposer Bossuet, Fénelon et Montesquieu. On décrie maintenant le classicisme; mais aucune littérature européenne, dans son époque classique, n'a eu une floraison aussi brillante que la française. On connait le grand rôle joué par la littérature française dans les idées et dans les littératures européennes du siècle passé et au commencement du nôtre. Les noms de Voltaire, de Rousseau, de Diderot, de D'Alembert et des autres coryphées littéraires du XVIII siècle en France sont trop populaires pour qu'on ait besoin de les rappeler ici; leur réclame d'ailleurs a été faite en Allemagne par le Roi Frédéric le Grand, en Russie par l'Impératrice Catherine II; mais le succès de cour aurait pu demeurer stérile, si les critiques, les poètes, les philosophes de l'Allemagne de la seconde moitié du siècle dernier n'avait souvent puisé leur inspiration chez les grand remueurs d'idées, les précurseurs immédiats de la révolution française.

Mais, puisqu'on parle de décadence, pour en venir à la France contemporaine, c'est à dire, au dernier siècle littéraire de la France, il nous faut, en toute sincérité, convenir, que, par l'ensemble de sa production, aucune littérature contemporaine n'égale la française. Si l'Allemagne a eu un Goethe, un Schiller et un Heine, deux Humboldt, deux Schlegel, et deux Grimm; l'Angleterre un Byron, un Shelley, un Dickens et un Darwin; la Russie un Pouchkine, un Lermontoff, un Gogol, un Turguéneff, un Léon Tolstoï; l'Italie un Manzoni, un Leopardi, un Giusti, un Gioberti; la France compte une foule d'écrivains de talent et dans cette foule quelques écrivains de génie, comme Cuvier, Chateaubriand, Hugo, et Lamartine. La Révolution avait révélé un grand nombre d'excellents orateurs; et l'éloquence parlementaire resta depuis en honneur en France; si elle a envoyé à l'échafaud plusieurs de ses adeptes de talent, elle n'a pas, du moins, touché aux principes; elle a consacré au contraire le respect de l'intelligence; et si la France donne encore aujourd'hui l'exemple le plus illustre parmi les pays où les lettres et les sciencies sont encouragées, n'oublions point qu'un arrêté de la Convention présenté le 18 ottobre 1794 par l'abbé Grégoire avait déjà décrété une somme de 100,000 écus, qui devait annuellement être allouée aux « encouragements, récompenses, et pensions à accorder aux savants, aux gens de lettres et aux artistes dont les talents sont utiles à la Nation. » Napoléon premier fit plus et créa l'Institut, pour l'avancement des Sciences; et il eut le premier le courage de fonder des prix décennaux de 100,000 francs pour les grandes découvertes scientifiques. Dans quel pays on avait jamais eu une conception aussi large du respect que l'on doit à la science? Et ces exemples n'ont point été perdus; la France est encore le pays du monde, où, sur le budget de l'état, on dépense le plus pour l'encouragement des sciences, des lettres et des arts. Napoléon accordait des titres de noblesse aux grands artistes, aux grands savants; cette manière intelligente de comprendre et d'exercer le droit souverain recommande son nom à la postérité autant que ses batailles victorieuses.

Dans le courant d'un siècle, dans un même genre littéraire on a vu se former en France des espèces infinies; ainsi, dans la poèsie lyrique après Rouget de l'Isle et Chénier on vit surgir Béranger, Delavigne, Hugo et Lamartine; plus tard Musset, De Vigny, Barbier, Murger, Gautier, Baudelaire, Laprade, Mistral, Banville, Sully Prudhomme, Theuriet, Coppée, Aicard, Soulary, Lemoine, Mendés, Grenier, Schuré, Déroulède et tant d'autres dont chacun a une touche spéciale qui le distingue. Dans le Roman, après *René*, on voit se produire *Nôtredame* et *Les Misérables*, les *Nouvelles* de Nodier, la *Comédie humaine* de Balzac, les romans passionnés de George Sand; le roman d'aventures d'Alexandre Dumas père, les romans à sensation de Sue, de Soulié, de Féval et de Gozlan; le roman léger et joyeux de Paul de Kock, *Colomba* perle fine de Mérimée, le *Capitaine Fracassa* de Gautier, la *Dame aux Camélias* et *Diane de Lys* d'Alexandre Dumas fils; le roman par excellence d'Octave Feuillet, *Madame Bovary* de Flaubert, *Fanny* de Feydeau, *Marianna* de Jules Sandeau, *Les Derniers Bretons* de Souvestre; les romans scientifiques de Jules Verne; les romans fantastiques en collaboration d'Erckmann-Chatrian, les romans d'Assolant, About, Ohnet, Cherbuliez, Loti, Gyp, Fabre, Halevy, Duruy, Bourget, Claretie, Cadol, Bentzon, Toudouze, Gréville, Malot, Theuriet, pour ne citer que les auteurs les plus en vogue et enfin les romans naturalistes de Goncourt, Daudet, Maupassant, Zola avec toute leur suite; voilà donc une variété merveilleuse.

En fait de théâtre, à côté du drame romantique de Victor Hugo et d'Alexandre Dumas père, la France contemporaine nous montre la tragédie modernisée de Casimir Delavigne auteur de *Louis XI*, de Ponsard auteur de *Lucrèce*, de Soumet auteur de la *Fête de Néron*, et la tragédie épique d'Henry de Bornier; le drame bourgeois et populaire à sensation de Dennery, de Soulié, d'Anicet-Bourgeois; le *Chifonnier de Paris* de Pyat; tout le théâtre de Scribe; les comédies agréables et spirituelles de Legouvé, de Doucet; la comédie-proverbe, nouveau genre élégant, mis à la mode par Alfred de Musset; les vaudevilles (autre genre essentiellement français) de Duvert, Lauzanne, Bayard,

Brazier, Saintine, Mélesville, Du Mersan, Varin, Autier; les farses et les comédies de moeurs de Labiche, Valabrègue, Gondinet, Hennequin, Claretie; la féerie et la revue, deux autres spécialités du théâtre français; les chefs d'oeuvre d'Alexandre Dumas fils, de Feuillet, Augier, Sardou, Pailleron, cinq grands maîtres. Quel autre théâtre européen a-t-il donc produit dans ce dernier siècle un si grand nombre et si varié d'auteurs dramatiques distingués et de pièces originales?

La critique littéraire ouvrit avec l'*Allemagne* de Mme de Staël des horizons plus larges; les littératures étrangères furent étudiées et leurs chefs d'oeuvre vulgarisés; la littérature populaire, en outre, et les littératures du moyen-âge révélèrent un monde inconnu au XVIII siècle; les essais littéraires et les cours de Fauriel, de Raynouard, de Villemain, de Cousin, de Rémusat, de Renan, de Taine, de Guizot, de Vogüé, de Marmier, de Fustel de Coulange; les articles de Planche, de Sainte-Beuve, de Saint-Marc Girardin, de Gautier, de Janin, de Saint-René Tallandier, de Scherer, de Pont-Martin, de Brunetière, de Sarcey, de Vitu, ont fait de la critique en France une oeuvre de reconstruction idéale; le *Salon* de Diderot a été perfectionné au XIX siècle, et la critique d'art atteignit sa perfection dans les essais de Charles Blanc. L'Histoire nous présente des noms tels que Thierry, Michelet, Michaud, Mignet, Quinet, Sismondi, Thiers, Guizot; l'archéologie des Champollion, des Letronne, des Ampère, des Lenormant, des Beulé; les études orientales des Chézy, Abel Rémusat, Silvestre De Sacy, Garcin de Tassy, Reinaud, Renan, Julien, et un homme de génie, Eugène Burnouf avec toute sa brillante école, de laquelle sont issus, entr'autres, des Régnier et des Bréal; la prose polémique fourait des Ben. Constant, des Lamennais, des Montalembert, des Cormenin, des Girardin, des Carrel; le pamphlet devient un chef-d'oeuvre entre les mains de Paul Louis Courrier, et la chronique politique une puissance entre les mains de Forcade; l'éloquence parlementaire après les grands orateurs de la première révolution a fait entendre la raison par Berryer, la passion par Montalembert, la musique du langage par Lamartine, l'apostrophe de Casimir Perrier, les mots acérés de Dupin, la parole magnifique du Duc de Broglie, la parole souple et adroite de Thiers, les accents élevés de Quinet, les plaidoyers puissants de Lachaud, les discours exquis de Jules Simon, le feu ardent de patriotisme de Gambetta. Dans la philosophie ont excellé les De Gérando, les Maine de Biran, les Cousin, les Royer-Collard, les Jouffroy, les Rémusat, les Barth. Saint-Hilaire, les Comte, les Littré, les Renan, les Taine, les Janet, les Franck, les Jules Simon, les Ribot, les Caro; sur le terrain de la philologie classique, ont travaillé des maîtres tels que Maury, Boissonnade, Le Clerc, Nisard, Patin, Egger; la philologie romane nous révèle les Vitet, les Paulin Paris, les Gaston Paris, les Paul Meyer, et toute leur laborieuse et féconde école. Des remueurs d'idées comme Babeuf, Fourier, Saint-Simon, Blanqui, Bastiat, Chevalier, Cabet, Leroux, Louis Blanc, Proudhon; des brillants vulgarisateurs de la science comme Réclus, Figuier; des savants de premier ordre, comme les mathématiciens Laplace, Carnot, Monge, Legendre, Chasles, Lionville, Bertrand, Hermite, de Jonquières; les astronomes Lalande, Le Verrier, Arago, Janssen, Laugier, Flammarion, ce dernier doublé d'un grand artiste; les physiciens Gay-Lussac, Garnerin, Thénard, Babinet, Biot, Fresnel, Ampère, Arago, Deprez; les chimistes Balard, Braconnet, Dumas,

Chevreuil, Cahours, Pasteur, Berthelot, Sainte-Claire Deville; les naturalistes Cuvier, génie organisateur, Lacépède, Lamarck, précurseur de Darwin, Geoffroy Saint-Hilaire, De Jussieu, Flourens, de Beaumont, Charles Sainte-Claire-Deville frère du chimiste, Grandidier, D'Orbigny, Broca, De Quatrefages; les anatomistes, physiologistes, médecins Bichat, Dutrochet, Broussais, Corvisart, Laënnec, Thouret, Marc, Pinel, Larrey, Dupuytren, Lucas, Magendie, Gerdy, Raspail, Delpèce, Velpeau, Cloguet, Nélaton, Claude Bernard, Pasteur; voilà une bien longue série de noms glorieux qui tiennent dans un seul siècle, dans un seul pays et représentent une somme de travail, de découvertes, d'inspiration et de goût qui n'a pas l'égal dans aucun pays de l'Europe. Lorsque dans les autres pays on rêve un succès de théâtre on pense à Sardou et à Dumas; lorsque on parle du succès d'un roman, on cite Feuillet ou Zola; l'idéal d'un savant est Claude Bernard, Pasteur, ou Littré; l'idéal d'un écrivain est Renan; l'idéal d'un critique s'appelle Sainte-Beuve; on voudrait avoir l'esprit d'Alphonse Harr; la plume élégante de biographes tels que Bardoux; être un publiciste sympathique comme Laboulaye, Jules Simon, Maxime Du Camp; d'un poète on dit qu'il est inspiré comme Hugo; on voudrait pouvoir écrire l'histoire comme Thierry ou comme Mignet; rendre l'enseignement agréable comme Cousin; on cherche, en somme, de préférence le terme de comparaison en France; ce compliment spontané que le monde cultivé adresse à la France, est le plus flatteur des éloges qu'on puisse faire à une nation civilisée. Chaque pays à ses gloires et ses prodiges; mais dans aucun on ne voit une si grande et si parfaite harmonie d'étoiles nombreuses et brillantes.

La capitale mondiale des arts était, autrefois, Athènes, puis Rome; plus tard Florence; depuis un siècle, la capitale des arts s'appelle Paris; l'artiste qui a droit de cité à Paris, l'obtient dans le monde entier. Il y a cent ans que Paris travaille pour mériter cette gloire et maintenant il serait insensé tout effort pour la lui disputer. L'art doit plaire surtout; et l'art de plaire est la grande spécialité de Paris. En fait d'art ancien, le Musée de Louvre est le plus riche Musée du monde; en fait d'art moderne national la galerie de Luxembourg n'a point de rivales.

En Italie, la nature a souvent créé des génies; en France l'art a développé des talents nombreux et formé le goût national.

Dans les siècles passés l'art français était un art d'imitation; le XVIIIe siècle a commencé à cultiver un art spécial français; la peinture comme la poésie était gracieuse et délicate, pleine de charme; elle n'est devenue puissante et variée qu'après la Révolution française. L'Académie de Rome continuait à fournir des traditions et des modèles; mais les artistes français qui revenaient de Rome cherchèrent des inspirations nouvelles; le souffle régénerateur de la Révolution avait fouetté le génie français; l'Exposition centennale qu'on admirait en 1889 au Champ de Mars a consacré devant le monde le génie des artistes de la France.

Les Portraits de Bastien-Lepage, de Baudry, de Bonnat, de Cabanel, de Carolus-Duran, de Champmartin, de Chaplin, de Cot, de David, de Delaunay, de Drölling, de Dubois, de Debufe, de Fantin, de Gérard, de Greuze, de Latour, de Hersent, de Ingres, de Regnault, de Richard, de la Le Brun; *La Vague et la Perle* de Baudry, la *Bacchante, La Jeunesse et l'Amour* de Bouguereau, les *Nymphes* et

Les Baigneuses de Corot, *Biblis changée en source*, de Henner, les tableaux mytologiques d'Ingres, les femmes de Lefébvre, la *Galathée* de Moreau, pour le nu ; les tableaux historiques, militaires, religieux de Baudry, Biard, Bonnat, Bouchot, Brascassat, Cazin, Charlet, Chassériau, Chenavard, Cogniet, Couture, David, Delacroix, Delaroche, Deveria, Flandrin, Gérard, Gérome, Géricoult, Gigoux, Gros, Heim, Héreau, Ingres, Laurens, Meissonnier, Prudhon, Regamey, Roll, Roqueplan, Vernet, Yvon ; les tableaux de genre et les paysages de Bachelier, Balleroy, Bargue, Bastien-Lepage, Beaumont, Belly, Béraud, Berchère, Berne-Bellecour, Bertrand, Boilly, Rose Bonheur, Bonvin, Boudin, Boulanger, Breton, Bruandet, Busson, Butin, Cabat, Cals, Cézanne, Chabal-Dussurgey, Chintreuil, Colin, Corot, Courbert, Curzon, Daubigny, Daumier, Decamps, Démarne, Desgoffe, Detaille, Didier, Duez, Dupré, Datilleux, Falguière, Fragonard, François, Fromentin, Gaillard, Garbet, Géricault, Goeneutte, Gosselin, Granet, Guillaumet, Hamon, Hanoteau, Harpignies, Hébert, Heilbuth, Huet, Isabey, Jacque, La Berge, Lambert, Lavieille, Leloir, Le Roux, Loubon, Luminais, Maillot, Manet, Marchal, Marilhat, Merson, Michel, Millet, Monet, Neuville, Pissard, Protais, Puvis de Chavannes, Raffaelli, Raffet, Robert, Roll, les deux Rousseau, Ségé, Servin, Troyon, Vollon, Vuillefroy ; voilà une bien longue série de grands et de petits noms, qui représentaient dans la Grande Exposition, les merveilles de la renaissance de la peinture française. Ici encore, on peut répéter, que si les allemands, les anglais, les italiens, les russes, les polonais, les hongrois, à certains égards, par des qualités de détail, surpassent encore les artistes français, la puissance du charme, la force dans la grâce, l'esprit de l'ensemble qui inspire l'intérêt, et qui enlève l'admiration, sont en notre siècle un privilège de la peinture française.

Dans ces derniers vingt ans, cinq grands peintres français sont devenus membres de l'Institut, Bouguereau, Bonnat, Boulanger, Cabanel, Gérome; c'est l'Olympe; mais, au dessous de cet Olympe, combien de demi-dieux.

Adolphe William Bouguereau, né à la Rochelle en 1825, à 23 ans gagnait le second prix de Rome; ses Vénus et ses baigneuses ont fait l'admiration du monde; c'est à propos de son Ève, dans le Caïn et Abel, que Théophile Gautier écrivait: « L'artiste a donné à la Figure d'Ève une beauté grandiose et puissante qui réalise l'idée qu'on se forme de la femme modelée directement par le pouce de Dieu, ce sculpteur encore plus grand que Phidias et Michel-Ange. Mais en la faisant plus forte, il la fait aussi gracieuse ».

Léon Bonnat, né à Bayonne, en 1833, a étudié en Espagne, à l'atelier de Madrazo; en 1857, il gagnait le second prix de Rome; le souffle puissant de Velasquez semble avoir passé dans ses œuvres; ses portraits vivants, ses paysages dramatisés sont d'une puissance qui saisit.

Gustave-Rodolphe Boulanger est un parisien; Paul Delaroche, l'Afrique, Rome, Michel-Ange ont été ses grands maîtres; en 1849 il remportait le prix de Rome. Ses peintures de sujet oriental, romain et pompéien n'ont point d'égales.

Alexandre Cabanel a été un méridional; nous l'avons connu et admiré à Florence, où il a laissé son portrait qu'on admire à la Galerie des Uffizi. Un des ses premiers succès a été *Le Chanteur florentin*. Ses tableax historiques et ses portraits lui ont fait une renommée universelle. Au Luxembourg, on admire *La mort de Francesca de Rimini et de Paolo,* et ses femmes surtout, dans la *Naissance de Vémy,* dans la *Sulamite,* dans la *Lucrèce,* dans le *Triomphe de Flore,* dans la *Portia,* dans la *Patricienne de Venise;* tous ses portraits sout admirables. « Chaque portrait de Cabanel, a dit un biographe, est un livre où l'on lit sans effort, la vie, la situation, l'âme de son modèle. Ensuite, il voit les femmes de façon si gracieuse et si distinguée, il leur donne ce charme indicible, cet accent féminin difficile à traduire ».

Jean Léon-Gérone, né en 1824 à Vesoul, est le peintre de l'Orient, du désert, des lions, des femmes et des mœurs grecques et romaines; un géant.

Avec ces cinq membres de l'Institut, toute une grande armée, avec ses vieux et jeunes généraux, parmi lesquels nous pouvons citer ici les plus en renom, Couture, Meissonnier, Jean-Jacques Stenner, Etienne Berne-Bellecour, Antoine Guillemet, Henri Gervex, James Bertrand, Félix Barrias, Félix Giacometti (malgré son nom italien, né à Quingey dans le Doubs, élevé à Besançon et a Paris); Albert Aublet, Ferdinand Gueldry, Luis Falero (un espagnol, grâce aux femmes, devenu parisien), Jean et Emanuel Benner, Léon Barillot, Alexandre Rapin, Raphaël Collin, Aimé Morot, Pierre-Émile Berthélemy, Gustave Pinel, Georges Bertrand, Louis Bérond, Édouard Dantan, Alfred Roll, Edouard Zier, Georges Clairin, Émile et Jules Breton, Charles Chaplin, Camille Bernier, Charles Lupostolet, Auguste Feyen-Perrin, Émile Renouf, Louis Français, Auguste Leloir, Charles Voillemot, Francis Tattegrain, Auguste Allongé, Jules Lefebvre l'auteur de la *Cigale,* Pierre Puvis de Chavannes, Edouard Detaille, le peintre si populaire de la vie militaire, Neuville, Albert Maignan, Charles Busson, Émile Lévy, Felix de Vuillefroy, Édouard Dubufe, Felix-August-Clément, Paul Rouffio, Henry Dupray, le rival de Detaille, Gustave Jundt alsacien, le comte Ludovic Le Pic, Édouard Tondouze, J. S. Sargent (un américain né a Florence, élevé à Paris par Carolus Duran), Tony Robert-Fleury, Amand Gautier, Émile Vernier, Benjamin Constant, Gustave Courtois, Louis Robert Carrier-Belleuse, Eugène Thision, Jean-Paul Laurens, Maxime Lalanne, Carolus Duran, le maître puissant, le portraitiste incomparable, Alexandre Protais, Hector Hanoteau, Guillaume Dubufe, Henri Pille, Charles-Edmond Yon, Gustave Jacquet, Julien Dupré, Émile Bayard, Louis Courtat, Hector Le Roux, Louis Matout, Eugène Lavieille, Benjamin Ulmann, Emmanuel Lansyer, Léon Perrault, Ferdinand Humbert, Désiré-François Langée, Jules Veyrassat, Jules-Émile Saitin, Jules Valadon, Jacques Wagrez. Quelle longue liste et cependant elle est bien loin d'être complète. Si un seul chef d'oeuvre de chacun de ces peintres était au Luxembourg (où il y en a cependant un grand nombre), quel lustre pour la peinture nationale, et combien serait-il fecile alors d'apprécier au juste le rôle des artistes français parmi les peintres contemporains. La peinture française est presque toujours sympathique. Le tableau français cherche surtout à plaire ; et il y réussit.

La France n'excelle pas encore dans la même mesure par la sculture; cependant les noms et l'œuvre de Barre, Barye, Bonnassieux, Bosio, Brian, Cambos, Carpeau, A. E. Carries, Belleuse, Cavelie, Chapu, Chatroupe, Clésinger. Cordier, David d'Angers, Diebolt, Dubois, Dubrores, Dumont, Duret, Falguière, Fauvean, Giraud, Guillaume, Houdon, Julien, Lemaire, Marcellin, Mène, Mercié, Pajon, Pascal, Pradier, Rade, Sanson, Claude Vignon, (une femme, l'auteur du roman *château Gaillard*) et quelques autres ont montré que les sculpteurs français sont de force à tenir tête aux plus vigoureux sculpteurs italiens, belges et allemands, en ajoutant souvent à leurs statues une grâce qui est essentiellement française.

Certes les écrivains et les artistes français doivent surtout leur gloire et leur succés à l'avantage de former leur goût au milieu d'un public aussi éclairé, intelligent et nombreux que le parisien; ils y trouvent tous les maîtres et tous les modèles, toutes les ressources désirables; Paris est une sorte de grand collège, de grande université, même en dehors du Collège de France et de la Sorbonne; la civilisation française est essentiellement un produit parisien. Elle est française autant que toute la France se verse à Paris; c'est à Paris que les Gascons, les Provençaux, les Normands, les Bretons, deviennent des Français. Paris par lui même ne produirait peut-être rien de bien original s'il ne recevait point de toute part quelques gouttes de sang, quelques étincelles de vie; mais le sang et la vie des provinces abandonnées à elles seules, ne circuleraient pas dans le monde, sans le grand ouvrier de la civilisation française, qui s'appelle Paris.

ASPECT GÉNÉRAL DE LA FRANCE

La France occupe, au dire de M. Réclus, un peu plus du millième de la surface de la terre, et la deux-cent-cinquante-cinquième partie des espaces émergés. Mais, dans l'histoire de l'humanité, son rôle n'est pas celui d'un millième, ni celui d'un centième ; elle compte, au contraire, au nombre des dix ou douze pays, dont le peuple, par ses oeuvres de paix et de guerre, a le plus contribué à changer la face du monde. Il faut donc admirer ce coin du monde, relativement si petit, et devenu si grand par ce que s'y est produit ; dans l'histoire du travail humain, la France après l'Orient, la Grèce et l'Italie, a devancé, comme ensemble, l'Allemagne, l'Angleterre et l'Amérique du Nord.

Sa situation géographique est des plus avantageuses. Séparée, par quatre chaînes de montagne, les Alpes, le Jura, les Vosges et les Ardennes, de l'Italie, de la Suisse, de l'Allemagne et de la Belgique, par les Pyrénées de l'Espagne, elle communique par trois mers avec le Sud, avec l'Occident et avec le Nord. La Méditerranée, l'Océan Atlantique et la Mer du Nord sont trois ponts, par lesquels la France a pu se lancer en Orient, dans le Nouveau Monde et dans les régions polaires. Aucun autre pays de l'Europe ne jouit d'un pareil avantage. Les confins de la France sont assez bien déterminés de tous les côtés, à l'exception du côté nord-est, où les montagnes ont des interruptions et sont faciles à franchir ; les limites du territoire français de ce côté étant assez vagues, cette indétermination de la nature a été cause de fréquentes invasions d'armées étrangères en France, et de cette inquiétude qui se manifeste depuis des siecles au sujet des frontières orientales du royaume tantôt poussées trop loin, tantôt excessivement rétrécies. Le côté faible géographique de la France est sa frontière nord-est ; de tous les autres côtés, quoiqu'il puisse coûter d'en convenir à un écrivain italien originaire de Nice, la géographie n'a absolûment rien à ajouter, ni rien à enlever à la France. Nous n'ignorons point que des écrivains français ne cessent de répéter que la vallée d'Aoste, la vallée d'Oulx, et quelques autres vallées au deça des Alpes, où l'on parle encore un jargon français, devraient être réunies à la France. Mais on ignore probablement que le patriotisme italien des habitants de ces vallées est des plus vifs, que tous leurs souvenirs historiques affirment leur nationalité italienne, et que si les ministres de l'instruction publique en Italie voulaient seulement s'en occuper, dans cinquante ans, on n'entendrait plus le son de la langue française dans tout le versant oriental des Alpes piémontaises. Le gouvernement italien n'a jamais crû nécessaire de troubler les habitudes de ces populations des montagnes italiennes qui continuent à se servir d'un jargon français ; mais, si, par les écoles élémentaires, on jugeait nécessaire une pareille réforme, on y arriverait assez vite. Si le gouvernement italien n'est point pressé pour cette réforme, s'il préfère laisser à chaque village son langage traditionnel, rien ne justifie la conclusion que l'esprit français y domine encore. Oui, la France y domine, sans doute, moralement, et là comme partout; mais le droit d'empire s'arrête à l'autre versant des Alpes et toute ambition de nouvelles conquêtes au deça des Alpes ne saurait lui être que très-funeste. La même chose serait arrivée pour Nice si, au lieu d'être annéxée, avec un peu de violence, à la France en 1860, elle avait pu faire partie du royaume d'Italie; elle aurait peut-être cessé d'être provençale, pour devenir exclusivement italienne. Réunie aux autres régions de la Provence, Nice s'est retrouvée en famille, et, tant qu'elle tiendra à la Provence, elle tiendra aussi à la France. Nice française joue en Provence un rôle essentiel; Nice italienne aurait continué à être un lieu de délice, mais son importance ne pourrait plus être la même en Italie qu'elle l'était du temps des comtes et des ducs de Savoie. Tant que la république de Gênes existait, la Maison de Savoie n'avait autre port, autre refuge, autre boulevard, du côté de la mer, que Nice; Nice était l'avangarde des états des comtes et des ducs de Savoie; de là arrivait le sel en Piémont; de là la frégate de Savoie commandée par l'amiral Provana allait partager la gloire de la brillante victoire de Lepanto. Lorsque le duc Charles III avait perdu tous ses états en Piémont, Nice seule lui restait fidèle; Nice et la Maison de Savoie ont donc une histoire commune et sympathique sous tous les rapports. Et le jour où, le Roi Victor Emanuel a dû se separer de ce joyau de sa couronne, son coeur en a, sans doute, saigné, ainsi que le coeur de tous les gentilhommes du comté de Nice. Ce sacrifice d'Iphigénie a été cependant aussi cruel que nécessaire au Piémont. Mais si on ne veut faire ici aucune part au sentiment; si on doit tenir compte seulement de l'intérêt réel du peuple, puisque la Provence est en terre de France, on comprend que Nice s'entende mieux qu'elle ne le ferait, peut-être, avec des Provençaux qu'avec des Romains ou des Napolitains. Nous ne pousserons cependant pas trop loin ce raisonnement; car il pourrait très bien, en même temps qu'il semble convenir aux Français, donner une arme assez puissante aux Allemands pour prouver à leur tour, par le même argument, que l'Alsace est aussi bien allemande que Nice provençale, et que si cinq siècles de dévouement à la Maison de Savoie n'ont point sauvé Nice d'une cession qui a été faite bien malgré elle, un seul siècle de domination française en Alsace ne justifie non plus la revendication de l'Alsace, contre l'Allemagne, faite par la France. On ne peut pas dans le même pays, avec un principe différent, juger deux questions parfaitement analogues. Par conséquence, si les Français soutiennent la nationalité française de Nice, ils ne peuvent s'étonner que les Allemands, de leur côté, plaident la cause de la nationalité allemande de l'Alsace. Le sentiment devrait rendre Nice à la maison de Savoie et l'Alsace à la France; mais puisque la raison politique qui a violemment séparé ces deux provinces de leur ancienne patrie ne se fonde sur des sentiments, mais sur des intérêts, et l'intérêt joue à coup sûr, dans l'histoire, un plus grand rôle que le sentiment, il n'y a qu'à souhaiter le grand jour où la question de la nationalité deviendra chose indifférente ou pour le moins très secondaire, devant l'union fraternelle de l'Italie et de la France d'un côté, de la France et de l'Allemagne de l'autre, scellée par le plus glorieux de tous les traités de paix, celui qui ouvrira toutes les portes, rasera toutes les forteresses, brisera toutes les barrières douanières, le jour, en somme, où nous aurons en Europe, nous aussi, monarchiques ou républicains peu importe, une grande et vraiment admirable nouvelle Fédération d'Etats Unis. En attendant l'accomplissement de ce rêve des rêves, apprenons à aimer, et à admirer ce qui nous est plus proche, non pas pour envier le riche voisin ou lui faire du tort, mais pour en tirer le meilleur parti. Avant de devenir des alliés, il nous faut devenir des amis; alors nos alliances ne serons plus à terme, mais indissolubles; seulement, si nous voulons être bien reçus, nous devons ouvrir, à notre tour, toutes les portes; le *damus petimusque vicissim* ne doit-pas être interprété par des ministres douaniers, mais par des hommes de bien, par des sages économistes, par des Jules Simon, qui appliquent les théories les plus larges et les plus libérales à toute espèce de commerce entre les Français et les Italiens.

Outre l'avantage unique de ses trois mers, et la protection naturelle que lui accorde ces montagnes, la France est singulièrement privilégiée parce qu'elle offre dans toute son étendue un ensemble compacte, avec un plateau central qui semble un observatoire, et l'ondulation des collines qui servent plutôt à rompre la monotonie de la plaine qu'à établir, au sein même de la France, le principe géographique de la formation de nouveaux états. Les Sierras, les Apennins, les Balkans, les Karpates, créant un sol accidenté, ont contribué à retarder l'unification des pays qu'ils parcourent. La France est peut-être de toute l'Europe la région la plus compacte, la plus unie, et la plus fortement concentrée. L'Allemagne sillonnée par le Rhin et par le Danube, est assez accidentée au Sud, mais dans le nord elle semble être un tout autre pays; et elle se perd sans pouvoir bien déterminer d'aucun côté ses confins. La France est une seule masse bien serrée. On sait que tout ce qui y vit est entièrement français; mais il l'est surtout parceque le sol de la France a contribué à former une seule nation fortement unie. Les velléités d'un mouvement séparatiste chez les Provençaux ne sont qu'une noble et innocente aspiration de félibres; l'esprit de révolte qui s'est manifesté de temps en temps dans la Gironde ou dans la Vendée n'a en vue que le changement d'un certain état politique, sans viser à la désorganisation, et encore moins, au déchirement de la France.

La France se trouvant plus ouverte du côté de l'Allemagne, est, en cas de guerre, trop exposée aux invasions des armées germaniques; mais, ce qui est un mal, au point de vue de la guerre, devient un grand bien, si la France veut avoir la paix. Cette fusion de races qui s'est déjà opérée une fois dans son histoire, dans un temps de dissolution et de barbarie, pourrait s'accomplir encore une fois, par l'oeuvre de la civilisation. Le jour où la France, l'Italie et l'Allemagne seront unies, cette triple alliance formera la gloire de notre temps et peut-être le bonheur du monde. La France est plus ouverte vers l'Allemagne, non pas pour que des armées y passent, mais pour que les hommes s'y rencontrent au travail commun, pour que les richesses des deux pays passent librement de l'un à l'autre, pour que l'esprit allemand et l'esprit français se complètent dans un type plus élevé et plus parfait, où la grâce de l'un et le savoir de l'autre se retrouvent, en se dépouillant, tour à tour, des défauts nationaux, jusqu'à ce que le génie plastique de l'artiste italien vienne les mettre d'accord et fixer dans la vie humaine un nouveau composé esthétique assez près de cet idéal que nous poursuivons sans cesse.

Les fleuves nombreux qui parcourent la France dans toutes les directions sont comme les veines par lesquelles coulent tout le sang, toute la richesse du pays. Si les massifs de sa couronne continentale et le plateau central semblent arides et stériles, ils forment, ainsi qu'on l'a dit, les os de la France, dont les plaines sont la chaire. Par l'observation du sol de la France et la distribution de ses montagnes et de ses fleuves, on voit qu'il s'agit d'un organisme robuste et solide; toute cette chaire tient bien ensemble à cause d'une musculature puissante; le sang court vite et abondant, et l'industrie française, par un système d'irrigation savante, a su utiliser le cours des eaux et ménagé toute cette abondance de sève au profit de l'agriculture nationale. Les fleuves, en même temps qu'ils ont versé au sein de la France des flots de vie, ont tracé, avant les hommes, des grandes routes faciles pour leurs communications. Peu de pays ont une telle richesse de voies, aboutissantes pour la plus grande partie, à un grand centre de la vie nationale. Presque tous les fleuves de France, même ceux qui vont se perdre loin de Paris, semblent, à un moment donné, faire un détour de leur chemin naturel pour se mettre, soit par des confluents, soit par des canaux, en rapport avec la ville qui est devenue la tête de la France. Chaque fleuve de France semble avoir conscience de sa mission bienfaisante; c'est pour enrichir la France qu'ils coulent, et puisque Paris est le cerveau qui règle les fonctions de la vie nationale, chaque fleuve se presse au possible vers le centre ou en dérive, comme s'il venait d'en prendre les ordres, avant de se lancer vers sa destinée civilisatrice. Ceux qui ne touchent point à Paris et qui coulent solitaires dans des régions plus éloignés du centre, semblent cependant sentir qu'ils font oeuvre commune avec les grands fleuves de France qui courent vers le centre ou qui s'y rattachent. De tous les sons divers de ces fleuves on pourrait composer un hymne magnifique à la France. Par eux, toute la France fertilisée mange et boit. Les montagnes de France, plus que des remparts, sont des nourrices inépuisables qui donnent, par les fleuves, tout leur lait à la nation française; c'est à travers la France que tous les fleuves s'animent; la France géographique, mieux encore que par ses montagnes, est determinée par le cours des fleuves; là où les fleuves naissent et là où ils se perdent, la France commence et finit. Les habitants du Vaud et du Valais appartiennent certainement, par la politique, à la Suisse; mais, par l'ethnographie, par la linguistique et par l'hydrographie, ils font partie du système français; par le même principe, tous les affluents de la rive gauche du Bas Rhin nés en France donneraient le droit au géographe de faire entrer dans le rayon français toute la partie occidentale des Pays Bas. Mais l'histoire politique et la géographie s'accordant rarement, la France n'a plus aucun droit de revendiquer ce qu'elle aurait pu réclamer au point de vue géographique.

Le fleuves du nord-est de ses frontières sont donc pour la France des bras tendus vers l'Allemagne. Si les peuples étaient sages, au lieu d'élever des forteresses pour marquer la séparation de deux pays, les abattraient toutes pour faciliter les rapports internationaux. Nous n'avons aucun préjugé comme latins; nous comprenons seulement que le noyau de la force de l'Europe centrale réside en France, en Allemagne et en Italie. Nous voudrions, en attendant, pouvoir resserrer les liens entre ces trois grands pays, et voir se constituer, sous n'importe quelle forme de gouvernement général, une première union internationale qui rendrait absolument impossible en Europe une nouvelle guerre, et serait le premier pas vers les États Unis de l'Europe, utopie d'il y a vingt ans, qui pourrait, au début du vingtième siècle, devenir une magnifique réalité. Empire ou République Universelle, tout ce qui nous conduira vers l'unité pour nous assurer la paix du monde, sera un immense bienfait pour la civilisation. La géographie doit aider à l'histoire. Si les montagnes et les fleuves ont été souvent des obstacles à la marche des ennemis, ils sont, en revanche, des voies toujours ouvertes et libres pour les amis. Toutes les mesquines questions de frontières, causes permanentes de troubles et de guerres, tomberont d'elles mêmes dès que le principe élémentaire de la liberté réciproque la plus absolue réglera tous les rapports internationaux. Que la France pose la première ce principe; l'Allemagne et l'Italie devront le suivre par necessité. La paix qui ne pourrait s'établir, en vertu de la politique qui est fondée sur un immense et perpétuel préjugé, peut se fonder par la force seule du principe économique, de l'équilibre par la liberté, et du principe philosophique de l'évolution progressive. Dans chaque système il peut y avoir des raisons partielles et individuelles; la somme des raisons, le droit idéal, le *summum jus* réside dans la combinaison savante de tous les intérêts; et la liberté seule a ce grand privilège, et le pouvoir d'opérer ce miracle social. Chaque pays doit avoir la conscience de ses ressources nationales, mais marcher, en même temps, avec le progrès actuel de la civilisation; les nations les plus florissantes sont celles qui appliquent d'une manière plus large et plus vive le principe de la liberté dans toute espèce de commerce international. Les pays qui ont de l'avenir, comme la France, l'Allemagne et l'Italie ont le plus grand intérêt à associer leurs forces dans l'oeuvre commune de la civilisation humaine. Cette triple alliance économique fortement constituée, non seulement n'aura plus rien à craindre du dehors, mais forcera à entrer dans son engrenage merveilleux toutes les autres nations civilisées. Peu importe que le plus grand mérite de cette oeuvre de paix sociale revienne à la France, ou à l'Allemagne, où à l'Italie; elles seront certainement les premières a en bénéficier; et, dans le bien-être de l'humanité assuré par leur union, la somme des biens de tout le monde garantira en tout cas leur part de bonheur social. Dans nos prévisions, nous pouvons peut-être nous tromper sur l'époque de leur réalisation; mais il n'y a pas un seul patriote éclairé dans les trois pays, que nous appelons à l'union, qui ne convienne de la nécessité d'y arriver tôt ou tard, sans rien brusquer et par des voies naturelles, dès que les aspirations de quelques écrivains auront pénétré la conscience publique de notre temps, déjà admirablement préparée à les accueillir.

LA PROVENCE

INTERMÉDIAIRE ENTRE LA FRANCE ET L'ITALIE

Le même souffle de l'Hellénisme qui a touché le front des Italiens de la Sicile et de l'Italie méridionale, ayant agité l'esprit des Celtes et des Ligures de la Provence; le même soleil qui a fait fleurir les orangers et les oliviers de Naples et de Messine ayant mûri les oranges et les olives de la Provence; les mêmes Arabes qui ont fait vibrer leurs chants d'amour et élevé leurs monuments mauresques à Palerme, ayant donné la première inspiration aux troubadours et aux architectes de la Provence; s'il n'y avait pas des frontières politiques entre la Provence et l'Italie, on passerait aisément et presque sans s'en apercevoir de l'une à l'autre. C'est vrai que, de ce même pas, on arriverait de la Provence en Catalogne, de la Catalogne en Castille, de la Castille au Portugal; la race latine avec ses héritages de la civilisation hellénique et avec ses emprunts de la civilisation arabe, ne connaîtrait aucun obstacle naturel à sa complète unification, si les états politiques qui la partagent et divisent pouvaient cesser d'exister. Mais, puisqu'ils existent bien réellement et puisqu'ils semblent même destinés à une longue existence, Français et Italiens doivent se réjouir d'avoir entr'aux un intermédiaire aussi sympathique que la Provence. L'Italien de Florence comprend aussi bien que le Parisien la langue provençale dans ses nombreux dialectes, qui ont donné occasion aux Félibres de créer un si grand nombre de maintenances. Certes aucun Italien n'a plus de peine à comprendre le dialecte de Nice que le dialecte de Gênes. Au moyen-âge, l'intelligence entre les deux pays était complète; la fréquence des rapports facilitait cette intelligence; maintenant, malgré les chemins de fer, le télégraphe et les journaux, les Italiens et les Provençaux se fréquentent bien moins qu'il n'y a six ou sept siècles. Ce qui a été, peut encore se renouveler. Mais il faut savoir que la meilleure des routes pour arriver en France est la Provence, et que le jour où les Français apprécieront à leur juste valeur les Provençaux ils pourront aussi mieux comprendre les Italiens. La Provence est le pont entre l'Italie et la France. Ce pont ne doit pas nous séparer, mais nous unir. Ce n'est pas seulement parce-que la Provence est si près de l'Italie, parce-qu'elles se touchent par leurs montagnes et par leurs fleuves, qu'elles sont unies; mais parce-que le caractère des Provençaux, à plusieurs égards, rappelle le caractère des Italiens, parce-que leur manière de sentir et d'exprimer l'enthousiasme est la même, parce-que le même amour de l'art les enfiamme, parce-qu'ils regardent leur ciel bleu, leur nature brillante avec la même gaité d'esprit, parce-qu'ils ont la même imagination ardente, le même feu, les mêmes passions. L'Italien du Sud surtout diffère très peu du Provençal. Seulement l'Italien est plus politique et plus violent; le Provençal, par ce je ne sais quoi qu'il a hérité de l'esprit des Celtes, recèle quelque chose de plus doux dans son caractère et caresse davantage le rêve. Les Italiens qui parlent de la blague provençale ne doivent pas oublier que cette blague ne tient pas à un esprit orgueilleux, mais à une imagination trop vive qui se laisse entraîner par l'hyperbole; le napolitain, le sicilien, l'espagnol, tous ceux qui ont touché de plus près aux Orientaux ont le même défaut. Cette petite blague n'est qu'une pose artistique, une pose de spectacle; elle ne blesse personne; elle ne cache aucun mépris pour les autres; elle est absolument innocente; on dirait même qu'elle est seulement le produit de la plus grande naïveté.

Dans la poésie provençale, l'image est souvent fleurie comme dans la poésie arabe, mais simple et claire; tout est clair en Provence. L'image devient facilement une sentence, la sentence un proverbe que tout le peuple adopte. Combien de petits vers de Roumanille et de Mistral, en ces derniers quarante ans, sont devenus, par le culte des Félibres, une espèce de texte évangélique pour les Provençaux.

Ceux-là même qu'étant nés en Provence sont devenus des écrivains français, doivent à leur origine provençale ce que l'on admire de plus vivant et de plus original dans leur production littéraire. Voici ce que M. Paul Mariéton a écrit dans son beau livre intitulé: *La Terre Provençale* (1) à propos de M. Paul Arène: « A mesure que s'affirme davantage, dans ce Paris sceptique, sa réputation d'écrivain parfait, de juge exquis des choses d'art et de nature, il sent remuer plus vives en lui les fibres natales. C'est le

(1) Paris, ALPHONSE LEMERRE, 1890.

cas de Fouquier, de Daudet lui-même. C'est le cas de Renan pour sa Bretagne, et de tous ceux que Paris a arrachés à leur province originelle et dont il a pris et gardé la jeunesse ». On pourrait affirmer la même chose en Italie pour les Napolitains, les Calabrais et les Siciliens.

L'impression locale des souvenirs de l'enfance et de la jeunesse saisit l'âme de l'artiste et de l'écrivain pour la vie; mais il y a des endroits où cette impression est plus vive et plus profonde; la Provence est un de ces pays.

C'est à Avignon surtout que les visiteurs croient revivre dans une ville italienne du moyen-âge. Mérimée avait déja écrit: « En arrivant à Avignon, il me sembla que je venais de quitter la France ».

Les souvenirs historiques que la Provence et l'Italie ont en commun se rattachent surtout à la ville d'Avignon. Mérimée voyait de préférence dans le peuple avignonais des mœurs espagnoles; il aurait pu retrouver chez le peuple napolitain et sicilien les mêmes usages qui l'ont frappé dans la ville des Papes et de Laure. Le château des Papes, l'hôtel des Baroncelli-Javons, les ruines de la Chapelle des Cordeliers, où le coffret renfermant les reliques de Laure a été gardé jusqu'en 1737, époque à laquelle il fut enlevé par un anglais, voilà les trois monuments d'un passé dans lequel l'art, la religion et l'amour s'exilant de l'Italie, ont pris racine en Provence, en y faisant éclore une nouvelle civilisation italienne.

Avignon a hérité de la Rome des papes le goût de la représentation, l'éclat du spectacle. Et il faut savoir visiter le midi de la France, comme on visiterait Rome, Naples et Palerme; ne pas se laisser froisser par ce qu'il y a de trop théâtral dans les manifestations de l'enthousiasme populaire; renoncer à ces habitudes de réserve, et de prudence qui caractérisent les sociétés du nord et qui en imposent à toute la société contemporaine; sous la pantomime quelquefois un peu burlesque, on retrouve souvent de grands, de beaux, de vrais sentiments, que, sous le vernis de ce qu'on appelle le bon goût, on pourrait rarement découvrir. La brillante description consignée au *Temps* par M. de Sarcey, à propos d'une fête littéraire donnée à Avignon, conviendrait aussi bien à un paysage sicilien qu'à une ville de la Provence: « Quand nous sommes arrivés, écrivait-il, au palais des Papes, l'ancienne construction s'est embrasée de feux du bengale, quelques parties restaient dans l'ombre, d'autres se détachaient superbes dans une lueur d'un rouge intense. C'était un spectacle splendide. Les cloches sonnaient à toute volée, comme pour l'entrée d'un roi. C'est que Mistral semble être le roi de ce pays. Peut-être notre goût de Parisien s'accomoderait-il mieux d'une allure moins triomphante et moins solennelle; mais il faut prendre le pays comme il est. Mistral marchait, tranquille et souriant comme un Dieu, soulevant de temps à autre son chapeau de feutre.... Tous ces gens-là sont bons, exubérants et joyeux. De toute cette foule accumulée et pressée sur son passage, il se dégageait comme un bouillonnement de cordialité. On sentait qu'ils y allaient de tout leur cœur, qu'ils étaient ravis du spectacle amusant qu'ils se donnaient à eux-mêmes, qu'ils criaient pour crier, parceque dans le cri s'exhale le trop-plein d'une âme débordante. Et ce qui achève la physionomie de cette soirée inoubliable, dont j'ai encore l'éblouisssement dans les yeux, c'est que la politique était étrangère à l'événement. Toute cette fête qui avait en quelque sorte spontanément jailli de la population avignonnaise, avait ce je ne sais quoi de fin, de léger et d'aimable que les lettres impriment à toutes les manifestations qu'elles suscitent. Il y avait de la poésie éparse dans l'air ».

Monsieur Sarcey a décrit une fête latine à laquelle il avait assisté, en Celte spirituel du nord. La Provence est restée essentiellement pays classique. Ses formes extérieures sont inhérentes à sa nature greco-romaine arabisante; vouloir les supprimer ce serait supprimer la Provence elle même. Tout voyageur doit quitter, à son foyer, sa propre pose, s'il désire se rendre compte des poses étrangères et les étudier d'une manière objective. Ce n'est qu'à cette condition que le voyage en pays étranger offre un véritable attrait. Nous avons connu un italien qui, aussitôt arrivé à Bombay, s'hâta de repartir pour l'Europe, indigné d'avoir immediatement constaté que les femmes à Bombay n'avaient point la peau aussi blanche que ses Lucquoises. Mais un sicilien et un napolitain s'étonnera beaucoup moins qu'un florentin ou un parisien des poses et des habitudes, des usages et du langage de la Provence.

La Toscane cependant a eu, peut-être, plus que toute autre partie de l'Italie, des rapports sympathiques avec la Provence; mais ces rapports ont été essentiellement aristocratiques. Les comtes de Provence avaient commencé par régner en Toscane, et quelques nobles familles toscanes les avaient suivi en Provence. Les luttes entre les Guelfes et les Gibelins obligèrent ensuite plusieurs familles nobles toscanes, à s'expatrier et la Provence les attira. Les unes s'y établirent en seigneurie féodale; d'autres, suivant l'exemple des anciennes familles des villes républicaines de la Toscane, s'adonnèrent au commerce; d'autres encore menaient de front le commerce et l'ancien train seigneurial. En attendant, l'éclat des Cours d'amour, et des cours littéraires de la Provence, se reflétait sur la culture italienne; les chants des troubadours, les pastourèles, les aubades, les poèmes chevaleresques, les contes arabes, et la musique provençale trouvaient un écho en Italie, se divulguaient, et donnaient un nouveau essor au génie italien. Tout ce commerce idéal attend encore son historien, mais il a été bien réel et il a contribué essentiellement à maintenir des rapports sympathiques entre l'Italie et la France, depuis Hugues de Provence jusqu'à la fin du règne de François premier.

Pétrarque, plus que tout autre, nous a fait aimer la Provence. M. de Mézières nous y a attaché, en nous donnant le plus beau livre qui ait-été écrit sur notre grand poète-humaniste. A partir des fêtes provençales en l'honneur de Pétrarque et de Laure, la Provence et l'Italie se sont ralliées, et la visite récente des Félibres de la Provence à la ville de Florence en fête autour de l'Exposition en l'honneur de Béatrix, a confirmé ce nouveau pacte d'alliance fondée sur les plus beaux sentiments, sur les plus nobles traditions. Mais ce qui rattache encore mieux l'Italie à la Provence, est la richesse des vestiges gréco-romains que celle-ci cache encore dans son sein comme l'Italie méridionale; on se retrouve frère chaque fois que l'esprit hellénique nous rapproche. Parmi les peuples latins, les plus proches sont ceux qui ont senti de plus près le souffle de la Grèce. Si on pouvait réunir la Toscane, la Provence et la Sicile en un seul pays, on aurait le Paradis terrestre tel que des Hellènes auraient pu le rêver. Ce souffle de Renaissance qui a réveillé la Sicile, la Provence et la Toscane presqu'en même temps est parti de la Gréce. Les Arabes ont ajouté de la couleur au paysage; mais qui dont ignore que l'art mauresque, a puisé, par les Byzantins et par les Alexandrins, en Gréce ses plus belles inspirations? Et le premier poète de la Provence, l'auteur de *Mireille*, Mistral, n'a-t-il pas semblé un grec ressuscité à Lamartine? « On dirait, écrivait-il en 1859 dans l'un de ses *Entretiens*, que pendant la nuit, une île de l'archipel, une flottante Délos, s'est détachée d'un groupe d'îles grecques ou ioniennes, et qu'elle est venue sans bruit s'annexer au continent de la Provence embaumée, apportant avec elle un de ses chantres divins de la famille des Mélésigènes ». Comment serait il possible à des Italiens de ne pas aimer un coin de l'ancienne Gréce, ayant le bonheur de l'avoir si près, et d'en comprendre le doux langage? Impossible, au surplus, à des poètes et à des artistes, d'en toucher le sol et de ne pas en subir le charme. Ce n'est pas assez que le même soleil rechauffe Italiens et Provençaux; la cause principale de notre entente intime est qu'avant le Christianisme le même souffle du génie des Hellénes a soufflé sur nous, et qu'il nous à fait des hommes de la même race; chaque peuple a eu ses Dieux; avant de se réunir autour du Christ, Hellénes, Italiens et Provençaux ont compris et poétisé la nature par le même sentiment de l'idéal et aimé et vénéré les mêmes Dieux. L'art a exprimé leur culte d'une manière naïve, pure et limpide, et Pétrarque a, peut-être, écrit d'une manière si chaste ses petits poèmes d'amour, parceque, dans l'air grec de la Provence, dans la fraîche solitude embaumée de Vaucluse, il a su et il a pû évoquer les mêmes Grâces qui avaient inspiré les poètes d'amour de l'ancienne Gréce. Pétrarque a dû apprendre bien de choses érudites a Carpentras; mais il y fit surtout son éducation de poëte, en y respirant l'air grec de la Provence, et en écoutant les chansons des troubadours.

Du temps du Dante et de Pétrarque la langue provençale était plus près de la langue française et de l'italienne qu'elle ne le soit aujourd'hui; et ce rêve d'en faire une langue internationale qui a hanté dernièrement l'esprit d'un félibre lombard, au troizième et au quatorzième siècle, n'aurait étonné personne. Cependant, comme langue intermédiaire pour faciliter les rapports entre la France et l'Italie, le provençal nous semble destiné à un grand avenir; c'est après avoir parlé le provençal à Arles, à Avignon, à Aix, que l'Italien se fera mieux comprendre à Paris et appréciera davantage le parisien.

Nous oserions avancer la même théorie sur le breton et sur la Bretagne, si la Bretagne n'était pas tellement éloignée de l'Italie. De même que l'Italie gréco-romaine se réunit, par la Provence, à la France, l'Italie du Nord, l'Italie celtique se rattache essentiellement à la France par la Bretagne. Le paysan piémontais a les profondes nostalgies et les tristesses de la race celtique.

La Bretagne est au Nord de la France, ce que la Provence est au Sud, un foyer de civilisation; c'est en donnant la main à ces deux soeurs d'une race différente, que la France a grandi entr'elles. Ce que Mistral est pour la Provence, M. Renan l'est devenu pour ses compatriotes de la Bretagne, le symbole vivant de tous les grands souvenirs, de toutes les nobles et poétiques aspirations pleines de rêveries, de son pays natal. Les Celtes ont été refoulés au Nord, mais ils ont laissé des frères dans la Haute Italie, surtout aux pieds des Alpes; les Piémontais ont quelquefois comme les Bretons, de profonds et mystérieux regrets du passé; la coupe des Provençaux vidée sur le rivage de la mer bleue attire l'Italien du Sud; la coupe de Saint Graal trouble encore l'âme de l'Italien du Nord. Les deux races qui ont survécu au moyen âge français et au moyen âge Italien, ont contribué à créer la nouvelle France et la nouvelle Italie; que ces deux pays se recherchent dans ces deux âmes de leur vie passée, et ils trouveront tout naturel non pas seulement de se rapprocher, mais de s'embrasser. Mettez un paysan sicilien à côté d'un paysan provençal, un paysan piémontais à côté d'un paysan breton, et il s'entendront parfaitement; pourquoi un romain ou un florentin devrait moins comprendre un parisien? La prétention à une plus grande culture et à une plus grande civilisation et l'ambition de représenter et de centraliser toute la vie nationale auraient-elles pour résultat de séparer des peuples que des sympathies très anciennes portaient à vivre comme dans une seule famille? S'il en est ainsi, tâchons au moins de grouper ce qui a des attaches plus fortes entre nos deux pays, pour créer en Provence des *maintenances* italiennes et en Italie des *maintenances* provençales, fondées sur le culte des traditions locales. L'histoire nous montre depuis bientôt dix siècles la prédestination de la Provence dans son rôle d'intermédiaire entre la France et l'Italie.

La Provence donne des maîtres à la Toscane, à Naples, et à la Sicile; les troubadours de la Provence sont les maîtres des premiers rimeurs italiens; Rome, comme siège du Christianisme, cède sa place à Avignon, à cette Provence où le Christianisme s'est propagé dans les Gaules; l'humanisme italien prend son essor à Carpentras; une ville de la Provence, Nice, se livre aux Comtes de Savoie, et contribue essentiellement à la grandeur de cette Maison de Savoie prédéstinée à la Monarchie Italienne; deux fois, la terre de Provence touchée par le pied d'un Italien, par Napoléon premier, renouvelle pour lui le miracle d'Anthée. Et c'est à Nice que le généreux et illustre général de la petite armée victorieuse des Vosges a vu le jour. Provençal par notre père, celte (et pourquoi pas breton?) par notre mère, italien par naissance, ardent d'amour pour notre pays, nous trouvons monstrueuse toute tentative de détacher la France de l'Italie; et nous pensons que le meilleur moyen de déjouer tous les intrigues qui visent à nous séparer, est de nous rattacher, en attendant, aussi fort que possible à nos frères de Provence, dans l'espoir qu'un jour nous pourrons aussi retrouver et reconnaître comme ancêtres, au de là des Alpes, nos frères de Bretagne.

PARIS

Un mot que dit Paris est un ambassadeur;
Paris sème des lois dans toute profondeur.
Sans cesse, à travers l'ombre et la brume malsaine,
Il sort de cette forge, il sort de cette cène
Une flamme qui parle; il remplit le ciel bleu
De l'èternel départ de ses langues de feu.
On voit à chaque instant une troupe de rêves
Sublimes, qui, portant des flambeaux ou des glaives,
S'èchappe de Paris et va dans l'univers;
Dante vient à Paris faire son premier vers.

C'est beaucoup trop dire; c'est même faux; mais il s'agit d'un poète inspiré, de Victor Hugo qui chante l'*Année Terrible;* ecoutons-le donc toujours.

Là Montesquieu construit les lois, Pascal les règles;
C'est de Paris que prend son vol l'essaim des aigles.
Paris veut que tout monte au suprême degrè;
Il dresse l'idèal sur le démesurè.

Paris, ville, esprit, voix! tu parles, tu rédiges,
Tu décrètes, tu veux! chez toi tous les prodiges
Viennent se rencontrer comme en leur carrefour,
Du paria de l'Inde au nègre du Darfour;
Tout sent un tremblement si ton pavé remue.
Paris, l'esprit humain dans ton nid fait sa mue;
Langue nouvelle, droits nouveaux, nouvelles lois,
Être français après avoir été gaulois,
Il te doit tous ses grands changements de plumages.
Non, qui que vous soyez, non, quels que soient vos mages,
Vos docteurs, vos guerriers, vos chefs, quelle que soit
Votre splendeur qu'au fond de l'ombre on aperçoit,
O cités, fussiez-vous de phares constellées,
Quels que soient vos palais, vos tours, vos propylées,
Vos clartés, vos rumeurs, votre fourmillement,
Le genre humain gravite autour de cet aimant,
Paris, l'abolisseur des vieilles mœurs serviles,
Et vous ne pourrez pas le remplacer, ô villes,
Et, lui mort, consoler l'univers orphelin,
Non, non, pas même toi, Londres, ni toi, Berlin,
Ni toi Vienne, ni toi Madrid, ni toi Byzance,
Si vous n'avez ainsi que lui cette puissance,
La joie, et cette forge étrange, la bonté;
Si, comme ce Paris charmant et redouté,
Vous n'avez cet éclair, l'amour, et si vous n'êtes
Océan aux ruisseaux et soleil aux planètes.
Car le genre humain veut que sa ville ait au front
L'auréole et dans l'oeil le rire vif et prompt,
Qu'elle soit grande, gaie, héroïque et jalouse,
Et reste sa maîtresse en étant son epouse.

Malgré quelques expressions tant soit peu étonnantes, ce long dithyrambe sur Paris dit vrai; et ce n'est pas le seul qui ait été écrit en l'honneur de la Grande Ville. Chaque nouveau visiteur ajoute une nouvelle gamme enthousiaste à la chanson générale, soit qu'il y aille pour s'amuser, soit qu'il désire s'y retremper dans l'esprit civilisateur. Car Paris a deux physionomies, comme il y a deux Paris qui se remuent et qui remuent les hommes, l'un par les sens, l'autre par le sentiment et par l'intelligence. Les deux mondes s'entremêlent; on va à Paris pour s'y amuser, et on en revient sérieux, après y avoir humé le parfum de l'encens; d'autres vont pour s'y approfondir dans leurs études, et ils s'y noyent souvent dans la débauche. Ce n'est certes pas la faute ni de Paris, ni du Parisien, mais d'un excès de précipitation du provincial et de l'étranger, à condenser en une semaine, en un jour, les plaisirs de toute une existence.

Voyons donc d'esquisser, en peu de mots, la seule physionomie noble de Paris.

Paris qui fait du bien, Paris qui travaille, Paris qui étudie et enseigne au monde, n'est point une invention des poètes; il existe bien réellement, et chaque voyageur qui vet se donner la peine de le chercher, le retrouve et, bon gré, mal gré, il doit l'admirer. Commençons par Paris bienfaisant. Le livre de M. Maxime Du Camp, *La Charité privée à Paris*, nous guidera. Mais, si on veut étudier tout Paris dans ses institutions et dans son caractère le plus sérieux, il y a un grand poème en prose du même auteur, en six volumes, intitulé: *Paris, ses organes, ses fonctions et sa vie dans la seconde moitié du dix-neuvième siècle*, qui montre combien les Parisiens ont contribué à faire de Paris le plus grand centre de la civilisation moderne. En dehors de l'Assistance publique représentée par toute espèce d'hôpitaux, qui secourent chaque année trois cent cinquante mille individus, il y a à Paris plus qu'ailleurs une foule de bienfaiteurs et de bienfaitrices anonymes. Cédons la parole à M. Du Camp qui est passé maître dans l'art de nous apprendre d'une manière charmante les choses les plus profitables à l'humanité. « Il y a des femmes du monde, jeunes, jolies, faites pour les plaisirs, habituées à tous les luxes, sollicitées par tous les enivrements, qui visitent les pauvres, soignent les malades, bercent les enfants sans mère et ne s'en vantent pas. On dirait qu'elles sont fortifiées par le mystère même de leur dévonement; au milieu des tentations qui les assaillent, elles traversent la vie sans faillir, soutenues par l'énergie intérieure qui les a faites charitables et discrètes. Au temps de ma jeunesse, il en est que j'ai surprises cheminant dans la voie douloureuse où chacune de leurs stations était marquée par un bienfait. De loin, me dissimulant, je les ai suivies; j'ai pénétré après elles dans les bouges où elles étaient entrées comme un rayonnement et j'y retrouvais quelque chose de la lumière qui les environnait. Plus d'une fois, il m'est arrivé de les rencontrer le soir, dans un salon, sous la clarté des lustres, enjouées, spirituelles, plaisantes, aimant à plaire, conservant dans le regard, dans le sourire, cette sérénité qui est le parfum de l'âme satisfaite d'elle-même. Elles gardaient si bien leur secret que, pour plus d'une, nul ne l'a jamais soupçonné. Ces actes de charité individuelle sont très nombreux à Paris; on les ignore; la multitude n'a point le loisir de s'arrêter et de regarder de quelles mains tombe l'aumône; à peine sait-elle qu'il existe des oeuvres de charité collective où les grandes misères sont pansées et où chaque jour la foi renouvelle le miracle de la multiplication des pains. Ces oeuvres appartiennent essentiellement à ce que j'appelle la bienfaisance anonyme; les personnes, qui l'exercent, hommes et femmes, ont abandonné leur nom du monde pour adopter un nom de vocation. D'où viennent les dons, les largesses, — ce mot n'a rien d'excessif — qui permettent de recueillir les vieillards, de soigner les incurables, de ramasser les enfants perdus? Nul ne le sait. Le nom d'aucun bienfaiteur n'est jamais prononcé. Tout ce que je puis dire, à l'éternel honneur de ce Paris futile, vaniteux, prévaricateur, c'est qu'en matière de charité il est admirable. Un seul journal, *le Figaro*, a, dans l'espace de dix ans, reçu par souscription et distribué en bonnes œuvres la somme de 3,541,063 francs. »

Ce chiffre est éloquent; quel autre pays pourrait citer des exemples pareils? La ville de Milan en Italie, que l'on désigne, pour lui faire un compliment, par le nom de Paris italien, a souvent montré, par les souscriptions de ses journaux, que si Milan était la capitale de toute l'Italie, elle serait tout à fait digne de Paris; mais elle n'est restée que la capitale de la Lombardie; elle fait donc merveille comme telle; mais elle ne peut avoir la prétention de se mettre au niveau de Paris; si, nés à Turin, une ville où foisonnent les institutions de bienfaisance, nous rappelons ici la ville de Milan, c'est pour mieux faire comprendre à tous les italiens qui ont la plus vive sympathie et admiration pour le peuple milanais, que Paris, en fait de bienfaisance, est un autre Milan en grand.

Mais il nous faut des preuves; et c'est à l'aide du beau livre de M. Du Camp que nous mettrons ces preuves glorieuses sous un nouveau jour. M. Du Camp est spiritualiste, et nous sommes affectés pur la même lèpre; au nom de la justice, M. Du Camp veut rendre justice à tout le monde, même aux ennemis; si le prêtre est quelquefois l'ennemi, le plus souvent est encore un bienfaiteur; qu'elle soit une forme, un prétexte, une contenance, puisque la religion aide encore à faire du bien, qu'on se garde de la chasser, et qu'elle soit bénie. La chasse au prêtre qu'on donne en France et en Italie est ignoble; elle déshonore simplement l'humanité. Tachons, si possible, de contribuer à avoir de meilleurs prêtres, voilà la bonne oeuvre, non pas à les démolir. Le prêtre, lorsqu'il n'est pas un idiot, ou un intrigant et une canaille, est, à coup sûr, le meilleur des intermédiaires entre le peuple et ses bienfaiteurs. Sachons seulement le choisir, et puis accordons lui tout le respect, auquel il a droit de prétendre dans l'exercice de sa haute mission.

« Dans ce Paris tumultueux, écrit M. Du Camp, qui, plus que jamais, plus que sous le règne de Louis-Philippe, plus que sous le second Empire, semble devenir le mauvais lieu du monde entier; dans ce Paris où les libertés publiques se transforment en licence, où les étrangers apportent leur argent, leur immoralité, leurs curiosités dépravées, pour mieux médire ensuite de nos moeurs faciles, il faut parfois s'éloigner des boulevards, des Champs Élysées, des cafés empoisonnés d'absinthe, de ces théâtres, de ces Édens, de ces Folies que l'on prendrait pour un étalage de chair à vendre, et s'en aller dans les quartiers lointains, anciennes zones suburbaines que la grande ville a absorbées et frapper à une de ces maisons d'apparence un peu triste, que nul emblème ne signale et qui paraissent discrètes comme un bienfait anonyme. À toute heure, de jour et de nuit, la porte s'ouvre, car l'hospitalité ne dort jamais. Aux murailles des corridors est suspendu un crucifix que l'édilité n'a point encore décroché; dans les dortoirs, les lits sont pressés les uns contre les autres; tout emplacement a été utilisé, car c'est sans relâche que l'on heurte à la porte; dans les salles communes, les pensionnaires sont réunis, la buanderie fume, la cuisine mijote; on souffre à l'infirmerie; s'il y a un rayon de soleil, on s'asseoit au jardinet; tout est lavé, fourbi, reluisant; à force de soin et de propreté, on écarte les épidémies. L'asile est calme, c'est à peine si les bruits du dehors y parviennent. La vie individuelle est libre, mais, par esprit d'ordre, la vie commune est réglée ; on se lève, on mange, on se couche à heure fixe. Les pensionnaires sont-ils heureux? Je ne sais. Ils sont paisibles et en repos sur eux-mêmes, car la maison ne rejette plus ceux qu'elle a recueillis. Ces pensionnaires, qui sont-ils? Hélas! ceux dont la civilisation frivole se détourne, car ils lui font horreur; les Lazares qui n'ont point attendri ce mauvais riche. Ici les vieillards, les caducs, les gâleux, que les familles repoussent, que les asiles publics n'ont pu accepter; là les incurables, ceux que dévorent les cancers, que le lupus ronge comme une proie certaine. Pourquoi ne sont-ils pas à Bicêtre ou à la Salpêtrière, au quartier des grands infirmes? parcequ'il n'y a plus de place à la Salpêtrière, parce que Bicêtre est plein, et aussi, je dois le dire, parce que les malheureux atteints de ces maux horribles savent que la science n'a que des remèdes, tandis que la religion a des paroles qui fortifient les coeurs et ouvrent l'âme à l'espérance; ailleurs, ce sout des enfants, lèpre vivante, engendrée par la pourriture de la promiscuité, ramassée sur le fumier du vice et de la dépravation; lèpre morale plus difficile à guérir, plus pénible à soigner que la lèpre physique. Pour arracher ces pauvres petits au mal qui les sollicite, pour les débarrasser des corruptions qui les ont pénétrés, il faut une ardeur de charité, une puissance de dévouement que rien ne doit décourager. » Voilà pourquoi l'intervention du prêtre et de la religieuse est encore utile et désirable; ce n'est qu'au nom de la religion qu'on peut tout supporter et tout pardonner. Le courage que l'on doit se donner en pareilles circonstances ne peut être que l'oeuvre de la foi. Les prêtres, soit par vocation, soit par principe, soit par devoir de leur état ont ou ils s'imposent cette foi. Leur présence n'est donc pas seulement utile, mais indispensable au milieu des misères humaines. Le nom de ces prêtres, de ces moines, de ces religieuses est ignoré; personne ne le demande, personne ne s'en occupe; on sait seulement qu'ils sont tous à l'oeuvre avec dévouement. Ils sont des missionnaires; ils savent qu'ils peuvent périr dans leur mission ingrate et difficile; rien ne les impatiente, rien ne les rebute. Et leur exemple est suivi; on les imite, on les suit; le gentilhomme, le bourgeois, le soldat, l'ouvrier, la grande dame, la jeune fille se prêtent à les aider dans leur sainte mission; c'est ainsi que se créent, chaque année à Paris, des sociétés anonymes de bienfaiteurs heroïques au milieu des vices et du scepticisme. « Il est consolant, conclue M. Du Camp, de savoir que pendant que l'oisiveté parisienne mène le branle des bacchanales, la charité humblement vêtue, la main ouverte, veille, prie, se prodigue et brille au-dessus de nos sottises, comme un fanal au-dessus d'un abîme. »

N'importe que le mobile de certaines bienfaisances soit plus ou moins noble, généreux et désintéressé, pourvu qu'elles soient et que la misère humaine s'en trouve soulagée. Paris sans ses nombreux bienfaiteurs deviendrait un monstre. Les hospices vidés ne feraient pas moins de mal que si l'on s'avisait d'ouvrir tout à coup les portes de leurs prisons aux malfaiteurs. On ne trouve le pain dans la rue que par le vol ou par la débauche. La charité doit pourvoir à tous ceux qui n'ont aucune possibilité de gagner leur pain. On a beau dire qu'il faut prévenir l'indigence et l'empécher; mais, tant qu'elle existe, il faut la secourir, pour qu'elle ne devienne criminelle, et admirer tous ceux qui, en attendant un avenir plus doux, tachent de soulager les malheureux qui nous entourent.

Nous savons que la vieille servante de Folco Portinari, Mona Tessa, la gouvernante de la Béatrix du Dante, a poussé son maître à fonder le Grand Hôpital de Santa Maria Nuova à Florence. C'est encore une servante, Jeanne Jugan, une bretonne, née en 1792, qui a fondé à Saint-Servan l'œuvre admirable des Petites Soeurs, et, après avoir donné tout le sien, et épuisé toutes les ressources de son travail, commença à mendier pour les vieilles mendiantes inhabiles au travail qu'elle avait recueillies de la rue, en en faisant ses pensionnaires. L'oeuvre s'est étendue ensuite et propagée; mais le principe est resté le même; l'aumône quotidienne pour ceux qui n'ont pas le moyen de s'habiller et de se nourrir. Née en 1842, à Saint-Servan, l'oeuvre des Petites Soeurs compte aujourd'hui 217 maisons, où 3,400 religieuses prennent soin de 25,000 malheureux. Nous connaissons quelques unes de ces maisons établies en Italie; elles y continuent à faire du bien avec le même zèle et avec la même humilité; l'institution n'a point dégénéré. À Paris l'Oeuvre compte cinq hospices pour les vieillards indigents, avec près de douze cent pensionnaires, surveillés par une centaine de soeurs. Allez maintenant donner la chasse a ces soeurs de bien, au nom da l'anti-cléricalisme; en quoi ferez vous avancer le progrès? Confierez vous a l'état le maintien de cette institution providentielle? par une nouvelle charge arbitraire d'impôts vous risquez d'augmenter, au lieu de le diminuer, le nombre des indigents. La prétendue laïcisation des hospices vous exposera à des frais bien plus considérables, et enlèvera à l'institution son rôle d'Œuvre charitable. M. Du Camp nous en dit les raisons : « La règle, sévère pour les religieuses, est indulgente aux pensionnaires; en réalité, ceux-ci sont les maîtres et les soeurs sont leurs servantes, servantes blanchisseuses, servantes cuisinières, servantes infirmières, servantes quêteuses, servantes en toute occasion et pour tout office, si répugnant qu'il soit. On ne demande aux vieillards que d'achever de mourir en paix, à l'abri de la faim, de la misère et du froid. C'est aux sœurs à les nourrir, à les coucher, à les vêtir, à les chausser, à panser leurs plaies, à changer leur linge maculé, à les veiller pendant leurs maladies, à les encourager à la minute suprême, à les ensevelir dans le drap funèbre, à les mettre au cercueil, à prier sur leur dépouille et à les accompagner jusqu'à la porte de la maison hospitalière lorsqu'on les mène à leur dernière demeure. Les soeurs reçoivent de leurs pensionnaires tous les services qu'ils peuvent rendre encore, mais ne les leur imposent pas; elles prient quelquefois, elles n'ordonnent jamais; car dans ces refuges la discipline n'est pas seulement douce, elle est maternelle. » Le rôle de la petite soeur est en somme à la fois celui de Marthe et celui de Magdeleine, secourir, servir, aimer.

Les petites soeurs, ont des frères ainês en France et en Italie; leur institution qui s'appelle à Milan « Fate bene, sorelle » est le pendant des « Fate bene, fratelli » institution inspirée par Saint-Jean-de-Dieu et qui prospère depuis des siècles. L'inspirateur était un saint portugais; nous n'avons donc point ici à nous occuper des origines de l'institution bienfaisante, mais de son développement en France. Le fondateur s'appelait Jean Ciudad, et, pour faire tout le bien possible, aux pauvres, surtout aux pauvres d'esprit, aux foux, qui sont chers à Dieu, il adopta le nom de Jean de Dieu. Aux malheureux qui perdent la raison, comme aux malheureux qui perdent la vue, la parole, l'ouïe, il faut secourir, raisonner pour eux et devenir leur providence divine. Mais les frères de Saint Jean de Dieu étendirent leur esprit de charité à tous les infirmes; ils les accueillirent de tout côté et ils se multiplièrent eux mêmes à l'infini. Chaque frère mendiant devenait un père des pauvres, comme on appelait déjà au seizième siècle Jean de Dieu.

C'est de Florence que les frères de Saint Jean de Dieu, après avoir rayonné de l'Espagne en Italie, sont passés en France. M. Du Camp nous l'apprend. « Ils avaient à Florence une maison qui prospérait (elle prospère encore à la rue Borgognissanti). Lorsque Marie de Médicis s'assit, aux côtés d'Henri IV, sur le trône de France, elle se souvint des frères hospitaliers qu'elle avait vus mendier aux portes pour nourrir les malades; elle en fit venir cinq à Paris en 1602. Ils s'établirent d'abord rue des Petits Augustins, qu'ils furent forcés de quitter en 1607 pour céder la place à Marguerite — la reine Margot — qui voulait élever un hôtel sur le terrain qu'ils occupaient. Ils s'installèrent alors près de la chapelle des Saints Pères. Il y avait là de vastes jardins; ils purent y bâtir une maison d'hospitalité, où l'on recevait les pauvres, où l'on soignait les malades. Cette maison existe encore sur l'emplacement primitif; c'est l'hôpital de la Charité. » L'ordre ayant été chassé pendant la

Révolution, il n'en fut plus question pendant près de trente ans; sous la Restauration, par les soins du capitaine de Magalon il reprit sa mission charitable, en commençant par une maison de santé, et continuant son oeuvre de bien par le secours aux enfants scrofuleux. Pour cette dernière institution, il est consolant pour nous de citer le nom d'un apôtre italien, le docteur Joseph Barellai, le fondateur des Hospices sur mer pour les enfants scrofuleux, déjà glorifié par Michelet dans son livre *La Mer*, et l'*Istituto dei Rachitici* qui prospère depuis quelques années à Milan, à Turin et dans quelques autres villes italiennes. Cette émulation de nos deux pays dans l'oeuvre de la charité, si profitable à l'humanité, les rend dignes l'un de l'autre.

À Paris on ne pretend point de rendre la santé aux enfants rachitiques. On se contente de les soigner; on choisit les plus malades, les plus dégoûtants, les condamnés à une mort prochaine pour leur adoucir l'existence, et la prolonger peut-être par une assistence paternelle. C'est la charité telle que Dieu l'entend, telle que le Ciel clément et bienfaisant nous l'enseigne chaque jour d'en haut. Ce n'est pas assez de rendre la vie du pauvre moins dure; la charité veut encore que nous l'aidions à mourir avec résignation, le sourire aux lèvres, et que nous préparions les petites âmes à monter sereines vers Dieu. Et, pour cette assistance angélique, il faut bien le repéter: « Nul laïque, ni pour or ni pour argent, ne consentirait à faire un métier pareil; » la vocation religieuse est donc necessaire. On ne se fait pas des illusions au sujet de leur guérison; mais, puisqu'il y en a dans le nombre qui traîneront leur vie pendant de longues années, si on ne peut pas redresser leurs membres, et corriger leurs difformités, on tache de les instruire, et de les occuper utilement. On a soin surtout de les bien nourrir et de les distraire, mais, sans les fatiguer; les frères de Saint-Jean, tout en devenant, à certaines heures, des maîtres, n'oublient jamais qu'ils sont, avant tout, des consolateurs; leur but d'ailleurs, est de nettoyer des âmes et de dégrossir des esprits, non pas de fournir des docteurs à la Sorbonne.

L'asile de la rue Lecourbe à Paris soigne maintenant plus de deux-cent enfants scrofuleux; c'est beaucoup pour les petits moyens dont les frères disposent; ce n'est pas assez pour Paris, où le vice qui augmente fait accroître d'année en année, le nombre des enfants difformes, rongés par des maux presqu'incurables. L'asile de la rue Lecourbe semble être un hospice modèle; les modèles sont donc faits pour être imités.

Mais de toutes les charités la plus sainte est encore celle qui se propose de régénérer l'homme par le travail. M. Du Camp nous fournit des renseignements consolants à ce sujet, pour la ville de Paris. « Il existe, dit-il à Paris cent vingt-six maisons charitables où 10,180 enfants pauvres sont recueillis, reçoivent quelque instruction et acquièrent les premières notions d'un métier. Parmi ces maisons, qui sont des refuges aussi bien que des écoles et des ateliers, trente et une appartiennent aux Soeurs de Saint-Vincent-de-Paul, et sur les trente et une, il y en a dix-huit pour lesquelles les recettes sont inférieures aux dépenses. Cela n'arrête pas les saintes filles, qui, malgré l'insuffisance de leurs ressources, continuent l'oeuvre d'adoption à laquelle elles se sont vouées. » En Italie, le nom de Paolotto (associé de Saint-Vincent-de-Paul) est devenu odieux; on en a fait l'indigne synonyme d'hypocrite, d'intrigant sous le manteau de la religion, de Tartufe; le poète Carducci a même poussé l'hyperbole si loin, qu'il a inventé une *Luna paolotta*. Avec de pareilles dispositions d'esprit à l'égard de l'oeuvre de Saint-Vincent-de-Paul, il est moins aisé de lui rendre justice; mais les bienfaits des humbles qui travaillent surtout à relever les misères humaines par le travail utile et fécond n'en sont pas moins réels. L'Oeuvre tache de prévenir le mal; elle essaye de le déraciner lorsqu'il a poussé, et d'adoucir les misères qui en dérivent; mais elle vise surtout à empêcher qu'il prenne racine.

« À Paris, continue M. Du Camp, cent vingt-six maisons, pour le département de la Seine cent soixante-trois, sur les quelles dix-huit seulement recueillent des garçons; toutes les autres sont réservées aux petites filles et aux jeunes filles. On dirait que la charité, dédaignant le premier-né de la création humaine, ne veut s'occuper que de sa compagne, de l'être fragile et curieux auquel les traditions bibliques attribuent la déchéance de notre race. La foi s'ingénie à sauver la femme; elle la prend au berceau, lui ouvre la crèche, la salle d'asile, l'école, l'atelier professionnel. C'est la femme qui exerce la charité; elle s'adresse de préférence à la femme. »

Nous constatons avec plaisir que, pour l'orphelinat des apprentis, comme pour tant d'autres oeuvres de bienfaisance, la France et l'Italie se donnent la main comme deux grandes soeurs de charité. Écoutons là-dessus encore le récit de M. Du Camp:

« Un fait accidentel détermine le plus souvent la vocation des hommes de bienfaisance. Un jour, par hasard, ils rencontrent une brebis malade, ils l'emportent, la réchauffent et la nourrissent; puis une autre vient rejoindre la première, puis encore une autre, et bientôt le troupeau est si nombreux qu'il faut lui bâtir des bergeries. L'oeuvre que Don Bosco a créée à Turin et qui rayonne sur l'Italie possède maintenant des établissements spacieux où les enfants délaissés forment de véritables corporations de métiers. Avant de tels établissements, on avait une simple maison; avant la maison, un hangar; avant le hangar, un pré; pendant le jour on y travaillait, pendant la nuit on y dormait sur l'herbe, à la belle étoile. An mois de décembre 1841, Don Bosco allait dire la messe et le sacristain cherchait un enfant qui pût la servir. Un vagabond âgé de seize ans, nommé Barthélemy Garelli, se promenait dans l'église, regardant les tableaux et bayant aux statues. Le sacristain le requit, l'enfant refusa; on en vint aux gros mots et aux gourmades. Don Bosco intervint, calma l'enfant, le garda près de lui, l'interrogea et constata qu'il ne savait même pas faire le signe de la croix. De cette minute, il se promit de se vouer à la jeunesse abandonnée. Il s'est tenu parole; plus de 80,000 enfants lui doivent aujourd'hui d'être des hommes probes, travailleurs et de n'avoir point trébuché ». Don Bosco est mort maintenant, mais son oeuvre de bien continue à prospérer.

« L'Orphelinat des apprentis, poursuit M. Du Camp, est né d'une illumination pareille. Dans la nuit, il suffit d'un éclair pour découvrir les points les plus éloignés de l'horizon. Un fait isolé révèle parfois des profondeurs de misère que nul n'aurait soupçonnés. Comme Don Bosco, l'abbé Roussel s'est trouvé inopinément en face d'un enfant vagabond et il en est résulté l'Orphelinat d'Auteuil. Un soir, à la fin de l'hiver de 1865, l'abbé Roussel aperçut un enfant qui fouillait un tas d'ordures: « qu'est-ce que tu fais là ? » « Je cherche de quoi manger ». L'abbé prit l'enfant, l'emmena, le fit dîner et le coucha. L'oeuvre venait de naître. Le lendemain, l'abbé Roussel se mit en quête et rentra avec un autre vagabond; huit jours après sa première trouvaille, il hébergeait six enfants. On y campait comme à la veille d'une bataille, un peu pêle-mêle. L'abbé nourrissait son petit monde de son mieux, mais ses ressources étaient limitées; souvent on ne vivait que de pain sec trempé d'eau claire et parfois on se couchait sans souper. L'abbé Roussel n'était point homme à se décourager; on doit s'attendre à d'autres difficultés lorsque l'on a sérieusement revêtu la soutane, lorsque l'on a compris que la prêtrise est une mission et non pas un métier. Il a une chaleur de générosité qui ne lui laisse guère de répit et ne lui permet pas de reculer. Saint Martin coupait son manteau en deux pour couvrir la nudité d'un mendiant; j'imagine que l'abbé trouverait que c'est perdre du temps et qu'il est plus expéditif de donner toute la soutane ».

En l'année 1878, l'Académie Française décernait le prix Montyon de 2500 francs à l'oeuvre de l'abbé Roussel; c'était la gloire; mais elle arrivait au moment, où la situation financière de l'homme du bien était très grave; il devait environ 200,000 francs « empruntés de toutes mains pour nourrir ses enfants et ne s'en point séparer ». Nous avons vu en Italie la *Gazzetta del Popolo* de Turin, et les journaux de Milan, en plusieurs occasions, obtenir des résultats merveilleux en ouvrant des souscriptions; mais rien n'égale les bienfaits de ce genre dont le journal *Le Figaro*, du quel on aime tant à médire, mais dont tout le monde voudrait profiter, à pris si souvent l'initiative. « H. de Villemessant, raconte M. Du Camp, dirigeait alors le journal *Le Figaro* qu'il avait fondé. Comme tous les hommes qui ont combattu pour une cause et qui sont de tempérament agressif, il eut bien des adversaires et plus d'un ennemi, mais aucun d'eux n'a pu lui reprocher de n'avoir pas une bienfaisance inépuisable et de ne pas mettre au service de la charité la forte publicité dont il disposait. Ce qu'il secourut d'infortunes est considérable; il connaissait bien le public français; il savait l'émouvoir et l'entraînait à la suite vers les bonnes actions qui sauvent les malheureux. Il apprit, je ne sais comment, la position où se trouvait l'abbé Roussel. Habitué « aux affaires » il vit d'un coup d'oeil le dilemme qui s'imposait. Ou payer les dettes d'une bienfaisance imprévoyante comme la foi qui l'avait inspirée, ou voir rejeter aux hasards de la démoralisation les enfants auxquels on avait promis du pain et de l'instruction. Il n'hésita pas. M. Bucheron, qui signe ses articles du nom de Saint-Genest, fit un article et raconta ce qu'il savait de l'oeuvre de l'abbé Roussel. Au nom du dévouement d'au prêtre et de l'avenir des orphelins, il remua les âmes; c'est presque la paraphrase de l'allocution de Saint Vincent de Paul: « Ils seront tous morts demain si vous les délaissez! » La souscription est ouverte; le *Figaro* s'inscrit pour 10,000; Villemessant pour 1000; Alexandre Dumas fils pour 500; la baronne S. De Rothschild pour 1000. Le premier jour on récolte plus de 41,000 francs; à la fin de la semaine, la souscription est close sur un total de 331,167 fr. 35 centimes ».

L'orphelinat d'Auteuil, l'asile des apprentis, l'institution de l'abbé Roussel, est oeuvre parisienne, mais, comme tant de belles choses parisiennes, elle est destinée au monde. « Ils arrivent de partout, les pauvres petits. Le vent a enlevé ces mauvaises graines sur des terrains en friche, les a portées jusque dans le jardin de l'abbé Ronssel, et on les y cultive. Paris est le rendez-vous des déshérités de l'univers; ils viennent y tenter la fortune et s'y débarrassent de ce qui les gêne, surtout de leurs enfants. L'abbé Roussel le sait bien, lui qui les recueille et qui n'est pas difficile dans ses choix. Il y a là des Belges, des Brésiliens, des Nègres, des Russes; les provinces de France semblent avoir envoyé un spécimen de leurs marmots; si chacun ne parlait que son patois, ce serait la tour de Babel ».

L'abbé Roussel ne se contente pas de ramasser, d'abriter, de nourrir, d'élever les enfants délaissés; il les fait travailler, il en façonne des ouvriers.

Si nous entreprenions ici l'histoire de la bienfaisance par le travail, nous signalerions une ville industrielle italienne, créée par la patience et la bonté intelligente d'un seul homme, le sénateur Alexandre Rossi de Schio. Nos lecteurs français auraient du plaisir à apprendre le bien qu'a su faire la volonté puissante d'un seul laïque, au milieu de toute une population ouvrière. Mais M. Rossi est plutôt un économiste qu'un philanthrope; tout ce qu'il entreprend est dans l'esprit le plus sage et le plus sain. Mais l'esprit charitable qui souffle sur toute l'oeuvre de l'abbé Roussel a une portée morale plus profonde. L'Orphelinat d'Auteuil ne tient point à faire de bonnes affaires; la seule grande affaire qui l'intéresse et l'occupe est de sauver et de dresser des enfants. M. Du Camp pose ici une question essentielle: « L'abbé Roussel, depuis que son oeuvre a pris naissance, avait recueilli, réconforté, guidé plus de 6,000 enfants; les a-t-il tous sauvés, au sens absolu du mot? Non; mais on peut affirmer, sans crainte d'être démenti par les faits, que sur cent enfants qui ont séjourné à l'orphelinat et y ont terminé leur apprentissage, quatre vingts resteront dans la voie de la probité. Tous, certainement, ne conserveront point intactes leur croyances religieuses, tous n'iront pas à la messe le dimanche et ne feront point leur prière le soir avant de se coucher; mais ils ne demanderont qu'au travail le droit de vivre, ils aimeront le métier qu'on leur a enseigné, ils n'insulteront pas le prêtre qui passe dans la rue; le commissaire de police ne connaîtra pas leur nom ». M. Du Camp a donc raison de conclure: « Qui oserait dire que l'oeuvre de l'abbé Roussel n'est pas égale à celle de l'abbé de l'Épée, à celle de Valentin Haüy? Infirmité physique, infirmité morale, c'est tout un, lorsque l'enfant en est atteint est perdu. Celui qui donne la parole aux muets, la vue aux aveugles, la probité aux vicieux, accomplit un de ces prodiges de bienfaisance dont l'humanité garde bonne gratitude et que la charité à le devoir d'aider de toute sa puissance ».

L'abbé Roussel a montré dans son oeuvre une âme héroïque; mais au moins il a la satisfaction de voir les résultats de son oeuvre. Que dire de cette veuve Garnier de Lyon qui va à la recherche des incurables, des lépreuses, des pestiférées, des cancérées, pour les panser, et les soigner, et crée pour elles avec un dévouement sans bornes un grand hospice, par l'association des Dames du Calvaire? Elle n'a connu aucun découragement, aucune lassitude, aucun dégoût; elle marcha courageuse à son but et l'atteignit à l'étonnement de tout le monde, de ceux-là surtout, qui l'avaient appelé folle et dont elle était le plus découragée et persiflée à ses débuts.

L'Oeuvre des Dames du Calvaire se compose: 1.º de dames veuves agrégées qui viennent à l'hospice panser les incurables; 2.° de dames veuves qui résident dans l'hospice et soignent les malades; 3.° de dames veuves zélatrices qui quêtent pour accroître les ressources nécessaires au traitement des malades et à l'entretien de la maison; 4.° d'associées qui versent une cotisation annuelle, dont le minimum est de vingt francs. L'oeuvre entière, ajoute M. Du Camp, ne repose que sur des veuves; c'est l'ordre de la viduité; « cette pauvre veuve, dit Jésus à ses disciples, a donné plus que les autres ».

Quelques années après la mort de Madame Garnier à Lyon, la veuve de l'imprimeur Jousset à Paris, en s'associant Mme Veuve Lechat, fondait une institution analogue à celle des Dames du Calvaire lyonnaises. Aussitôt l'institution fondée, son développement imposait un établissement plus grandiose. « Comment acheter, et surtout comment bâtir? Toujours de la même façon, en s'adressant à cette charité française, à cette charité chrétienne, qui jamais ne se récuse. Les femmes mirent de l'ardeur à demander et à donner; l'une d'elles a livré ses diamants, qui étaient nombreux et de choix, à la seule condition que son nom ne serait jamais prononcé. Plus d'une de celles dont parle le monde, qui ont des titres retentissants, qui habitent des châteaux historiques et dont les pères ont suivi Pierre l'Hermite, ont fait des économies sur leur toilette, n'ont pas renouvelé les harnais de leurs équipages, pour glisser quelques billets de mille francs dans l'aumônière des dames zélatrices; au fond des bourses de quête on trouva des bracelets et des bagues. Je sais une femme élégante, et jeune, et jolie, qui pendant deux hivers consécutifs ne porta que des robes de laine; j'en fus étonné; à cette heure je n'en suis plus surpris. — Trois mille mètres de terrain furent achetés; au fur et à mesure des ressources, on y éleva une maison hospitalière dont on prit possession à la fin de 1880 ».

L'une des plus récentes institutions de bienfaisance à Paris est l'Oeuvre des jeunes poitrinaires fondée d'abord, en 1854 à Castelnaudary par le vicaire Louis-Jean-Marie de Soubiran; sous la forme d'une Communauté des Soeurs de Marie Auxiliatrice, ayant pour but de secourir et protéger contre la misère et contre le vice les jeunes filles sans place et sans ressources. De Castelnaudary l'institution se transféra à Toulouse, et, de Toulouse, en 1872, à Paris, où elle changea de caractère; la Communauté des Soeurs de Marie Auxiliatrice consacra essentiellement ses soins aux jeunes poitrinaires. La première malade soignée par les soeurs était issue d'une famille juive et d'une famille protestante. « C'était, dit notre éloquent historien de la bienfaisance parisienne, par un exemple éclatant, démontrer que la question de secte paraissait secondaire, et que la souffrance seule était un titre à des soins dont on était résolu d'être prodigue; on se déclarait aussi prêt, s'il le fallait, à renverser la parabole du bon Samaritain. La charité, comme l'ambition, a ses châteaux en Espagne, les rêveurs se plaisent à les bâtir, mais les âmes ferventes ne s'en peuvent contenter. Ce n'est donc pas tout de concevoir de bons projets, il faut les mettre à exécution; comment faire sans argent? La communauté était pauvre. Comme les petites Soeurs des pauvres, comme les frères de Saint-Jean-de-Dieu, on se dit: cela ne doit pas nous arrêter; nous ferons pour les malades ce que nous ne ferions pas pour nous mêmes, nous tendrons la main, et avec l'aumône des riches nous soigneront, nous sauverons les enfants des pauvres. Une fois la résolution arrêtée, on partit en quête ». À l'aide du premier secours, l'institution passa de la grande ville où tout est entassé, et l'air la plus souvent empesté, en plein air, à Livry, pour fournir aux petites poitrinaires le moyen d'aspirer à pleins poumons l'air des champs; mais les pavillons de Livry étaient trop étroits et ne se prêtaient guère à une grande installation; on acheta le château de Villepinte, à 18 kilomètres de Paris. C'est à la rue de Maubeuge que l'on reçoit d'abord les malades et qu'elles y sont examinées. Lorsque la maladie est grave, on les dirige sur Villepinte, après s'être renseigné qu'il y a de la place vide. Et là on ne soigne pas seulement les soixante-treize malades, mais on les entretient, on les occupe, on les distrait, on les amuse, autant qu'elles peuvent y prendre du plaisir, en attendant que le remède progressif du docteur Robert Koch vienne les délivrer. « La journée est distribuée de façon à éviter l'ennui; le travail est une distraction et ne devient jamais une fatigue. Selon la saison, les pauvres filles vivent en plein air ou dans le logis; ce sont des plantes frileuses; on les rentre en hiver; on les sort en été; elles redoutent le froid et s'épanouissent au soleil. La maison est un asile religieux, dirigé par des sœurs qui se conforment à une règle inflexible, je le sais; mais c'est avant tout un asile thérapeutique. Chaque jour, la messe est dite à sept heures et demie pour la communauté; nulle malade n'y assiste; le dimanche, elle n'est célébrée qu'à dix heures, mais celles-là seules auxquelles le médecin en a donné l'autorisation sont admises à la chapelle. De même, pour la table des malades, qui ne connait ni les jeûnes, ni les carêmes, ni les abstinences. L'hygiène appropriée aux anémies, aux tuberculoses, aux phtisies exige une nourriture substantielle où la viande n'est pas épargnée; on le sait à Villepinte, et le vendredi a ses filets de boeuf comme un simple dimanche. La cuisinière en chef, c'est le médecin; il ordonne le repas, comme il prescrit les potions ».

Une nouvelle pousse de l'Oeuvre des Jeunes Poitrinaires est la Fondation Hochon-Lefuel. Écoutons encore Maxime Du Camp, cet artiste de l'histoire du bien:

« Paris fourmille de femmes dont la futilité apparente est rachetée par des oeuvres où les malheureux rencontrent des soulagements inespérés et qui justifient la parole de Luther aux Frères Moraves: Là où se trouvent la foi et la charité il ne peut y avoir de péché, ni pour ce que l'on adore, ni pour ce que l'on n'adore pas ». Auprès de la ferme, en bordure de la cour à côté du parc, sous quelques arbres, s'élève une haute construction qui ressemble à une grange. C'en était une jadis; aujourd'hui, c'est un asile dont la destination ne peut être modifiée. C'est une sorte de pépinière d'où sortiront peut-être les plantes maladives qui achèveront de s'étioler dans les chambres du Château rouge. Au-dessus de la porte d'entrée on lit, en grosses lettres noires: *Fondation Hochon-Lefuel.* C'est presque une création individuelle. Mme Louise fille d'Hector Lefuel, qui construisit le Louvre et fut un des grands architectes du siècle, était dame sociétaire de l'oeuvre de Villepinte. Elle portait en elle le deuil d'une enfant qu'elle avait perdue; elle se dit qu'il était bien de soigner des jeunes filles poitrinaires, mais qu'il serait mieux de les empêcher de le devenir. Elle savait, sans avoir fait de longues études de physiologie, que des fillettes malingres, prédisposées à la chlorose, sont une proie presque certaine pour la phtisie, qui s'en empare aux dernières heures des transformations. Dès lors elle résolut de consacrer une somme de quelque importance à la fondation d'un asile où les petites filles âgées de quatre à douze ans, affligées de constitution douteuse, passibles, dans l'avenir, d'une affection de poitrine, seraient recueillies, élevées, instruites, surveillées et soignées de telle sorte qu'elles pourraient traverser les années futures sans préjudices trop graves. Le 14 octobre 1883, une convention intervint entre elle et les dames de Marie Auxiliatrice. La grange de la ferme fut aménagée pour sa destination nouvelle; le 1.er décembre 1883, l'asile put recevoir les premières éléves ».

Voilà un exemple édifiant; et c'est bien ici le cas de citer la belle image de M. Du Camp: « La charité ressemble au figuier des Banians, dont les branches retombées jusque sur le sol y prennent racine et forment des arbres nouveaux. » Mais l'expérience a prouvé que la meilleure manière de développer les plantes et la santé des jeunes poitrinaires est de leur donner de l'air; M. Du Camp a compris cela et, par son livre, a donné de l'air et de la lumière à des institutions de bienfaisance, lesquelles, grâce à leur historien, depuis cinq ans que son livre a été publié, ont déja pris un accroissement dont on ne peut pas dire que personne ne se doute à Paris, puisque parmi ses lectrices, les dames bienfaisantes se trouvent en grand nombre, et M. Du Camp connait parfaitement l'art de les ensorceler pour de nouveaux bienfaits.

L'institution des Soeures aveugles de Saint Paul a été fondée par M.lle Anne Bergunion, née a Paris en 1804, morte en 1863.

L'Institut des Jeunes Aveugles à Paris accepte les aveugles agés de dix ans pour les renvoyer à l'âge de dix-huit; s'ils ne sont pas mûrs pour un métier, que deviendront-ils? Tré-probablement des mendiants. La charité est industrieuse. On a songé à cette espèce intéressante de malheureux ; et on a créé pour eux un asyle et un laboratoire. Les aveugles, surtout arrivées à un certain âge, n'ont point le caractère et l'humeur facile ; leur état nerveux n'est pas normal ; elles sont presque toujours des égoïstes intraitables et indomptables ; la charge d'entretenir, et d'occuper des aveugles adultes n'est point une sinécure ; Anne Bergunion s'imposa une pareille tache, mais en tournant la position ; elle excita l'amour propre des aveugles, et leur confia une mission de bien ; elle éveilla en elles l'esprit d'émulation, et en fit des soeurs de charité, des bienfaitrices ; elle réussit complétement. L'expérience a commencé par deux aveugles : « L'ouvroir s'était développé ; trente-cinq fillettes l'occupaient et les deux aveugles devenaient un exemple dangereux. Ce fut a force de maternité qu'Anne Bergunion finit par pénétrer ces âmes récalcitrantes ; par des soins de toute minute, par des cajoleries, des louanges, dès qu'il n'y avait plus rien à blâmer, par une intarissable bonne humeur, elle les assouplit si bien, qu'elle leur confiait de jeunes enfants à instruire. Elle y avait mis le temps, mais rien ne l'avait découragée et elle avait réussi. « Quand la violence et la bonté jouent un royaume, a dit Shakespear, c'est la joueuse la plus douce qui gagne ». Six autres aveugles lui furent adressées par l'institution, trois d'entre elles avaient été renvoyés avec la note « indomptable ». L'expérience n'était plus à faire, elle fut renouvelée avec les mêmes résultats. Un homme qui a connu Annette me disait : « Elle possédait le don suprême, elle attendrissait les coeurs ». Elle avait la prescience aussi, car elle avait deviné le parti qu'elle pouvait tirer de ses aveugles pour elles mêmes et pour les autres ».

L'association des aveugles est devenue une nouvelle communauté religieuse, dont la première supérieure a été Anne Bergunion; elle voyait à elle seule pour toutes les aveugles; mais celles-ci, pénétrées par l'esprit de la religion et de la charité l'ont secondée admirablement; l'abbé Juge, devenu l'aumônier honoraire de l'oeuvre, en fut l'âme; il a manqué d'être fusillé par la Commune; mais étant parvenu à se sauver, et, rendu à la société, il redoubla de zéle pour l'oeuvre sainte, dont il a fait le but de son existence.

Dans une des sections de l'oeuvre il y a aussi une imprimerie. En Italie, on n'a point permis aux femmes de travailler au composteur; nous apprenons qu'à Milan la typographie Vallardi forme une exception; le livre de M. Du Camp nous apprend que la charité à Paris est parvenue à employer à l'imprimerie les femmes aveugles. « L'imprimerie n'est point grande, mais elle est suffisante, très claire, comme si des voyants devaient y travailler, et cependant les typographes sont quatre soeurs aveugles qui lèvent la lettre, manient le composteur et font mouvoir la presse avec l'aplomb d'un vieux metteur en pages. Pas d'encre dans le système Braille, qui procéde par pointes saillantes gaufrant un papier épais; par conséquent une extrême propreté ».

L'une des plus bienfaisantes et charitables institutions dans des villes immenses comme Paris et Londres est, à coup sûr, l'asile pour le voyageur égaré et sans ressource, pour le misérable qui, sans être criminel, devient vagabond. Le Moyen-âge érigeait des hospices et des huttes de refuge pour le pauvre voyageur qui devait traverser la montagne déserte, souvent neigeuse. Mais un voyageur sans ressource qui s'égare à Paris ou à Londres, ces deux mondes, que doit-il faire? ou voler ou se faire arrêter comme mendiant. On arrive à Paris, dans l'espoir d'y trouver un Eldorado; l'*Eldorado* qu'y est ouvert, cependant peut manger des fortunes, mais il ne donne point à manger; on arrive à la métropole du monde avec les sous qu'on a épargné en vue d'une nouvelle installation dans la grande ville; en peu de jours, les épargnes s'en vont; il n'y a plus aucun moyen de retourner en province, ou à l'étranger; on n'est point parvenu à trouver l'occupation qu'on avait rêvée; on a frappé envain à toutes les portes; le desespoir gagne le voyageur; l'idée du suicide ou du crime s'empare vite de son esprit. Et cependant un rien pourrait souvent le sauver. Quant aux femmes, si elles sont trop longtemps exposées à la faim, si on n'arrive à temps pour les secourir, tant qu'elles ont un reste d'honnêteté et de pudeur, elles se vendent, elles se dépravent et fournissent très-vite un nouveau contingent à la Salpêtrière. Un peu de prévoyance, d'assistance de la part de la société suffirait cependant à tirer de l'abîme tant de misérables que le seul désespoir a poussé au vice.

— Soyez hospitaliers, procurez du travail, et donnez de bons conseils avec une âme charitable au bon moment, et vous pouvez être sûrs qu'il y aura beaucoup moins de malades dans les hôpitaux, beaucoup moins de malfaiteurs dans les prisons. « Pour sauver un homme qui se noie à la mer, il suffit d'un grelin lancé avec adresse; pour sauver une femme qui se perd, qui va disparaître dans le marécage de la misère et de la démoralisation, il suffit parfois de lui tendre la main, de la mettre à l'abri, de lui donner le temps de reprendre haleine et de raffermir son courage épuisé par une lutte trop longue. De cette idée trés simple est née l'*Hospitalité du travail*, qui est un refuge temporaire où les forces renaissent et où l'avenir s'éclaircit ». L'idée est bonne, mais l'oeuvre aurait mérité un développement beaucoup plus ample. Tous les hommes de bien, toutes les dames bienfaisantes à Paris auraient dû s'y intéresser pour en faire une véritable institution nationale. Le bien qu'une pareille institution développée et connue pourrait faire est incomparable. Ce n'est pas assez de s'émouvoir et de donner un peu d'argent; il faut organiser savamment et avec tous les ménagements possibles une oeuvre si délicate. L'initiative a été excellente; il faut, pour que les résultats en soient considérables, que toute la société s'y intéresse, et qu'elle devienne l'oeuvre de tout le monde. L'effort pour sauver de la détresse et du vice cent, deux-cents femmes par an, est, sans doute, louable; mais l'œuvre nous semble de telle importance qu'il faudrait y consacrer des millions, en confier la direction et le réglement aux philantropes les plus éclairés, et la mettre en rapport avec toutes les institutions publiques et privées. Il y a des médecins pour les aliénés; il faudrait des femmes du monde psychologistes et des éducatrices achevées pour donner une nouvelle direction aux idées, aux tendances de la femme misérable à la veille de se perdre, et que l'on voudrait pourtant sauver. Les débuts de l'oeuvre ne nous semblent aucunement proportionnés à l'importance de la ville de Paris. Elle est confiée maintenant aux religieuses de Notre-Dame du Calvaire. Maxime Du Camp nous assure que « la supérieure est très-intelligente, alerte, de coeur large, compatissante au mal moral comme au mal physique, franche dans ses explications, menant son monde avec entrain, montant, descendant cinquante fois par jour les escaliers de sa maison »;

tout ceci est bien, mais c'est l'oeuvre même qu'il faut agrandir. « L'oeuvre est trop pauvre actuellement pour acheter un terrain, et y bâtir ; elle est donc locataire d'une modeste maison qui semble appartenir à une petite ville de province et faite pour abriter un vieux ménage de goûts tranquilles et d'habitudes sédentaires. Balzac y eût volontiers placé un chanoine alourdi par l'âge, ou quelque vieille fille casanière, gardant son chat sur ses genoux, tricotant et murmurant une romance des temps de sa jeunesse. C'est triste, froid, presque délabré ; mais les religieuses ont passé par là, et tout de la cave au grenier, est éclatant de propreté. Ce n'est qu'un berceau ; il y en eut de plus humbles ». Oui ; mais près du berceau du Christ il y avait la Vierge ; et à la suite du Christ on marche douze apôtres. À l'admirable institution, pour grandir et devenir institution sociale, il faut des apôtres. En attendant, on peut juger de ses intentions humanitaires d'après ces renseignements. Sur le livre de l'hospice, M. Du Camp a pu constater que Paris serait peu misérable, si les misérables de province ne l'encombraient « Les deux-cents dernières entrées fournissent un renseignement précis ; trente-cinq Parisiennes, cent soixante-cinq provinciales ou étrangères ; L'Italie, l'Espagne, le grand-duché de Bade, la Belgique, la Hollande sont représentés et figurent à côté de la Martinique, de l'Algérie et du Sénégal. On ne tient pas note de la religion ; elle ne tient pas compte des sectes ; elle accueille la juive, la protestante ou tout autre ; elle est vraiment catholique, au sens originel du mot, c'est à dire universelle. Aux malheureuses qui se présentent, elle ne demande pas : « Quel est le Dieu que tu sers ? » Elle dit : « Tu souffres, tu es errante, sois la bienvenue ; tu es à nous ».

Le bien que l'Hospitalité du Travail, l'Hospitalité de Nuit, le Dortoir des hommes, le Dortoir des femmes, le Dispensaire des enfants, ont déjà fait dans la ville de Paris est, sans doute, très considérable; seulement, il nous semble que si on avait réuni et réglé dans un seul système fortement organisé, pour en faire à Paris, grâce au concours de toutes les provinces et de tous les états, une oeuvre non pas seulement nationale, mais internationale, le législateur de cette oeuvre et ses surveillants rendraient à l'humanité le plus grand des services, en donnant le plus beau des exemples. Paris est la ville du monde la plus digne d'organiser une institution mondiale, dont l'existence dans sa forme la plus complète soulagerait bien d'autres institutions privées d'une partie de leurs charges. Elles sont toutes méritoires et admirables; et elles doivent leurs résultats à une suite d'efforts héroïques. Mais, si on arrêtait le mal au commencement, si on ne lui permettait pas de se développer, cette prévoyance diminuerait le nombre des misères humaines et rendrait plus utiles et fécondes les largesses des philanthropes.

Le livre de M. Du Camp nous laisse l'impression générale que l'esprit de charité est très développé à Paris, que les âmes généreuses y sont en grand nombre et qu'on y fait beaucoup de bien; mais on se demande s'il ne serait grand temps de réunir dans une seule institution toutes les institutions éparses, de les relier, de les mettre en rapport les unes avec les autres, tout en les laissant fonctionner dans leur sphère spéciale avec une certaine liberté. Il faudrait en somme de tous les rayons épars faire un seul grand soleil. Si au lieu de vingt installations insuffisantes pour chacune il y en avait une seule grandiose pour toutes, à la charge des particuliers et de l'État, de la Ville de Paris, des Provinces, et de l'Étranger, Paris pourrait, à juste titre, revendiquer pour elle la plus noble, la plus humaine de toutes les institutions sociales; et à personne ne passerait par la tête de protester contre une pareille forme de centralisation parisienne, en vue du bien de tout le monde.

Nous n'essayerons point ici de donner une idée quelconque de Paris ouvrier. L'Exposition Universelle de 1889 est dans le souvenir de tous ses visiteurs; et tout ce qui a été écrit sur elle a pu donner une idée aux étrangers, non pas seulement du grand nombre et de la capacité des ouvriers fournis par la ville de Paris, mais de la puissance du génie français dans l'organisation du travail.

L'ouvrier a été consacré par la grande Révolution; le travail a été salué par un roi de l'intelligence, par Voltaire, le grand travailleur, dans une ode devenue célèbre. Depuis lors, dans aucun pays, peut-être, l'ouvrier n'est plus respecté qu'en France. Le travail y est devenu chose sainte; et la ville de Paris a contribué essentiellement à cette glorification.

Qui est entré au Palais des Machines l'année passée à l'Exposition a dû être frappé de la puissance du travail en France. On nous assure qu'en Angleterre, aux États Unis, en Suisse, en Allemagne, en Belgique, l'industrie humaine fait des miracles pareils; et on nous représente même que dans la série des machines exposées, les machines françaises ne jouaient peut-être pas le premier rôle; soit; mais le palais même avec la Tour Eiffel, ce géant, ce monstre de trois-cents mètres étaient deux merveilles, dont l'exécution exigeait une direction des plus intelligentes, et une conception titanique, et l'exécution même si prompte et si exacte ne pouvait être que la conséquence d'une longue habitude de travail chez une foule d'ouvriers intelligents et passionnés. C'est que Paris est, avant tout, un immense atelier; sous différentes formes, tout Paris travaille. Le mot est peut-être né à Paris; mais le flaneur parisien est une espèce rare; on surprendra souvent à flaner sur les boulevards des étrangers ou des provinciaux, rarement un parisien; si le parisien chôme, c'est mauvais signe; l'orage approche.

Nous allons maintenant fixer ici notre attention sur quelques autres points lumineux de la vie parisienne, le théâtre, l'académie, le musée, le salon. Quant aux menus plaisirs de la vie de Paris, ce n'est point notre affaire d'en entreprendre la description. Dans chaque grande ville il y a des égouts; qui a jamais, dans l'antiquité, songé a représenter la grandeur de Rome d'après la *Cloaca maxima* ou d'après la *Suburra?* Vienne, Berlin, Londres et Rome de nos jours donnent les mêmes spectacles pubblics qui scandalisent tant certains voyageurs sur les boulevards de Paris; mais, pourquoi, en arrivant à Paris, le provincial et l'étranger s'empressent-ils de visiter les mauvais lieux où le Parisien de quelque distinction ne se montre jamais? On se plaint que Paris est en décadence, et que la licence publique n'y connait plus de frein; en effet, ces danses tunisiennes, algériennes, égyptiennes étalées au milieu de la grande Exposition étaient un symptome et un indice de la plus grande dépravation sociale; et les chansons gaillardes chantées par certaines dames, au plein air des *Folies Parisiennes*, au centre même de l'Exposition, semblaient un défi insolent à la pudeur des chastes visiteuses de la grande Exposition, qui étaient bien punies de leur curiosité et de leur trop grand désir de s'instruire sur les mœurs des peuples. Certes le mari parisien de condition se gardait bien d'y conduire son épouse et ses filles; le seul provincial qui voulait pouvoir se vanter d'avoir tout vu à Paris et à la grande Exposition, se trouvait souvent attrappé. On doit pourtant le regretter, et on se demande comment et pourquoi on a permis un pareil étalage de débauche; l'industrie du mal n'a pas besoin de pareil encouragement public; c'est dans la nature que le mal existe: mais il y a des gouvernements et des lois, non pas seulement pour administrer le budget national, mais encore, d'après notre idéal, pour régir les mœurs, en vue du plus grand bonheur des peuples.

Au nom de la liberté, les gouvernements actuels semblent se désintéresser complétement de la moralité publique. Les résultats de cette complète indifférence officielle sont désastreux; mais pas plus à Paris qu'ailleurs, et ils le seraient peut-être encore moins à Paris même, si les exigences des provinciaux et des étrangers qui demandent a être amusés à tout prix, n'encourageaient des entrepreneurs sans scrupule à tout oser. La plainte qu'on pousse cependant qu'il n'y a presque plus de trace des anciennes séductions de Paris et qu'on n'y trouve plus ni les anciennes grandes dames, ni les anciennes cocottes de haut rang, et que le seul dévergondage déguenillé se promène sur les trottoirs, est peut-être un signe que nous approchons de l'heure du dégoût final, et qu'en roulant de l'échelle du vice, on est déja tombé si bas, qu'on sentira bien vite le besoin de se relever. Dans l'espoir qu'il en soit réellement ainsi, allons respirer un meilleur air dans le vrai Paris qui est resté propre, et où il est décent de se montrer.

Je n'ai point à décrire ici la magnificence de l'architecture du nouvel *Opéra*. Seulement on a de la peine a constater qu'avant la construction de ce temple qui lui à été érigé par l'architecte Garnier, le spectacle y était plus grandiose et plus fini. Nous y entrions un soir où l'on donnait l'*Hamlet* de Thomas. Toutes les places étaient déja occupées; l'ouvreuse nous apprit que, moyennant un pourboire qui nous semblait excessif, notre billet nous aurait donné droit à une bonne place; je lui demandais comment se faisait-il qu'au guichet on distribuait encore des billets, lorsqu'on devait avoir la certitude qu'il n'y avait plus moyen d'occuper une seule place et d'assister décemment au spectacle; l'ouvreuse nous répondit: « mais, mon cher monsieur, est ce que ces belles galeries ne vous semblent-elles donner assez de satisfaction à la vue? » Je grommelai comme le Shah de Perse: « oui, très belles, mais connues ». Est-ce que le goût de public qui fréquenté la salle de l'Opéra a bien changé d'humeur et de goût? comment se fait-il que la salle si souvent remplie, avec un spectacle qu'autrefois on aurait à peine supporté, se contente maintenant et soit même ravi d'un ensemble assez médiocre? Plus de grandes chanteuses de *primo cartello;* plus d'artistes de la danse, de la force et de la grâce d'une Taglioni, d'une Cerrito, ou d'une Ferraris. Si la danse ne doit plus être qu'une scène de séductions, oui, les nouvelles danseuses sont aussi séduisantes peut-être et même plus agaçantes que celles d'il y a trente et quarante ans; si le chant ne doit plus être qu'un accompagnement de l'orchestre, ou à peu près, oui, on peut se passer maintenant de la voix de la Patti, de l'Alboni, de Mario, et se contenter d'artistes respectables, mais de deuxième rang. À l'Opéra, cependant, on peut signaler, même à présent, des basses comme Bataille, Delmas, Gresse, Plançon, Edouard de Reszké, des barytons comme Bérardi, Lasalle, et Melchissédec, des ténors comme Cossira, Duc, Escalaïs, Muratet et Jean de Reszké, des chanteuses comme M.me Escalaïs, M.lle Litvinne, et M.lle Richard; des danseuses comme la charmante espagnole M.lle Mauri et la vaporeuse M.lle Subra.

J'ai eu le bonheur d'assister à la reprise de *Ruy-Blas* de Victor Hugo, dans la loge de M. Claretie, l'illustre administrateur de la Comédie Française. J'avais lu ce drame dans ma première jeunesse, et il m'avait vivement frappé; je l'ai relu ensuite et il m'a paru le produit d'un art conventionnel; à Paris j'ai retrouvé, sous le charme d'une exécution parfaite, mes impressions de jeunesse; j'ai senti de nouveau le souffle d'un génie puissant; et j'en ai éprouvé la plus vive émotion, une sorte de plaisir de Dieu; car le théâtre de la Comédie Française est un véritable Olympe. Le recueillement de la salle, le jeu consciencieux des acteurs, même dans les rôles inférieurs, le choix des pièces, tout fait comprendre qu'on est là dans un temple, où l'on célèbre, avec enthousiasme, un culte divin. Un spectacle pareil n'existe qu'à Paris; aucun pays du monde, après l'ancienne Grèce, n'a aussi bien honoré ses poètes classiques. De Molière à Augier tous les génies du théâtre français ont passé enveloppés d'un nimbe sur les scènes de la Comédie française; et par quels puissants interprètes! quelle conscience, quelle fidélité, quel zèle dans leur jeu!

Les théâtres de l'Allemagne ont imité assez de près le théâtre de la Comédie Française, et confié à un auteur intelligent la direction des spectacles; l'imitation a donné, pour le théâtre allemand, des résultats excellents.

À Turin, sous le règne de Charles Félix et de Charles Albert jusqu'au commencement du règne de Victor Emanuel la *Compagnia Reale Sarda* se conformait au même modéle parisien avec un succés brillant; mais, ayant, sans doute, passé par un quart d'heure de mauvaise humeur, le Comte de Cavour trouva un jour qu'il y avait en Italie quelque chose de plus urgent à faire que de lui préparer des comédiens, et fit brusquement supprimer la petite subvention qui donnait à la Compagnia Reale Sarda le prestige d'une institution de l'état; depuis lors, malgré des nobles efforts, le sort du théâtre dramatique italien ne s'est plus relevé.

Paris garde tout son respect pour son ancien théâtre classique, qui a atteint une perfection difficile à rivaliser. Ce respect que Paris lui professe se communique à tout le monde. La Comédie Française comme l'Académie Française est surtout une école de goût. On y apprend à bien dire; et on y fait revivre les morts; et quels morts! Les acteurs et les actrices sont au service du génie français. M. Jules Claretie, de l'Académie Française, en sa qualité d'administrateur général, mais surtout comme écrivain d'un goût exquis et d'un esprit aimable et ouvert à toutes les idées les plus saines, dirige cette espèce de service divin.

Les artistes de la Comédie Française devraient être rappelés en masse à la rampe, contribuant tous, en quelque mesure, à la gloire de la noble institution. Parmi les sociétaires figurent Got, le Doyen, Febvre, Thiron, Mounet-Sully un artiste de génie, Laroche, Morin, Coquelin Cadet, le grand maître dans l'art de dire le monologue, Prudhon, Silvain, Baillet, Le Bargy, De Ferandy, Boucher, Truffier, Garraud, Leloir, Mlle Reichemberg, Mme Barretta Worms, Mme Broisat, Mme Samary, Mme Lloyd, Mlle Bartet, Mme Granger, M.lle Dudlay, M.lle Pierson, M.lle Muller, M.lle Célin Montaland; parmi les pensionnaires, Martel, Joliet, Dupont-Vernon, Samary, Clerc, Lambert, Laugier, Berr, Leitner, Cocheris, Mounet, Fayolle, M.lle Kalb, M.lle Brandés, M.lle Ludwig, M.lle Du Minil, M.lle Lainé, M.lle Nancy-Marlet, M.lle Bertiny, M.lle Tessandier.

On rencontre aussi des artistes fort distingués dans les autres théâtres; par exemple, à l'*Odéou*, Cornaglia, Duményi, Garnier, M.me Crosnier, M.lle Réjane, M.me Sisos, M.me Weiber; au *Vaudeville*, Boisselot, Dieudonné, Duflos, Dupuis, Jolly, Montigny, M.lle Cerny, M.me Claudia, M.me Daynés-Grassot; au *Gymnase*, Lagrange, Marais, Masset, Noblet, M.lle Brindeau, M.lle Bruck, M.lle Darland, M.lle Depoix, M.lle Desclauzes, M.me Grivot, M.lle Magnier, M.lle Malvau, M.me Pasca; aux *Variétés*, Baron, Christian, Cooper, Deltombe, José Dupuis, Édouard-Grorzes, Lassouche, M.me Judic que la ville de Florence charmée a applaudie; au *Palais Royal*, Dailly, Daubray, Galipaux, Miller, Mondos, Pélerin, M.lle Berny, M.me Célin Chaumont, M.me Mathilde; à la *Porte-Saint-Martin*, Dumain, Léon-Noel, Rohdé, M.lle Antonine, M.lle France, M.lle Lamart; au *Châtelet*, Francés Lévy, M.lle Lantelme, M.lle Miroir; à l'*Ambigu*, Péricaud, M.me Bouffar, M.lle Pauline Breton, M.lle Honorine, M.me Harris; à la *Gaîté*, Alexandre, Mesmaker, Vauthier, M.lle Gélabert, M.me Simon-Max; M.me Thuilliers-Leloir; aux *Folies Dramatiques*, M.me Leriche et M.me Vialda; aux *Bouffes Parisien*, Maugé, M.me Grisier-Montbazon (la Mascotte), Benjamine Mily-Meyer, M.me Théo, M.lle Thibaut; à la *Renaissance*, Jacquin, Léonce, M.lle Lardinois, M.lle Nixau; aux *Nouveautés*, Basseur, père et fils, M.lle Darcourt, M.lle Pierny, M.me Macé-Montrouge, M.lle Ugalde; aux *Menu-Plaisirs*, Claude Berton, Petit, M.lle Jenny Vallette.

En dehors de cette foule d'artistes attachés aux différents théâtres de Paris, il y aurait encore une longue liste d'artistes nomades à dresser; et, si on songe que, dans le temps, parmi ces nomades on a compté l'inoubliable Mlle Desclée, suivie par Sarah Bernhardt, et que dans le nombre figurent Pierre Berton, Capoul, Damala, Lagressonnière, Lafontaine, Laray, Paulin-Menier, Romain, Saint-Germain, Taillad Talazac, Jeanne Granier, Mme Hading, Mme Marie-Laurent, et la chanteuse et comédienne populaire Thérèsa, il y a vraiment de quoi féliciter Paris, qui, malgré sa prétendue décadence, sait encore élever pour la scène un si grand nombre de véritables artistes, et qui, trop souvent accusé d'être blasé sur toute chose, maintient un goût si vif pour le théâtre. Certes, on va surtout au théâtre pour rire; on y cherche le plaisir pour le plaisir; toutes les théories sur la moralité au théâtre semblent trouver un démenti dans les trois quarts au moins des spectacles parisiens offerts jour par jour, en pâture, à la curiosité publique. Mais le peuple, au fond, ne partage pas entièrement le goût tout moderne des pièces légères; il les subit, mais tout bas il s'en plaint; le peuple aime encore les grandes émotions au théâtre; il taxe de bêtise tous ces petits riens qui l'ont fait rire et il en garde une espèce de rancune contre les auteurs, contre les directeurs des théâtres, et contre le public qui s'est bêtement amusé à des jeux pareils. On préfererait encore et on réclame le drame à grandes sensation; M. Sardou qui monte des drames tels que *Patrie*, *Théodore* et *Cléopatre* connait donc ses Parisiens; il ne songe pas autant à ses lauriers académiques qu'à sa popularité; et les portiers (pardon, les concierges) de Paris lui donnent raison. Au fond, disons vrai. Le monde, a besoin, de temps en temps, de se sentir soulevé au dessus de la vie banale, vers des horizons plus élevés, plus vastes, plus lumineux. Le besoin d'émotions ressenti par le peuple prouve qu'il ne veut pas encore entièrement s'abrutir; il serait sage de tenir compte de ces dispositions, pour revenir, aux heures d'inspiration, au grand art qui est, peut-être, un peu trop délaissé. La solennité même avec laquelle tout Paris assiste à une première représentation prouve qu'on a besoin de se faire l'illusion qu'une grande œuvre va naître. Il est rare que le public trouve dans la pièce qu'on va lui jouer pour la première fois tout ce qu'il s'attendait d'y trouver; mais cette illusion qui précéde et la déception qui en suit le plus souvent, prouve qu'on attend le retour sur la scène des hautes inspirations, et que les petits feux pétillants d'esprit, les mots à double sens, le rire fou, la chanson leste, le cancan et la danse des almées peuvent distraire un moment un public oisif, mais non pas le nourrir et le satisfaire. Si l'on pense à l'effet moral produit un jour par les pièces d'Émile Augier, et ce que chaque spectateur devait se dire après avoir assisté à une représentation magistrale de l'une de ces pièces, on ne dirait pas que l'auteur de *Gabrielle*, du *Fils du Giboyer*, du *Gendre de M. Poirier* soit de notre temps et mort depuis hier seulement; on serait, au contraire, tenté de conclure que plusieurs générations ont séparé son théâtre du théâtre actuel. Certes ce serait inepte de prétendre à l'heure qu'il est une censure pour les théâtres de Paris; mais si point n'est besoin de censure officielle, on doit convenir que de certaines piéces destinées au *Théâtre libre*, et d'autres qui font des invasions insidieuses sur des scènes plus chastes, le public même a déjà fait justice. La piéce légère a toujours marché à côté du drame inspiré; mais dès qu'elle se transforme en piéce gaillarde, elle doit aller se cacher comme se cache tout ce qui est malhonnête. Puisque Paris est le théâtre du monde, et puisqu'il connait si bien tous les jeux, il faut souhaiter que son jeu y devienne plus important, et qu'on nous y convie pour des bonnes raisons. Nous sommes tous lasses de ce qui est plat et vulgaire. Certaine littérature à déjà tout dit ce qu'elle croyait pouvoir nous dire; il n'y a que le pain quotidien d'en haut qui ne rassasie jamais; nous demandons aux écrivains et aux artistes inspirés de ce pain spirituel. Il faut revenir aux grands et aux beaux sentiments, et rechercher les chefs d'œuvre, pour en prendre la dose nécéssaire à notre reconstitution idéale. Le sel est bon comme assaisonnement; mais on ne fait pas de repas complet avec le sel. Frédéric Barberousse, aprés avoir détruit Milan, fit, d'aprés la chronique, répandre du sel sur le sol de la ville rebelle, croyant superstitieusement que le sel l'aurait rendue stérile, et empechée de repousser sur ses ruines. Pour l'empereur tudesque le sel était donc un symbole de stérilité. Mêlé avec le pain, il devient, au contraire, une nourriture solide et substantielle. Les auteurs parisiens foisonnent de sel, et le prodiguent dans leur œuvre littéraire, aux journaux et au théâtre surtout. Il est temps d'économiser et d'introduire dans les mets qu'on nous desserve de nouveaux ingrédients. Le trop de sel augmente la soif; et nous avons besoin maintenant de puiser à des sources d'eau pure pour nous désaltérer.

Aprés une soirée à la Comédie Française, une séance à l'Académie Française en jour de reception, et une visite au Louvre et au Luxemburg promettent des joies exquises.

J'ai eu la bonne chance d'assister à la reception de M. Sardou. Quel événement joyeux! Mais que dites vous? Une séance académique ! Quel ennui, au contraire. — Peut-être ailleurs qu'à Paris. — Oui, j'ai assisté à une séance de l'Académie des sciences à Berlin; Daremberg y lisait un mémoire fort détaillé et fort long, sans doute très profond, sur les animaux microscopiques; une quinzaine d'académiciens sommeillait autour de lui. D'après le règlement, on doit infliger à ses collègues la lecture des mémoires avant de les imprimer; mais on n'a pas le devoir de les écouter. J'ai vu quelque chose de pareil à l'Académie des Inscriptions à Paris; mais un jour de reception à l'Académie Française, c'est autre chose, une vraie aubaine! quelle animation dans la salle; prêtez l'oreille, écoutez, si vous le pouvez, ce que les dames élégantes chuchotent à l'oreille de leur ami ou de leur amie, au sujet de tel ou tel autre candidat, de tel ou tel autre académicien; quels feux d'esprit se croisent! L'entrée de chaque académicien est signalée par un murmure, par une confidence, par un sourire, discret ou malin. On est un peu dans le secret des coulisses; on connaît les goûts, les sentiments de chacun; on veut voir quelle pose tel ou tel autre prendra au moment solennel. On les reconnaît tous; on connaît leurs habitudes; à l'entrée de Sardou dans son habit vert, on vit s'épanouir tous les visages; tout le monde semblait content, et s'attendre à une scène de maître, au théâtre. Le nouvel académicien, au premier abord, a un peu l'air d'un enfant qu'on mène à la première communion; il est humble et doux. Mais laissez le partir, et ouvrez-lui la bouche, comme le Saint Père aux cardinaux; vous verrez quelle joute d'esprit, quel enfant terrible! Sardou lit, Franciscque Sarcey prend des notes sur son cahier imprimé; Legouvé et Doucet écoutent avec bienveillance; Renan sourit comme le bon Dieu lui même, s'il était quelque part, devrait sourire; Dumas fils et Augier montrent cette serénité que donne la superiorité d'une gloire depuis longtemps acquise. On se grise d'esprit dans la salle; des fusées partent de tout-côté jusq'au moment où la séance commence. Tout Paris est là; et quel Paris; parmi les étrangers, je distingue Tourguéneff. Un spectacle pareil ne peut avoir lieu autre part qu'à Paris. On a souvent comparé l'Académie à l'Olympe; ce n'est point une phrase; une fois monté là haut, on devient Dieu, ou pour le moins, demi-Dieu; les Académiciens ne sont pas seulement les premiers écrivains de la France, mais aussi et surtout un collége de bienfaiteurs; ils donnent des prix; et ils les donnent bien.

M. Du Camp, l'historien de la bienfaisance en France, nous a appris les bienfaits du prix Montyon décernés toujours à propos à la vertu par l'Accadémie Française; mais les encouragements qui viennent d'en haut à la littérature ne sont pas moins appréciables. L'Histoire de dix ans de concours littéraires écrite dans ses Rapports Annuels par Camille Doucet, l'aimable et vénéré secrétaire perpetuel de l'Académie Française, est, à ce propos, fort instructive. Combien de carrières glorieuses l'Académie français n'a-t-elle pas ouvertes par ses prix; et ce n'est point ici le montant de la somme qui compte; peu importe, au fond, qu'elle soit grande ou petite; mais le signalement d'une noble institution, d'une action généreuse, d'un beau talent fait par l'Académie française a une valeur inestimable. Les intérêts de l'Académie ne sont pas seulement des intérêts littéraires; tout ce qui intéresse le bien public la touche; sous n'importe quel gouvernement politique de la France, elle demeure à elle seule un gouvernement permanent; elle garde le feu sacré de la civilisation française; elle maintient la foi dans l'idéal, et elle trace des lignes lumineuses aux nouveaux travailleurs. Si elle parle haut, elle en a le droit; elle orne d'esprit et de bon goût tout ce qu'elle dit, et tout ce qu'elle fait; chaque académicien peut avoir des défauts; lorsqu'ils se réunissent, l'œuvre commune les dissimule et ne met en évidence que les meilleures tendances de chacun et de tous. Leur pose académique est une exigence de l'œuvre qu'ils accomplissent; c'est la majesté qui convient aux rois, c'est l'*incessus* au milieu des parfums et du nectar qui plait aux Dieux de l'Olympe; sans ce decor, le prestige en serait diminué; et tout le bien que l'Académie fait deviendrait moins sensible et moins durable.

Dans aucun autre pays n'est rendu un hommage aussi fréquent et aussi solennel à l'œuvre littéraire du génie national; l'Académie Français, d'année en année, tresse de nouvelles couronnes à ses auteurs classiques, en décernant un prix aux meilleurs livres français qui en relévent les mérites. Par ces hautes récompenses nationales, l'Académie est devenue une École Supérieure de critique; elle encourage des jeunes talents; elle désigne à la considération publique des essais, des mémoires, des études de premier ordre lesquels, sans son concours, le plus souvent n'auraient eu l'occasion de se produire, et que, même ayant été écrits, difficilement auraient percé au milieu d'une foule de publications plus bruyantes et plus attrayantes. On a souvent accusé l'Academie Française d'être en retard avec son temps et d'avoir des goûts réactionnaires; bien à tort, à notre avis; elle sait que l'une des conditions du vrai progrès, est de bien connaître le passé, de ne point ignorer ce qui a été pensé, pour ne pas courir le danger, en se lançant, les yeux bandés, en avant, de refaire avec moins de succès, avec moins d'éclat, avec moins de sécurité, des chemins depuis longtemps glorieusement battus. En tout cas, ce n'est pas une Académie qui accueille dans son sein Renan, Littré, Dumas fils et Sardou qui peut sembler étrangère à la société moderne; mais elle a soin de relever les seules manifestations et révélations plus hautes et plus nobles de l'esprit national. À la mort de madame Sand, on a même montré au sein de l'Académie quelque impatience de consacrer immédiatement ce beau génie parmi les grands classiques, en proposant comme sujet d'un nouveau concours pour le prix d'éloquence une étude sur le talent ot les œuvres de George Sand; on n'a cependant pas osé de donner suite à ce projet si moderne; mais la seule possibilité qu'une idée somblable ait pu se loger dans l'esprit de quelques académiciens prouve que l'Académie Française est bien de son temps. Le secrétaire perpetuel de l'Académie ne pouvant encore inviter à écrire l'éloge de Mme Sand, proposait pour le concours 1877, l'éloge de Chénier, en cés termes: « C'est à la poésie que nos jeunes poëtes voudront rendre hommage en célébrant, dans leur langue qui fut la sienne, ce frère ainé dont je m'efforce d'oublier un moment l'impardonable martyre; ce jeune immortel dont la vie si courte fut pourtant si pleine et qui, confiant à l'avenir le soin de sa gloire, tomba un jour, en chantant sur la frontière de deux grands siècles; assez près de nous et assez loin tout ensemble, pour qu'on puisse saluer en lni le plus moderne des anciens et le plus ancien de modernes ».

L'Académie est surtout une voyante dans le passé, dont elle semble avoir eu toutes les révélations; mais ses yeux ne sont point fermés devant l'avenir; si elle même n'a pas la tache d'ouvrir de nouveaux horizons, elle devine et poursuit la marche de la lumière et elle accueille avec empressement, en les appréciant à leur juste valeur, l'éclosion de tous les jeunes véritables talents. Elle commence par en couronner l'œuvre; elle finira par se les agréger, par un procédé de *selection* des plus délicats, et dans lequel, en notre temps surtout, elle fait preuve d'un tact, d'un flaire, d'un goût qui ne trouvent dans aucun pays l'équivalent, puisqu'ils sont le produit exquis d'une longue et consciente éducation de l'esprit national. C'est ainsi que François Coppée, Sully-Prudhomme, anciens lauréats de l'Académie, décernent aujourd'huis, comme académiciens, des prix de poésie.

Le nombre des récompenses que l'Académie accorde chaque année est très grand. Il y en a pour toutes les catégories, et pour encourager toute espèce de noble manifestation de la vie nationale; des bienfaiteurs éclairés ont compris que l'amour propre en France plus qu'ailleurs peut-être, joue un rôle actif et productif; il s'agissait seulement de lui donner une bonne direction; ce n'est point vrai que les prix conviennent à la seule enfance; à tout âge, sous une forme, sans doute, différente l'homme est sensible à la louange; ce qui s'appelle approbation au premier âge, s'appelle gloire dans la vieillesse, et voilà comment on a vu concourir *le grand Français*, M. de Lesseps au prix de 5000 francs fondé par M. Guérin, destiné *à récompenser les livres qui paraîtraient les plus propres à honorer la France, à relever parmi nous les idées, les mœurs et les caractères.*

Le patriotisme de l'Académie française éclate à chaque instant et sous mille formes sympathiques. Nulle part le bien et le beau se trouvent dans une alliance plus naturelle qu'à l'Académie française. On n'y oublie aucun mérite, et aucun égard ; le malheur y est sacré ; elle donne la gloire et poursuit de ses bienfaits tout ce qu'elle a glorifié. Lors qu'elle s'aperçoit d'avoir négligé quelqu'un qui méritait ses hommages elle repare l'injustice de ses devanciers ; elle honore les enfants des maîtres qui ont manqué à sa gloire. C'est ainsi qu'elle décerna un prix à Madame Judith Mendés, la fille de Théophile Gautier « parée en naissant d'un nom cher aux lettres ».

Chaque année, des centaines d'ouvrages se présentent au concours de l'Académie ; tous les ouvrages, on le conçoit, ne sont pas couronnés ; mais l'effort annuel d'une centaine de nobles écrivains français pour mériter le prix, donne à la littérature française un mouvement et un relief unique. L'histoire et la philosophie, l'histoire surtout, nous apprend M. Doucet, ont la plus grande part dans les récompenses de l'Académie française. Plusieurs fondations spéciales provoquent directement le travail des historiens et, dans les concours mêmes qui ne leur appartiennent pas tout a fait, dans celui, par exemple, qu'a institué M. de Montyon pour les ouvrages utiles aux mœurs, ils ont su encore prendre la bonne place, à coté des philosophes, des moralistes, des savants, des romanciers et des poètes.

En 1878, M. Doucet annonçait à l'Académie que quatrevingt-treize ouvrages *seulement* lui avaient été présentés pour le prix Montyon réservé aux livres utiles aux mœurs ; *seulement ?* Et en quel autre pays, à l'exception peut-être de l'Angleterre, on en présenterait un si grand nombre ? C'est, que d'ordinaire plus de cent ouvrages utiles aux mœurs se présentent au concours annuel de l'Accadémie. Qui oserait-il donc, après un pareil résultat, décrier l'importance des prix littéraires, et les bienfaits de l'Académie Française ?

Son impartialité et sa largesse lui font le plus grand honneur; elle sait faire a chacun sa part; elle déniche et couronne tous les talents, et toutes les vertus; elle ne s'effarouche d'aucun contraste qui ne blesse la haute morale et le bon goût; elle veut seulement être charmée, touchée, instruite avec grâce. Par ses principes, par sa conduite, quel exemple ne donne-t-elle pas? et quelle grande école d'éducation publique ouverte aux nouvelles générations! Si toutes les lumières en France devaient s'éteindre, s'il ne restait aucun autre foyer lumineux au milieu des ténèbres, l'Académie Française, à elle seule, suffirait encore au salut; elle seule saurait maintenir en éveil l'esprit français. Toute son œuvre a atteint la perfection autant que la perfection peut être réalisée au milieu des hommes. Souvent le prix que l'Académie décerne n'est pas seulement le couronnement d'un ouvrage littéraiee, mais une bonne action; les juges ne sont pas seulement justes et éclairés; mais ils sont bons. Son prix est toujours un encouragement aux beaux talents, mais souvent encore le soulagement d'une misère. Ce tribunal de haute justice littéraire est souvent doublé d'un bureau de bienfaisance, où l'on repare des injustices sociales; en voici un exemple; « Le *prix Lambert*, de la somme de seize cents francs, est décerné avec honneur à un respectable vieillard, âgé de quatre-vingt-dix ans et aveugle, M. P. M. Quitard, qui cette année (1879), présentait encore à l'un de nos concours plusieurs de ses ouvrages récemment composés, tandis que, dans sa première jeunesse, à soixante et dix ans de distance, il s'était fait connaître et s'était même rendu populaire en publiant un très bon livre dans lequel nous avons teus appris à lire et à penser: *La Morale en action.* Plus de six cent mille exemplaires de ce livre ont été vendus depuis lors, sans profit, mais non sans gloire, pour le digne homme qui, dans l'origine, avait cédé d'avances à bas prix, la propriété de sa fortune ».

On peut dire que dans les concours aux prix de l'Académie française passe toute la fleur de la littérature française contemporaine. À l'exception des livres de quelques auteurs sauvages qui dédaignent le suffrage des maîtres, tous les nobles ouvrages littéraires qui ont paru en France depuis un demi siècle ont reçu un prix ou un compliment de l'Académie des Immortels, ainsi nommée non pas seulement parcequ'elle est composée d'immortels, mais parcequ'elle en crée.

Ce qui n'est pas digne d'être présenté à l'Académie devrait aussi se cacher au public; mais les éditeurs ne sont pas tous de cet avis, et les auteurs qui se mettent à leur service, doivent souvent en rougir. Lorsque pourtant arrive à l'un de ces auteurs un peu lestes de rentrer dans la bonne voie, leur empressement est grand d'en faire part à l'Académie, qui ne manque jamais de combler de ses grâces l'Enfant Prodigue qui revient. Dans l'un de ces rapports pleins de finesse avec lesquels l'aimable secrétaire perpétuel de l'Académie Française charme chaque année son auditoire, après l'annonce qu'un roman d'Hector Malot a obtenu un prix de 2500 franc, M. Doucet ajoute: « En dédiant son livre à sa fille, M. Hector Malot a, tout de suite, indiqué lui-même qu'il ne s'agissait pas, cette fois, d'un de ces romans de mœurs vulgaires ou d'élégantes immoralités que les pères cachent à leurs enfants et que les auteurs se gardent bien d'adresser à l'Académie. *Sans famille* est un livre très amusant, plein d'intérêt et d'une douce morale, fait pour le plaisir de la jeunesse, qu'il ne peut qu'édifier d'ailleurs en lui montrant à chaque page comment, dans une nature primitivement bonne, une âme honnête résiste à la mauvaise fortune et domine les événements contraires auxquels il semblerait trop facile qu'elle succombât ».

Ainsi l'Académie, moralisant à propos, prend charge l'âmes, non pas seulement devant le public, mais devant les auteurs mêmes, qu'elle inspire et qu'elle dirige.

Elle propose, par exemple, l'éloge de Rotrou, mais elle a soin d'avertir d'avance les concurrents, que dans le poète il leur faut chercher l'homme, dont elle rappelle la mort glorieuse : « Rotrou était à Paris quand éclata dans sa ville natale cette épidémie devenue célèbre. Il part, il reprend son poste à la tête de ses concitoyens décimés, et aux Parisiens qui le rappellent, aux amis qui s'efforcent de l'arracher au danger, il se contente de répondre « Qui de vous peut me promettre une plus belle occasion de mourir ? » Le lendemain, il était mort ! ».

Peut-on dire que la litérature soit un vain exercice, lorsqu'une académie littéraire s'impose une pareille mission ? Elle a presqu'inventé l'Éloge; c'est un genre littéraire dont les honneurs lui reviennent; mais elle veut en même temps que l'éloquence loin d'être vide, enflée et stérile devienne puissante par la richesse des idées saines exprimées avec vigueur, dans un cadre restreint, mais ou le tout soit bien choisi, lié, à sa place et proportionné, pour faire un ensemble harmonique. Est-ce avoir l'esprit étroit que d'exiger de la mesure dans le soin de dessiner le portrait d'un génie ?

Tout ce qui est français intéresse l'Académie; voilà pourquoi elle va même chercher au Canada des talents à couronner, et décerne un prix aux *Poèsies canadiennes* de M. Frèchette, qui de Montréal chantait :

> Chez nous, un sentiment qui ne saurait périr,
> C'est l'amour du vieux sol qu'à bénir on s'obstine,
> Du vieux sol poétique où chanta Lamartine,
> Sol maternel, pour qui nous voudrions mourir.

Dans quel autre pays, la mère patrie prend elle un pareil soin de la gloire de ses enfants éloignés ?

Par le même esprit libéral, l'Académie Française distingue parfois des écrivains étrangers qui ont acquis, par leur talent, presque droit de nationalité en France ; c'est à ce titre qu'elle accordait, en 1881, le prix Bordin à l'auteur des *Causeries Florentines*, M. Julian Klaczko qui « appartient à la France par son rare talent d'écrivain, par l'élégance de son style ample et coloré, par les sentiments aussi qu'il a toujours exprimé sans réserve ». Le même jour un autre prix pareil était accordé par l'Académie à M. Émile Gebhart, l'auteur des *Origines de la Renaissance en Italie*, un Français qui « parle de l'Italie, comme s'il était né à Florence ou à Ravenne, entre le berceau de Dante et sa tombe ».

Par ces beaux contrastes, l'Académie française, en adjugeant ses prix, donne la mesure de sa haute impartialité et de sa noble libéralité, et elle se place en dehors de tous les préjugés et de toutes les mesquinités de notre temps ; elle élargit d'une façon superbe, la patrie, pour pouvoir accueillir au sein de la patrie une plus grande partie, et la meilleure, de l'humanité. Avec elle, on est toujours sûr de penser très haut et l'inspiration de tous les nobles sentiments est l'une de ses fonctions traditionnelles, devenues des fonctions naturelles et l'essence même de sa vie Olympienne. C'est pourquoi, malgré le mal que les auteurs qui n'ont pas eu de chance à ses concours et les candidats refusés en disent depuis des siècles, aux yeux des désintéressés, l'œuvre de l'Académie n'est qu'admirable à tous points et sous tous les rapports, mais surtout au point de vue de l'idéal, dont elle est restée l'immortelle gardienne. Le respect du passé, lorsque le passé représente la noblesse fait partie du culte de l'idéal, et l'Académie Française, qui ouvre toutes ses fenêtres à la nouvelle lumière fait bien de ne pas permettre qu'on néglige ce qui a fait la gloire et le bonheur des siècles passés; l'idéal parfait est fait d'espoir et de souvenir. Être moderne veut dire marcher avec son temps, mais non pas faire abstraction du passé et renoncer à l'héritage des meilleures traditions; quitter un bien laborieusement acquis, pour courir après des ombres étranges, mobiles et fuyantes, qui frappent un moment l'imagination, mais qui noyent l'âme du rêveur dans une mer de deceptions, n'est point un conseil de sagesse; l'Académie Française se garde bien de donner de pareils conseils; mais elle honore toujours le courage, lorsqu'elle en espère quelque bien pour les lettres et pour les mœurs, qu'elle ne perd jamais de vue. Son patriotisme n'est point aveugle; autrefois elle aimait entendre Bossuet dire de grandes vérités aux princes; maintenant elle écoute avec le même respect et elle couronne les écrivains qui osent dire de nobles vérités au peuple. C'est ainsi qu'elle décernait un prix Montyon à M. Raoul Frary l'auteur du livre: *Le Péril National*, pour couronner en même temps le courage et le talent, le citoyen et l'écrivain, l'homme et l'artiste. « Si dans ce livre, écrivait

M. Doucet, on trouve quelques allusions aux malheurs de la France et aux victoires de ses ennemis, il ne faut pas s'y arrêter. Le péril national n'est pas là. Il est chez nous, en nous, et dans l'affaiblissement de toutes nos virilités. Quand les économistes s'effrayent de la dépopulation de la France, il faut savoir gré à celui qui signale ce danger comme un parti national; il faut l'en louer et l'en remercier ».

Une Académie qui entend de cette façon le patriotisme n'est point étrangère à l'esprit moderne, et mérite non pas seulement la reconnaissance des Français, mais tout le respect des autres peuples civilisés.

La littérature française a plus que toute autre éveillé l'intérêt de l'étranger; et cela depuis un siècle et demi, depuis surtout que Voltaire a commencé à parler à l'Europe entière. Rien d'étonnant donc que les étrangers s'intéressent à Voltaire, et que l'ouvrage le plus érudit sur l'écrivain français le plus célèbre du siècle passé, le livre *Voltaire et ses œuvres* encouragé en 1883 par l'Académie Française, soit l'œuvre d'un jeune savant étranger, d'un patient chercheur roumain, de M. Georges Benjesco. Et c'est à Cervantes, l'auteur de Don Quichotte, que M. Léon Gautier dédie son *Histoire de la Chevalerie*, couronnée avec le grand prix Gobert de l'Académie Française, après avoir glorifier Bayard, ce qui décida l'aimable et spirituel secrétaire perpétuel de l'Académie Française à s'écrier joyeusement: « Il n'y a plus de Pyrénées! Le chevalier sans peur fraternisant avec le chevalier de la triste figure, c'est le dernier mot de la chevalerie ». Il n'y a plus d'Alpes non plus, qui séparent l'Italie de la France, sur le terrain au moins des études historiques; les ouvrages français sur l'art italien, sur l'histoire de Florence, de Rome, de Naples, de Rimini, de Venise, sur l'histoire de la Renaissance, sur Dante et Pétrarque, sur les Papes, que l'Académie Française, à plusieurs reprises, a couronné, prouvent combien l'histoire d'Italie est familière aux savants français, et à quel point les recherches historiques sur l'Italie intéressent les nobles esprits rassemblés dans l'Aréopage littéraire de la France.

Cette même France qui, par son Académie, prend les proportions d'un géant lorsqu'elle tend ses bras vers l'humanité, ne grandit pas moins à nos yeux, lorsqu'elle a l'air de se faire petite, pour couronner des poètes de la province. C'est que l'Académie Française, dont faisait partie Lamartine, ne pouvait oublier dans le décernement de ses prix le grand poète de *Miréio*. Seulement, la Provence est honorée dans son plus beau génie par l'Académie, autant qu'elle tient à la France. Elle avait plusieurs fois couronné Jean Aicard, qui chantait la Provence en français; elle couronna Mistral, après s'être assurée que ce puissant maître provençal n'était pas moins Français que Provençal, et protestait « contre les idées de divorce que l'on avait prêtées à tort à la Provence en général, à ses poètes en particulier ».

L'Académie n'aime aucun excés, mais elle admet toutes les révélations sincères de sentiments légitimes. En toute occasion, elle a donné preuve de la plus grande tolérance, tout en ayant des goûts à elle qui lui sont particuliers. Tous les genres littéraires sont admis par l'Académie, pourvu que le bon goût et le bon ton les distingue. Elle ne veut couronner aucune excentricité; mais elle ne refuse son admiration et ses récompenses à l'œuvre littéraire ancienne ou moderne, parisienne ou provinciale, française ou étrangére, pourvu qu'elle porte l'empreinte d'un véritable talent et qu'elle soit bienfaisante. Elle distribue ces titres de noblesse aux écrivains; elle bénit et consacre ceux qui, en disant mieux, font le plus de bien; le prix de l'argent qu'elle donne est centuplé par la louange qui l'accompagne et qui a la saveur de l'ambroisie goutée par les seuls Immortels. Heureux les écrivains sur les lévres desquels est tombé un jour une goutte de ce miel divin. Pour faire leur chemin dans la littérature, ils n'ont plus besoin d'autres lettres de noblesse; le prix que l'Accadémie a décerné n'est pas un prix annuel, mais il doit servir à l'écrivain tant qu'il vivra, et au de là, peut-être.

« Voltaire, nous apprend M. Doucet, se vantait d'être un des quarante membres inutiles de la Compagnie. Quelques années plus tard, la connaissant mieux, et de loin s'occupant encore beaucoup d'elle, celui qu'on appelait alors le Patriarche de Ferney faisait amende honorable, en écrivant. « C'est un corps plus utile qu'on ne pense, parce qu'il sera toujours le dépôt du bon goût qui se perd totalement en France. Il faut le laisser subsister comme ces anciens monuments qui ne servaient qu'à montrer le chemin. Le chemin que montre l'Académie a ses sentiers et ses détours, dont chacun aboutit chez elle. Ayant aussi commencé par trouver l'ancien monument inutile, beaucoup, et non des moindres, finissent, un beau matin, par venir frapper bravement à sa porte, d'avance au repentir ».

Est-ce que les grandes académies des autres pays, et, en Italie, par eyemple, les illustres Lincei et la Crusca ont jamais donné preuve d'un esprit aussi libéral et clairvoyant? Félicitons donc de tout notre cœur la France de posséder une si noble institution. Ce n'est d'ailleurs que de l'Olympe qu'il est donné de faire de si grandes concessions; a l'abri de toute crainte et en possession de toute la lumière, on peut la faire rayonner de tout côté, sans s'apauvrir. C'est ainsi qu'elle a déjà adopté l'un des plus modernes parmi les jeunes talents français, le psychologiste délicat, poète romancier, critique, observateur, rêveur, penseur, artiste, M. Paul Bourget, désigné d'avance à faire partie un jour de la plus noble Compagnie de France. « Parmi ceux qui commencent bien, a dit M. Doucet, est peut-être celui qui commence le mieux ». Cet exemple nous porte à faire comme Italiens, des comparaisons décourageantes; l'Italie entière reconnaît comme son premier écrivain un talent de premier ordre, M. Edmond De Amicis, dont les livres se vendent par centaines de milliers d'exemplaires; aucune Académie italienne n'a jamais songé à lui décerner des prix, et il ne fait partie, que je sache, d'aucune des cinq grandes Académies Royales italiennes.

Le comte Mamiani, un écrivain de premier ordre, étant ministre de l'Instruction Publique avait eu l'idée de créer en Italie une institution semblable à l'Institut de France, avec son Académie littéraire: mais il échoua devant des obstacles insurmontables; aucune grande ville italienne ne voulait renoncer à son académie locale en faveur d'une seule académie nationale. Ainsi nous avons gardé nos vieilles académies, et organisé à Rome une nouvelle académie, à laquelle le Gouvernement alloue une somme annuelle de 100,000 francs, à titre de frais pour ses publications; elle est installée dans un palais princier, et elle compte dans son sein plusieurs illustres savants; mais elle n'est aucunement un foyer de la vie intellectuelle italienne; elle est loin de porter l'âme de l'Italie, et de représenter dans notre pays l'esprit national; elle n'est qu'un laboratoire et une imprimerie au service d'un certain nombre de savants distingués; ce n'est qu'une Académie de plus qui est venue s'ajouter aux anciennes académies italiennes, sans les nobles traditions de l'Académie des sciences de Turin, et sans le souffle de la vie moderne italienne, sur laquelle l'Académie des Lincei n'exerce malheureusement presqu'aucune influence.

Si nous avons donc insisté longuement ici en parlant de l'Académie Française, c'est que nous voyons en elle une des institutions qui font le plus d'honneur et rendent de plus grands services à la France; c'est que nous voudrions persuader ceux de nos compatriotes qui ont le privilège de faire des lois et d'administrer le trésor national de la nécessité de placer quelque part pour la vie intellectuelle italienne un phare semblable à celui qui existe en France, et qui, par l'Académie Française, d'année en année, tient en éveil des milliers d'esprits, l'amour du travail, l'ambition de la gloire, le patriotisme des écrivains. Nous avons à Floreuce l'Académie de la Crusca, dont les membres ont soin d'étudier et de conserver la langue italienne, en travaillant à son dictionnaire. Pourquoi, d'année en année, elle ne décernerait pas des prix aux nouveaux livres italiens les mieux écrits? Est-ce qu'on y a seulement songé? Et une idée aussi simple a-t-elle jamais traversé l'esprit de nos ministres de l'instruction publique? Ils ont été presque tous des hommes politiques, et des administrateurs; mais comment n'ont-ils pas jamais compris que la meilleure, la grande politique les appelait à veiller d'en haut au mouvement littéraire italien, et à crier, sans cesse, aux écrivains de l'Italie le *sursum corda*? La France a eu des grands ministres comme Salvandy, Guizot, Villemain, Cousin, Duruy, Bardoux, qui savaient apprécier toute l'importance, et qui connaissaient tout le prix d'un livre; et une partie de la grandeur de la France est due, sans doute à la haute inspiration soufffée au livre par l'esprit supérieur de ces ministres, et par l'idéalité souveraine de sa grande Académie. Nous souhaitons donc vivement que l'exemple magnifique n'aille point perdu pour notre pays, et qu'ayant, sous le point de vue littéraire, commencé à reconnaître les mérites exceptionnels de notre grande voisine, nous ne tardions à en faire notre profit, en imitant, dans une mesure raisonnable, ses meilleures institutions, qui peuvent nous faciliter la tache de réaliser notre résurrection littéraire.

Nous n'essayons point de donner ici une idée du plaisir qu'une visite au Louvre, au Luxembourg, et au salon de Paris peut procurer à un véritable amateur; l'art ancien, l'art moderne, l'art contemporain y trouvent leur révélation la plus pure et la plus élevée. Certes, les musées de Rome, de Naples, de Florence réunis eclypseraient aisément à eux seuls la gloire du Louvre; la réunion de leurs chefs-d'œuvre serait une merveille à faire tourner la tête de milliers d'artistes. Mais, puisque la vie italienne s'est organisée de manière, qu'on ne pourra jamais admirer nos trésors d'art qu'en voyageant d'une ville à l'autre, ni les Galeries des Uffizii et Pitti à Florence, ni le Musée Vatican et le Musée du Capitole à Rome, ni le Musée National à Naples, pourraient isolément rivaliser avec l'immense richesse du Louvre. Nous renonçons donc à la tache d'énumérer ici les trésors du Musée des Antiques, qui, même après la Vénus de Milo font pousser aux visiteurs tant de cris d'admiration; les Vénus, les Dianes, les Faunes, les Bacchus, les Apollons, les Centaures, les Athlétes, les Hercules, les héros de l'antiquité grecque et romaine y sont resserrés comme un peuple lumineux, dont chaque figure cache un secret divin, et, interrogée, donnerait un oracle.

Au Musée de la Rénaissance, à côté des anciens maîtres français, nous rétrouvons des œuvres parfaites de Mino da Fiesole, Donatello, Michel-ange, Benedetto da Maiano, Cellini. Et l'art classique monumental est complété par le voisinage de deux insignes musées orientaux, le musée égyptien et le musée assyrien; ici l'esprit centralisateur non seulement n'a pas nui, mais au contraire a rendu de grands services à l'histoire comparée de l'art. Le Musée du Louvre est devenu une sorte d'immense Encyclopédie de l'art. Seulement la distribution des objets n'y est point logique; formé petit à petit, les nouvelles acquisitions ont pris place, par juxta-position à côté de ce qu'on peut appeler les ancêtres; aucune fusion organique des trésors amassés n'a eu lieu; l'art grec, l'art romain, l'art italien, l'art oriental, l'art français ont plusieurs musées séparés, qui ne permettent d'embrasser dans un seul ensemble, nous ne dirons point la richesse de tout le Louvre, mais de chacune de ses classes. Lorsqu'on s'imagine d'avoir tout vu, on doit être sûr d'avoir oublié quelque chose de très important. Dans une visite au Louvre, l'orientation n'est point facile; et elle ne le sera jamais, tant qu'une forte tête, bien organisée, ayant des vues supérieures et les connaissances nécessaires, ne sera chargée par un ministre éclairé de l'instruction publique de mettre de l'ordre dans ce sublime et immense chaos. L'accumulation dure depuis trop longtemps pour qu'il soit raisonnable et possible de maintenir l'ancienne distribution; et un trésor national aussi important que les immenses collections du

Louvre mérite une classification idéale. Le jour où cette réorganisation du grand Musée aura lieu, ce monument colossal de l'art ancien et moderne, national et étranger, deviendra un veritable soleil universel pour l'art, dont tous les rayons bien distribués, jetteront des flots de lumière bienfaisante pour la civilisation.

La possibilité de mieux jouir des œuvres d'art fait préférer à un grand nombre d'amateurs une visite au Luxembourg, où la peinture et la sculpture nationale des derniers cent ans s'étale en pleine lumière et se montre dans un ensemble harmonique. On y saisit immédiatement le talent, l'esprit et le goût français de notre temps; l'attention y est concentrée, et on quitte le Luxembourg avec des impressions bien nettes, tandis que souvent, à la sortie du Louvre, la tête vous tourne. Ici le voyage, presque surnaturel et étourdissant, est trop long, trop varié, trop accidenté; on en revient les yeux fatigués, les jambes cassées, avec une sorte d'oppression d'esprit; au Luxembourg, la vue se repose.

C'est une grande page de l'histoire et de la vie française illuminée avec éclat et qu'on embrasse presque d'un seul coup d'oeil. Et si on visite Paris au mois de mai, ce plaisir raffiné des yeux est complété par une tournée au Salon, exposition annuelle organisée par la Société des Artistes français au Palais d'Industrie, où l'art qui marche a son apothéose. Le succés des Expositions des beaux arts en France est dû en grande partie aux écrivains; depuis Diderot, le salon de peinture à Paris a été l'objet d'une illustration consciencieuse, à laquelle le grand public s'est intéressé; Diderot a fondé la critique d'art en France, et, aprés son exemple, la chronique du Salon et des Expositions des Beaux Arts, est devenue un genre littéraire qui nulle part a obtenu un si grand retentissement et une si grande faveur qu'en France.

Le genre ayant été créé en France, aprés Diderot, des maîtres de la critique d'art tels que les Planche, les Gautier, les Taine, les Charles Blanc, Armand Sylvestre, E. Plon, E. Münz, Rousseau, Yriarte, Lafenêtre et tant d'autres chercheurs patients et écrivains aimables sont devenus possibles et ont reproduit, comme dans un miroir fidéle, la vie de l'artiste et son œuvre. Cette noble littérature a vulgarisé à la fois et relevé le culte des beaux arts en France. Tout en préparant, d'année en année, la réclame au Salon du Palais de l'Industrie, et en y faisant affluer avec tout Paris, a peu prés le monde entier qui le visite, elle donne à l'art en France une place importante, qu'aucun autre pays de nos jours, pas même l'Italie, ne lui a encore jusqu'ici accordée. Nous avons le goût de l'art dans le sang ; mais nous ne dépensons plus d'argent pour l'art ; nous vendons nos statues et nos tableaux ; nous n'en achetons plus ; et le Gouvernement italien semble le plus désintéressé aux questions d'art qui passionnent l'étranger. Ce n'est qu'à Paris que l'ouverture du Salon est un véritable éveinement et que les meilleurs tableaux exposés se vendent. Les écrivains français ont créé un public d'amateurs, et ce public, si même il en fait un objet de tapisserie, achéte encore des tableaux et des statues.

Mais il y a des salons encore plus intéressants, et plus parisiens que le Salon proprement dit ; nous voulons en dire un mot ici. Nous craignons qu'ils disparaissent ; à notre dernière visite à Paris, on nous a même assuré, avec regret, qu'il n'en existait plus ; le salon politique de Mme Adam, nous disait-on, malgré la grande valeur de la maîtresse, ressemble un peu trop à un bureau de rédaction, à l'antichambre d'un ministère; le salon de Mme la Duchesse D'Uzés, malgré ce grand nom, a un peu l'aspect d'une coulisse de théâtre, où l'on prépare des grands coups de scène; le vrai salon parisien, dont vous avez connu les derniers survivants chez Mme la Comtesse D'Agoult et chez Mme Mohl, appartiennent à une autre époque, et difficilement les verrons-nous revenir.

Malgré ces informations décourageantes, je crois qu'à bien chercher, dans certains cercles parisiens, on trouverait encore des salons ouverts, comme autrefois, à la causerie, moins en vue peut-être, moins recherchés, moins influents, que les salons de jadis, mais où ne manquerait point la dame accueillante qui sait causer et surtout animer la causerie. On dit: partout on mange; on ne dine qu'à Paris; nous voudrions ajouter: partout on parle; on ne cause qu'à Paris.... et un petit peu aussi à Saint Petersbourg.

Le Salon a existé en Italie aussi; on n'y a point oublié la Comtesse Isabelle Teotochi-Albrizzi à Venise; la Comtesse Martinetti à Bologne; la Comtesse Maffei à Milan; la Marquise Lenzoni à Florence; Mme Rebizzo à Gènes, qui ont réuni autour d'elles, la Société la plus brillante de leur temps; mais certaine pose ne manquait presque jamais à leurs réunions; rarement le charme de la causerie intime retenait les illustres visiteurs, chez l'aimable dame; on y parlait haut le plus souvent; on visait à l'effet général; souvent le résultat d'une de ses visites les plus ambitionnées était une ineptie; la chasse à un autographe, à un mot qui devait être inscrit sur l'album de la dame; ainsi attrappé le grand homme se vengeait parfois, en ne mettant plus le pied dans le salon où il avait fait sa première et unique bruyante apparition.

Le Salon parisien, tel que nous l'avons connu, tel qu'on nous en a parlé, avait tout autre cachet; moins original, peut-être, mais beaucoup plus séduisant. L'histoire du dernier salon parisien nous a été récemment racontée par l'un de ses hôtes les plus fidèles(1); nous allons en fixer quelques souvenirs, à l'aide de ce guide bien renseigné, et de nos propres impressions.

Sans remonter aux réunions joyeuses représentées par les *Cent Nouvelles Nouvelles,* écrites dans le ton et l'esprit du *Décameron,* composées et récitées par nouvelles gens, depuis naguère,

> Nargue des amours,
> Sans les beaux tours;

abstraction faite des *Contes et Joyeux Devis* de Bonaventure des Perriers Valet de Chambre de la Reine de Navarre; de l'*Heptaméron* de Marguerite de Valois reine de Navarre, et des *Cinq Histoires discourues par cinq journées en une noble compagnie au Château du Printemps,* par Jacques Yver, parceque tous ces cercles appartiennent à un autre monde, au monde de la Renaissance Italienne, on peut dire que le premier véritable salon français s'est ouvert à l'Hôtel Rambouillet.

Nous avons du plaisir à constater ici que la fondatrice du salon français avait du sang italien, et du meilleur, dans ses veines; la célèbre Marquise Catherine de Rambouillet, la fille de Jean Vivonne, marquis de Pisani, était née à Rome; sa mère était une dame romaine, Julie Savelli; Malherbe, Racan, Voiture, Chapelain l'ont chantée; Tallemant des Réaux

---

(1) K. Oméara, *Un Salon à Paris.* Paris, Plon 1886.

a appris d'elle les anecdotes qui concernent la cour de Henri IV et de Louis XIII; l'esprit, le goût, l'érudition chez elle n'excluant point la vertu, sa maison était à la fois une cour élégante, un tournoi de beaux esprits, une académie, une école, un temple de goût; par elle, l'Hôtel Rambouillet a joué un rôle considérable sur la société française de la fin du XVI.ᵉ et du commencement du XVII.ᵉ siècle.

« Paris, dit l'auteur du livre: *Un Salon à Paris*, est le berceau et la patrie du salon, sorte de plante qui croît naturellement sur le sol de cette ville si animée. C'est un empire qui a toujours été respecté depuis que madame de Rambouillet l'a fondé pour épurer et perfectionner la langue française. Le trône a été vacant à plusieurs reprises, quelquefois pendant longtemps; mais il était debout, prêt à recevoir la souveraine qui en prendrait possession. Le droit de conquête était le seul droit reconnu ».

Le salon français du siècle passé a brillé d'un éclat à part; l'esprit et la grâce y dominaient; les reines y étaient nombreuses; seulement la galanterie était l'objet essentiel de toutes les réunions; un compliment bien tourné avait alors un prix exceptionnel. C'était un esprit léger, mais jamais on n'a eu tant d'esprit en France.

Le salon sérieux, le salon influent, le salon puissant date du règne de Madame de Récamier. Elle avait commencé à enchanter le monde par sa beauté; le vainqueur de Marengo l'avait remarquée et en était resté ébloui « Voir cette ravissante créature, dit notre auteur, danser le *Pas du châle* avec la grâce voluptueuse d'une beauté grecque, l'enivra comme du vin nouveau. Partout où elle était, la foule se précipitait; à l'église même on montait sur les chaises pour l'apercevoir. Le héros, adulé et adoré par la nation tout entière, vint offrir ses hommages à la reine de la beauté, qui resta insensible à tant de gloire. Sa fierté accrut son prestige, mais elle le paya cher; Napoléon ne lui pardonna jamais » Exilée sous l'Empire, elle rentra en France, sous la Restauration, presque ruinée; il lui fut impossible de songer à reprendre ses anciennes brillantes receptions; « elle se retira donc à l'Abbaye-aux-Bois, et s'y établit dans une simplicité monacale. Son salon, dans le vrai sens du mot, date de cette époque. Ce n'étaient plus la richesse et la beauté qui attiraient autour d'elle, mais son esprit et le charme qui se dégageait de toute sa personne. L'élite de la société vint chez madame Récamier, dans ce petit salon carrelé en briques, modestement meublé, où chacun tenait à honneur d'être admis. Les hommes de tous les partis et de toutes les nuances d'opinions oubliaient leurs dissentiments en sa présence et se souriaient pour l'amour d'elle. Un demi-jour religieux donnait l'idée d'une chambre de malade. On y parlait bas comme s'il fallait ménager les nerfs d'un convalescent. Et de fait il en était ainsi. Chateaubriand était le dieu souffrant qui trônait dans ce cénacle, entouré des soins incessants de la beauté suave dont la mission dorénavant était de le distraire et de le charmer. Elle n'avait plus d'autre but que de désennuyer ce génie égoïste, exigeant et blasé. — Non seulement madame Récamier choisissait ses relations dans le but de plaire à Chateaubriand, mais encore elle dirigeait la conversation suivant ses goûts, et cependant, en dépit de cet art exquis qu'elle « portait à l'infini » disait Tocqueville, ses efforts n'aboutissaient pas toujours à écarter le nuage du front de l'idole désenchantée. Alors personne ne pouvait lui rendre un plus grand service que de ramener un sourire sur les lèvres du poëte; mais sa plus tendre reconnaissance était acquise à celui qui réveillait Chateaubriand de sa désolante torpeur en lui donnant le bonheur de rire. Une jeune Anglaise, miss Mary Clarke, plus tard madame Mohl, accomplit un jour ce tour de force avec un tel succès qu'elle devint dès lors la favorite de la maîtresse de la maison, et fut définitivement adoptée dans ce cercle brillant. Après ce premier triomphe l'arrivée de miss Clarke était attendue à l'Abbaye avec une impatience plus ou moins grande, suivant le degré d'ennui visible de M. de Chateaubriand. Lorsque celui-ci caressait le chat de madame Récamier, tous les yeux se tournaient vers la porte; mais quand c'était la crise, il jouait avec le cordon de la sonnette, l'anxiété devenait angoisse, et l'entrée de la jeune Anglaise était saluée par un « Ah! » de détente générale.

Nous avons eu l'honneur de visiter Madame Mohl dans son appartement de l'Abbaye-aux-Bois, lorsqu'elle était plus que nonagénaire; grâce aux auspices illustres de M. Renan, nous y fumes accueillis, avec une vivacité qui fit notre enchantement. Notre visite était intéressée, et elle le savait d'avance; depuis l'année 1844, elle gardait soigneusement toute la correspondance de Fauriel avec ses amis; au nombre de ces amis, la première place revenait à Manzoni. Elle était jalouse de son trésor; elle le tenait enfermé dans une boîte, que personne, depuis la mort de Fauriel, n'avait plus ouverte; elle seule une fois y avait mis la main pour copier les lettres de Manzoni; mais les copies étaient restées là avec les autographes et elle n'en fit aucun usage. Elle avait suivi avec sa mère, Fauriel à Milan, après la mort de Madame Condorcet, an 1823; l'ami célibataire qui n'avait jamais pû se décider à célébrer son mariage avec la veuve Condorcet, fut touché des soins que la spirituelle et passionnée Miss Clarke lui prodiguait; mais il préféra auprés d'elle le rôle d'un ami dévoué, à celui de mari; et c'est à elle qu'il confia, en mourant, avec ses livres, un grand nombre de ses papiers. Elle l'avait bien mérité; et elle s'en montra digne en publiant aprés sa mort l'œuvre posthume de Fauriel.

Lorsque Fauriel mourut, M. Mohl, un allemand devenu français, qui suivait l'ami stoïcien, depuis vingt ans, qui l'assista dans sa dernière maladie, et qui fut le témoin des tendresses de l'aimable et fidèle anglaise, essaya de consoler la *jeune miss*; car miss Clark, à l'âge de 54 ans, (c'était bien son âge à la mort de Fauriel) avait toujours l'air jeune, et il la consola si bien, qu'aprés trois ans, elle devenait Madame Mohl; le témoin de M. Mohl était Mérimée.

Lorsque Madame Mohl publia le livre de Fauriel sur Dante, son mari l'aida à rendre cet hommage à son premier ami; ce fut alors, qu'ayant lu les lettres de Manzoni à Fauriel, elle les trouva si belles et si nobles qu'elle fut saisie d'une folle envie de les publier, et elle fit un voyage exprès à Milan pour obtenir de Manzoni la permission de le faire. Manzoni éluda la question; elle revint à Paris, renferma les lettres qu'elle avait copié peur les imprimer et n'y songea plus. Aprés trente cinq ans, un Italien tombait, en plein hiver, à Paris, pour lui redemander les lettres de Manzoni, peur lui parler de Fauriel, pour rafraîchir dans sa mémoire les souvenirs de ce qu'elle appelait sa jeunesse. « C'est étonnant, me disait elle, par ce que vous me dites, par les noms que vous évoquez, vous ouvrez dans mon cerveau des petits boites qui, depuis la mort de Fauriel, étaient restées fermées; comme par enchantement, tout s'est ouvert, et je revois tout mon monde de Milan; eh bien donnez moi des nouvelles de Visconti, de Grossi.... » — « Hélas! morts depuis longtemps! » — Alors elle me questionna longuement sur Manzoni; elle fut touchée d'apprendre que l'on n'avait point oublié Fauriel en Italie; et son enthousiasme fut monté, de degré en degré, à tel point, qu'elle se décida enfin à aller chercher la boite mystérieuse; elle me permit d'abord de l'ouvrir et d'y fouiller, puis de l'emporter chez moi à l'hôtel, puis en Italie, enfin de faire présent en son nom des lettres autographes de Manzoni à Fauriel à la Bibliothéque ambroisienne de Milan, après leur publication, qui en toute justice, lui fut dédiée. L'édition italienne de cette intéressante correspondance contenait un portrait gravé du jeune Manzoni, et un portrait gravé de Fauriel, dessiné, ce dernier, par M. Ary Renan, le fils du grand écrivain qui nous avait ouvert le salon de Madame Mohl.

Dans l'une de nos visites nous rencontrâmes chez madame Mohl l'une des plus grandes dames de France, femme d'un ambassadeur; et nous fûmes étonnés de l'aisance parfaite avec laquelle elle la recevait; la noble dame semblait assez mal prévenue contre les Italiens qui avaient dépouillé le pape; et elle essaya de nous y piquer; Madame Mohl se contenta de lui faire remarquer qu'en tout cas son hôte italien, devant lequel elle s'impatientait, n'était point responsable de ce qui s'était passé à Rome; « l'eût-il été, cela ne nous regarderait pas, n'est ce pas, ma chère amie? » conclua-t-elle pour en finir; la dame fit une petite moue presqu'imperceptible; et elle se leva deux minutes après.

Le lendemain, nous dinions chez elle avec M. Renan, M. Barthélemy-Saint-Hilaire et M. Haureau l'historien et publiciste, directeur de l'Imprimérie nationale; sa verve ne tarissait point; elle ne s'intéressait déja plus au passé; mais elle questionnait avec la plus grande vivacité sur les nouvelles du jour, et elle donnait un aspect plaisant à toutes les questions qu'on abordait; sans avoir l'esprit bouffon, elle aimait la note gaye dans la causerie. De tout ce qui se faisait maintenant, plus rien ne l'attachait; mais elle voulait tout apprendre, et sur toute chose elle trouvait un avis impromptu à part, quelquefois, très original. Le lendemain elle pouvait oublier ce qu'elle avait dit la veille; dans ce qu'elle disait, et dans ce qu'elle écrivait, elle se contredisait, et on pouvait y trouver du décousu; mais personne n'exigeait d'elle des convictions profondes et une grande suite d'idées; elle avait étée deux fois, dans sa vie, presque pendant deux demi-siècles, fidéle à deux hommes; cela semblait suffire; on n'allait plus chercher chez elle qu'une heure de bonne humeur; et ses amis se sonviennent qu'elle a été très gaie jusqu'à ses derniers moments; elle est morte le 15 mais 1883; avec elle, se ferma, parait-il, le dernier salon parisien; trois jours avant sa mort, Saint-Hilaire avait diné en tête-à-tête avec elle « Jamais, raconta-t-il, elle ne fut plus agréable, originale, piquante, en verve, comme dans ses beaux jours ». Il y avait toujours quelque chose d'inattendu dans ses reparties; elle ne gardait que le souvenir des choses lointaines; mais il fallait se donner un peu de peine avant de l'éveiller; elle se rappelait encore du régne de Louis-Philippe, qu'elle regrettait; l'empire et la nouvelle république ne la touchait plus; elle abordait des questions au jour le jour, sans en aprofondir aucune, et les oubliait parfaitement le lendemain. Mais, comme Madame Mohl a pu se vanter de n'avoir jamais connu l'ennui, aucun de ses visiteurs n'a jamais dit de s'être ennuyé chez elle. Nous empruntons maintenant, pour conclure sur le salon de Madame Mohl, un récit piquant qui en caractérise la maîtresse. « En dépit de son aversion pour l'Empereur et son entourage, madame Mohl était en relations intimes avec une amie de Napoléon III. Le père de M. Mohl avait été ministre du roi de Wurtemberg; la fille du Roi, la princesse Sophie, reine de Hollande, avait toujours témoigné une grande sympathie pour Jules Mohl, et quand il se maria, elle étendit cette bienveillance à sa femme. Le Roi les aimait aussi beaucoup tous deux, et demeurant aux Tuileries, il accourait rue du Bac pour causer tranquillement avec son savant ami. M. Mohl était aussi anti-impérialiste au fond que sa femme, quoique s'exprimant avec plus de mesure sur ce sujet. Une fois cependant, en parlant de Napoleon III, il partit à fond de train avec une telle violence que le Roi protesta: « Doucement, mon cher Mohl, dit Sa Majesté; il y a entre nous autres rois une sorte d'esprit de corps; de plus, je suis son hôte. Je ne puis vous entendre le traiter ainsi.

— Trés-bien, Sire, reprit M. Mohl, disons canaille, et n'en parlons plus.

Lorsque la reine Sophie descendit seule aux Tuileries, en 1869, elle demanda à l'Empereur s'il y avait encore des salons à Paris. « Oui, répondit Sa Majesté; il y a celui de madame Mohl; mais elle ne me fait pas l'honneur de m'y inviter.

— Elle m'a engagée à déjeuner, reprit la Reine, qui avait amené adroitement la question, mais étant chez vous, je n'accepterai pas l'invitation.

— Vous n'êtes pas chez moi, vous êtes chez vous, répliqua l'Empereur ; je vous demande comme une faveur d'aller chez madame Mohl ».

Elle y alla. Les invités, convoqués sur son invitation étaient MM. Thiers, Barthélemy Saint-Hilaire, Mignet, Jules Simon, Prévost-Paradol et Léopold Ranke. Le déjeuner fut moins brillant qu'on n'aurait pu s'y attendre avec des convives comme ceux-là. Ils étaient tous fort hostiles à l'Empereur, et la présence d'un Reine, amie de l'Empereur, causa une gêne impossible à secouer, et entrava le libre cours de la conversation. Madame Mohl était plus à son aise que ses hôtes ; elle ne se sentait gênée ni par la présence d'une reine à sa modeste table, ni par l'incident phénoménal de recevoir chez elle une personne qui habitait le pavillon de Marsan. Une amie lui avait demande la veille si elle n'était pas inquiète de son menu ; « Ma chère, répondit madame Mohl, je lui donnerai une langouste ; ma cuisinière les fait admirablement bien ». Une langouste avec une sauce mayonnaise était pour elle le *nec plus ultra* de la gourmandise.

L'Empereur était curieux de savoir comment la fête s'était passée. Il pressa la Reine de questions et la pria d'inviter madame Mohl et ses amis à déjeuner aux Tuileries ; « Ils ne viendraient pas chez moi, dit-il, mais ils n'ont pas de raisons pour ne pas venir chez vous. Ils en avaient apparemment, car personne n'accepta l'invitation. »

Quelques jours après ce fameux déjeuner, un matin, la Reine vint faire la visite de digestion traditionelle. Madame Mohl, dans son costume habituel, inoubliable pour qui l'avait une fois vu, époussetait son salon, après avoir compté le linge que la blanchisseuse avait rapporté et qu'on voyait encore étalé sur la table de la salle à manger par la porte restée ouverte. Tout à coup la Reine et sa suite arrivérent. Madame Mohl posa tranquillement son plumeau et salua Sa Majesté, fit asseoir tout le monde, sans souci de sa toilette, et causa avec son entrain ordinaire. Une amie à qui elle conta l'aventure une heure aprés, remarqua qu'elle avait dû être bien embarassée d'être surprise dans ce négligé. « Pas le moins du monde, ma chère. Je n'y ai pas plus fait attention que la Reine. Sa dame d'honneur, oui, ainsi que le monsieur qui la suit avec ses clefs dans le dos; ceux-là paraissaient fort scandalisés; mais elle, j'ai trés-bien vu qu'elle en riait sous cape ».

Le salon de Madame Mohl, on le voit bien, ne pouvait être qu'original; mais on se tromperait si on y cherchait le vrai cachet du salon parisien; la maîtresse était anglaise, le maître allemand; ils gardaient tous deux quelque excentricité de leur pays.

Le Salon de la Princesse Mathilde fréquenté par Sainte-Beuve, Mérimée, Taine, Renan offrait d'autres attraits et une espèce du terrain neutre, où les impérialistes et les ennemis de l'Empire pouvaient se donner la main; l'aimable princesse dont le goût pour l'art faisait briller de chefs d'œuvre chaque coin de ses salons de reception, mettait du cœur et de l'esprit dans son rôle de fée bienfaisante de l'Empire.

Un autre salon disparu, et celui-ci vraiment parisien, où nous avons eu la bonne chance d'être admis avec bienveillance, nous laisse encore les plus vifs regrets. C'est le salon de Madame la Comtesse d'Agoult, devenue célèbre comme écrivain, sous son nom de plume: *Daniel Stern.*

Elle se rappelait d'avoir été caressée enfant à Francfort et bénie par Goethe; l'effet de cette grande bénédiction fut sensible pour elle jusqu'à ses derniers jours; elle nous en parlait encore avec émotion lorsqu'elle était déja prés de sa soixante-dixième année, presqu'en même temps que M. Liszt nous racontait comment, dans son enfance, il avait été touché au front par un baiser sacré de Beethoven; ces deux grandes bénédictions tombées sur deux magnifiques intelligences devaient les pousser, dans l'âge des passions, l'une envers l'autre, et produire une troisième bénédiction, la bénédiction vivante du génie de Richard Wagner.

Quelle double magnifique chaîne d'esprits supérieurs; d'un côté Gœthe qui consacre Manzoni, Fauriel qui adore Manzoni, Miss Clark qui console Chateaubriand, et se voue à Fauriel et à Mohl, et dans l'ancien salon de Madame Récamier accueille, à son tour, l'élite des intelligences de notre temps; de l'autre côté, Gœthe et Beethoven qui benissent Marie de Flavigny laquelle deviendra un jour Comtesse D'Agoult et Daniel Stern, et Liszt, le puissant pianiste, qui benira à son tour l'auteur de *Lohengrin* et des *Niebelungen*, et fera, par le trait-d'union le plus sympathique, reconnaître en France le nouveau génie allemand.

Daniel Stern nous a raconté elle même dans ses *Souvenirs* sa rencontre avec Gœthe: « Un dimanche du mois de septembre, comme je m'amusais au jardin avec de pelites compagnes, nous vîmes venir vers nous par une longue allée droite, un vieillard auquel toute la famille faisait cortège, et à qui l'on paraissait rendre de grands honneurs. Nous regardions de tous nos yeux: « C'est monsieur de Gœthe: *Es ist der herr von Gœthe*, s'écria ma cousine Cathu; presqu'en même temps, je m'entendais appeler. J'aurais voulu m'enfuir; mais il n'y avait plus moyen; on était déja trop prés de nous. Il fallait m'avancer vers ce cortége imposant. Comme j'approchais: « C'est ma petite niéce Flavigny » dit l'oncle Bethmann à monsieur de Gœthe. Le vieillard me sourit; il me prit par la main, me dit, tout en marchant, quelques mots que je n'entendis pas, et, s'étant assis sur un banc, il me retint à ses côtés, interdite. Peu à peu, pendant qu'il s'entretenait avec mes parents, je m'enhardis jusqu'à lever sur lui les yeux. Tout aussitôt, comme s'il l'avait senti, il me regarda. Ses deux prunelles énormes qui flamboyaient, son beau front ouvert et comme lumineux, me donnèrent une sorte d'éblouissement. Lorsqu'il prit congé de mes parents, Gœthe mit sa main sur ma tête et l'y laissa, caressant mes cheveux blonds; je n'osais pas respirer. Peu s'en fallu que je ne me misse à genoux. Sentais-je donc qu'il y avait pour moi dans cette main magnétique, une bénédiction, une promesse tutélaire? Je le sais. Tout ce que je puis dire, c'est que plus d'une fois, dans ma longue existence, je me suis inclinée en esprit sous cette main bénissante, et qu'en me relevant je me suis toujours sentie plus forte et meilleure ».

Daniel Stern nous renseigne aussi dans son livre sur les Salons de la Restauration, qui avaient dû exercer une certaine influence sur son éducation. « Il y avait, écrit-elle, sous la Restauration, quelques salons, où l'on se faisait honneur d'aimer les arts et les lettres, d'accueillir les poètes et de protéger les artistes. De ce nombre étaient le salon de la duchesse de Duras, auteur de plusieurs romans, ceux de la duchesse de Narbonne et de la duchesse de Maillé; celui de madame Récamier, celui de madame du Cayla, où le directeur des beaux arts, Sosthène de Larochefoucauld donnait le ton. Quelques personnes, la marquise de Sassenay, le chevalier de Pinieux, gentilhomme de la chambre, etc. faisaient plus particulièrement état de dilettantisme musical. » Mais il est curieux d'apprendre comment, tout en les recherchant, on tenait à recevoir dans les salons les compositeurs et les virtuoses dans une position subalterne: « Voulait-on, par exemple, donner un beau concert, on s'adressait à Rossini, qui moyennant une somme convenue, assez minime, quinze cent francs, si j'ai bonne mémoire, se chargeait du programme et de son exécution, ôtant ainsi aux maîtres de maison tout embarras du choix, tout ennui des répétitions etc. Le grand maestro tenait le piano toute la soirée. Il accompagnait les chanteurs. D'ordinaire il leur adjoignait un virtuose instrumentiste : Herz ou Moschelès, Lafon ou Bériot, Nadermann, le premier harpiste, Tulon, la première flûte du roi, ou la merveille du monde musical, le petit Liszt. Tous ensemble ils arrivaient à l'heure dite, par une porte de côté; tous ensemble ils s'asseyaient auprès du piano, tous ensemble ils repartaient, après avoir reçu les compliments du maître de la maison et de quelques *dilettanti* de profession. Le lendemain on envoyait à Rossini son salaire et l'on se croyait quitte envers eux et envers lui. » Dans les grandes maisons princières de Rome, c'est encore dans les mêmes conditions que les grands artistes sont reçus au palais.

L'un des salons les plus recherchés après 1830, était celui de la Duchesse du Rauzan. « Du vivant de sa mère, écrit Daniel Stern, elle ne passait pas pour femme d'imagination, bien au contraire; au moment de la grande vogue d'*Ourika*, faisant allusion à son peu d'esprit, un mauvais plaisant avait dit que la duchesse de Duras avait trois filles: *Ourika, Bourika* et *Bourgeonika*. Le sobriquet avait fait fortune. La belle Clara l'avait-elle su? je l'ignore. Toujours est-il qu'elle raffolait du bel esprit, s'adonnait à tous les arts, faisait incessamment de la petite peinture et de la petite musique, griffonnait soir et matin des petits billets précieux. Les artistes, les hommes de lettres, les étrangers étaient les bienvenus chez elle, et fort gracieusés. On y voyait, avec quelques reliquats du salon de sa mère, le baron d'Eckstein, dont un certain mystère enveloppait l'existence et les origines ; le docteur Koreff, médecin du prince de Hardenberg, l'avocat Berryer, Narcisse de Salvandy etc.; un jeune homme arrivant de la province, le vicomte de Falloux, patronné par madame Swetchine, qu'on donnait pour un modèle du bien dire et du bien faire, et ce que nous appelions *Grandisson*. La duchesse ne craignait pas du tout les excentricités du romantisme qui commençaient à faire du bruit. Elle attirait à ses soirées MM. Sainte-Beuve, Eugène Sue, Liszt etc. Forte de sa bonne renommée de mère de famille, de sa régularité dans la pratique de ses devoirs grands et petits, elle autorisait les empressements, la *cour* d'une foule d'*adorateurs ;* c'est ainsi que l'on parlait alors ; elle mettait à la mode la fiction de l'amour platonique, qui accomodait agréablement les plaisirs de la coquetterie avec les avantages de la vertu. Les étrangères qui, vers cette epoque, vinrent beaucoup chez elle, la comtesse Delphine Potocka, la baronne de Meyendorff, madame Apponyi elle-même qui, malgré sa relation officielle avec la cour, affichait sa préférence pour nous et restait de notre bord, contribuaient par une manière d'être très-différente de celle qu'on nous avait apprise, par des curiosités plus vives, plus de talents, plus de lecture, plus de laisser aller, à modifier le ton et l'allure de nos salons. Quand le pur faubourg Saint-Germain vit chez madame de Rauzan, chez madame de la Bourdonnaye, chez madame de la Grange, chez moi, toute cette invasion de bel esprit et de romantisme, quand on sut que nous assistions, d'un air d'autorité littéraire, aux prémiéres représentations de *Henri III*, d'*Antony*, de *Chatterton* — (1835); quand on vit sur notre table *Indiana*, *Lélia*, les *Poésies* de *Joseph Delorme*, *Obermann*, ce fut matière de persiflage. On nous déclara des *bas bleus*. On nous appela: madame de la Bourdonnaye, la *Sappho de la rue Baudrot*, moi, la *Corinne du quai Malaquais* etc. mais cela ne nous fâchait pas et nous prenions même quelque plaisir à ce qui nous semblait effet d'envie. Entres les maîtresses de maison qui se permettaient ces nouveautés, j'étais, peut-être, la plus hardie ; j'étais à coup sûr la plus spontanée. Les circonstances qui me donnaient dans le voisinage de Paris une belle habitation favorisaient pour moi la formation d'un salon, en me permettant de ne pas interrompre l'été les frequentations de l'hiver. Le château de Croissy, que nous venions d'acheter au prince de la Trémouille, n'était distant de Paris que de six lieues et sur une grande route.

Mais bien plus intéressantes pour nous sont les réfléxions que Daniel Stern nous a laissées sur le salon français, et sur elle même comme maîtresse d'un salon :

« Dès mon entrée dans le monde, écrit-elle, on m'y avait fait une réputation d'esprit. Il fallait qu'on en eût bien bonne envie, car, autant que je puis croire, mon esprit ne se montrait guère dans la conversation. Je n'ai jamais eu ni verve, ni trait, ni saillies, ni reparties, ni même, à tout prendre, un très-grand souci de ce que je puis dire. On ne pouvait pas citer de moi le moindre *mot*. En revanche, j'écrivais passablement les lettres. La vîcomtesse d'Agoult, la première, s'en était aperçue. Pendant une excursion que je fis dans le midi, aussitôt après mon mariage, elle s'était enchantée de ma correspondance; elle en avait lu des passages à sa princesse. On le savait. Il n'en avait pas fallu plus pour me mettre en renom de Sévigné. On célébra sur oui-dire mes descriptions, mes morceaux. Voyant cela, la duchesse de Rauzan, qui était un peu chercheuse d'esprit et qui tenait à renouveler son salon, m'attira chez elle. Comme je lui trouvais, sous ses affectations, un mérite vrai et solide, je répondis à ses empressements. Nous allâmes beaucoup ensemble dans le monde. Elle y confirma ma réputation d'esprit. Cela lui convenait et ne me disconvenait pas. Bientôt il fut entendu que j'étais une *femme supérieure*, et que je devais avoir un *salon*. En dépit des qualités et des défauts qui, chez moi, ne s'accordaient guère à ce rôle, on s'obstina à m'y faire entrer. On s'y est obstiné constamment partout. En tous temps, en tous pays, en toutes circonstances, sans le chercher, sans y prétendre, malgré moi très-souvent et malgré Minerve, je me suis vue le centre d'un cercle choisi, d'un salon; d'où vient cela? Je vais tâcher de le démêler; mais, disons d'abord un mot du *salon* en général. Le *salon* était alors, il serait encore aujourd'hui, si les circonstances s'y prêtaient, l'ambition suprême de la Parisienne, la consolation de sa maturité, la gloire de sa vieillesse. Elle y visait alors de longue main. Elle y appliquait toute son intelligence, y sacrifiait tous ses autres goûts, ne se permettait plus, du moment qu'elle en avait conçu le dessein, aucune autre pensée; ni distraction, ni attachement, ni maladie, ni tristesse. Elle n'était plus ni épouse, ni mère, ni amante que secondairement. Elle ne pouvait plus avoir en amitié qu'une préférence; la préférence pour l'homme le plus considérable, le plus influent, le plus illustre ; un Chateaubriand, un Pasquier, un Molé, un Guizot. Pour celui-la, pour l'attirer, en faire montre et s'en faire honneur, il fallait renoncer a être soi-même, se vouer tout entière au culte du *grand homme ;* y vouer les autres, quoi qu'ils en eussent ; veiller incessamment, inquiéte, attentive, à renouer tous les fils qui, de toutes ces vanités divergentes, devaient revenir au même point et former autour d'une vanité exaltée le neud d'admiration qui la retenait captive. N'avoir pas pour centre d'attraction, pour pivot de son salon un homme influent, c'était une difficulté, une infériorité véritable. Il fallait alors le prendre de moins haut, caresser, flatter en détail beaucoup plus de gens, perdre beaucoup plus de temps, se donner beaucoup plus de peine. Dans l'un ou l'autre cas, il fallait une application soutenue de la volonté, une étude, une tension d'esprit avec une souplesse dont je n'aurais jamais été capable, du moins en de telles visées. Mon esprit et mon caractère, mes ambitions, si j'en ai eu, étaient autres. Je ne voudrais pas nier cependant que, par certains dons assez rares, je ne dusse paraître très-propre à cet empire du salon, que l'on voulait bien me décerner, et que mes contemporaines m'ont envié pardessus toutes choses. Mon esprit n'est pas vulgaire. Il forme, avec mon imagination et mon sentiment, un tempérament singulier où se mêlent, où se combinent souvent d'une manière imprévue les qualités françaises et allemandes. »

Le portrait est fidéle. Nous avons visité Mme Agoult dans son salon de la rue Malesherbes. C'était un jour de reception, en l'honneur, disait-elle, de ses amis italiens. Mon ami Valentin Carrera, l'auteur dramatique si populaire, m'accompagnait ; madame Emilia Péruzzi, la seule dame qui ait su entretenir un salon à Florence (à propos des Péruzzi, Daniel Stern disait qu'ils avaient le génie de l'amabilité); nous y rencontrâmes le gendre de madame d'Agoult, comte Guy de Charnacé, l'ami intime de la maison, M. de Ronchaud, des députés, des sénateurs, M. de Méziéres, Charles Blanc, et autres personnages distingués. Elle m'avait fait l'honneur de me recommander à ses amis, comme un bon fil conducteur électrique entre la France e l'Italie; j'y ai donc été accueilli avec une vive sympathie. Chacun s'efforça à être aimable et à faire de l'esprit; mais je remarquai assez vite, que Daniel Stern, qui tenait tête et mettait de l'harmonie entre tout ce qui se disait dans son salon, avait plus d'esprit que tout le monde. Elle couvrait de son éventail la partie inférieure de son visage; ainsi que je l'ai vu faire par quelques autres dames sur le retour, après avoir brillé par leur beauté, elle déguisait ainsi coquettement les ravages de l'âge qui s'annoncent le plus souvent par les rides qui entourent la bouche, et par un menton trop accentué et trop allongé; mais, au dessus de l'éventail, se dessinait encore le profil grec de son noble visage, brillaient deux yeux au regard puissant, presqu'impérial, et on admirait un beau front, d'une pureté et d'une majesté olympienne. Elle ne perdait de vue aucun de ses hôtes; elle les animait tous par son regard et par sa parole; elle les reliait tous dans un seul souffle de sympathie. Impossible, à côté d'une pareille femme, de dire des choses banales, et d'avoir des sentiments vulgaires; elle embrassait toutes choses d'en haut, et élevait tous les esprits qui se pressaient autour de son autel lumineux. Même dans ses étourderies et escapades de jeunesse elle n'avait jamais oublié d'être née grande dame; elle tenait à son rang, et le gardait; mais ce n'était point la morgue d'une sotte aristocrate, dont toute la grandeur est dans ses titres ; elle sentait la noblesse, elle voulait être noble en tout! Ses *Maximes*, ses *Souvenirs*, son livre sur *Dante et Gœthe*, ses deux livres d'histoire, ont montré que son esprit planait toujours sur les hauteurs, et que son langage avait des ailes puissantes ; elle avait conscience de sa force et de sa valeur, mais cette conscience elle l'appliquait le plus souvent à faire apprécier ses amis, à faire marcher la lumière, à remplir un rôle bienfaisant parmi les hommes ; une sensibilité exquise donnait souvent le premier mouvement à une intelligence originale et portée à la domination. « Lorsqu'une femme, écrivait-elle, s'est fait à elle même sa vie et que cette vie ne s'est pas gouvernée suivant la règle commune, elle en devient responsable, plus responsable qu'un homme, aux yeux de tous. Quand cette femme, par l'effet du hasard ou de quelque talent, est sortie de l'obscurité, elle a contracté, du même instant, des devoirs civils. Ce serait une erreur aussi de croire que l'homme seul peut exercer une influence sérieuse en dehors de la vie privée. Ce n'est pas uniquement dans le maniement des armes, des affaires publiques que se fait sentir l'ascendant d'une volonté forte. Telle femme, en s'emparant des imaginations, en passionnant les esprits, en suscitant dans les intelligences un examen nouveau des opinions reçues, agira sur son siècle d'une autre façon mais autant peut-être que telle assemblée de législateurs ou tel capitaine d'armée. Il peut même arriver qu'une femme, aujourd'hui, ait plus a dire et mérite mieux d'être écoutée que beaucoup d'hommes ; car le mal dont nous nous plaignons tous, le mal qui nous inquiète et par qui semble menacée notre société toute entière, la femme l'a senti plus avant dans tout son être ».

Ici, on peut ajouter, que nulle part la femme a exercé un rôle social aussi étendu qu'en France. Dans les autres pays, la femme a des grands pouvoirs au sein de la famille, dans les pays germaniques surtout; la femme parisienne a repris, sous de nouvelles formes brillantes, le prestige de l'ancienne Aspasie; mais chez la parisienne, bien plus encore que les grâces de la beauté ont exercé une influence unique les grâces de l'esprit; et c'est encore dans un salon de Paris que notre grand Cavour a eu ses plus beaux succès comme homme du monde et senti plus vivement l'aiguillon de la gloire.

Nous avons eu la bonne chance de connaître à Florence l'un des gentilshommes français les plus spirituels et les plus érudits de notre temps; aucun florentin, aucun italien peut-être ne connaissait mieux que le comte Adolphe de Circourt l'histoire anecdotique de la Toscane. Nous avons eu le bonheur d'assister plus d'une fois aux joutes d'esprit et d'érudition entre le feu duc de Sermoneta et le feu comte de Circourt, et goûté rarement dans notre vie, des joies aussi esquises. Tous les deux savaient par cœur toute la *Divina Commedia*, et le culte du Dante les engageait souvent dans les discussions les plus intéressantes et les plus passionnées. Légitimiste convaincu, mais homme d'un esprit très-fin, le comte de Circourt écoutait avec toute sa curiosité d'artiste, les traits acérés que le Duc romain, un diable d'esprit, décochait, avec un plaisir malin, contre cet excellent Pie IX, dont il avait été ministre de police.

Le comte de Circourt avait passé avec sa jeune épouse, Mlle de Klustine, une russe, dont la mère était née comtesse Tolstoï, sa lune de miel en Italie; ils avaient connu Manzoni, à Milan, et Gino Capponi à Florence; et leur lune de miel italienne dura trois ans, de 1831 à 1834; on peut deviner quels souvenirs ils en remportèrent en France; il connaissaient déjà la Suisse, Genève surtout; ils visitèrent l'Allemagne et la Russie; en 1837 les deux voyageurs se fixèrent définitivement à Paris; et ce fût alors, dans un appartement assez modeste da la rue de Saussayes, que la comtesse de Circourt songea a avoir un salon, et y réussit parfaitement. « Salon, comme noblesse oblige », écrit M. Hubert-Salin, le biographe du comte de Circourt. Aussi celui de Mme la duchesse de Rauzan, fille de Mme la duchesse de Duras, fut-il un des premiers à rappeler ses intimes et ses habitués. Les vieux amis de l'auteur d'*Edouard* et d'*Ourika*, ralliés, comme le comte de Salvandy, au nouveau gouvernement, y reçurent un accueil qu'ils ne retrouvaient pas partout. On ne s'étonna pas de voir une étrangère, comme Mme de Circourt, pousser plus loin un exemple qui ne devint pas aussitot général. Avec la jeunesse, qui réclamait discrètement les plaisirs de son âge, les salons qui reprirent leurs habitudes mondaines furent ceux de Mme la duchesse de Maillé, de la duchesse Pozzo di Borgo, née de Crillon, de la marquise de Bellisen, de la comtesse de la Bourdonnaye, de la comtesse Stanislas de Girardin, de la comtesse de Vogüé, de la vicomtesse de Noailles, de la comtesse de Ségur d'Aguesseau, de Mme de Chatenay, de Mme Letitier. Deux ambassades, terrain mixte neutralisé par le tact exquis de Mme la comtesse d'Apponyi pour l'Autriche, et, pour la Sardaigne, par la marquise de Brignole-Sale, mère de la marquise Ferrari, depuis duchesse de Galliera, encourageaient à des rapprochements que la diplomatie européenne couvrait d'un élégant manteau. L'hôtel de Luines eût un moment ses mercredis. Le salon de Mme de Flahaut fut celui d'une grande dame anglaise neutralisé comme les ambassades. Mme Emile de Girardin habitait son hôtel des Champs-Elysées, temple grec, bâti par le duc de Choiseul-Goffier, où la muse recevait les hommages de toute la pléïade littéraire d'alors. Les grands artistes n'y faisaient pas défaut; Lamartine s'y montrait souvent. Les réceptions de quatre heures de la rue de Saussayes furent aussi recherchées et suivies que celles du mardi soir. La Comtesse travaillait activement à les entretenir. Les petits billets du matin allaient chercher ceux-ci, stimuler ceux-là. Toujours occupée des autres, elle sollicitait l'invitation pour l'étranger ou le protégé, l'article de revue ou de journal pour l'auteur, la protection d'un influent pour le méritant ou l'inconnu. Elle abouchait les gens faits pour se convenir. Rien ne lui coûtait pour attirer chez elle une célébrité et l'entourer d'admirateurs. Elle travaillait avec la même ardeur aux conciliations. Le tour de force alla plus tard jusqu'à mettre le pestiféré Camille de Cavour en présence de ses plus mortels ennemis. Circourt prit goût cependant à ce qui attirait chez lui les supériorités du monde savant et littéraire. De nombreuses relations dans les hautes sphères européennes amenaient chez sa femme des illustrations qu'on eût vainement cherchées ailleurs. Je ne serais contredit par personne en disant que l'éclectisme français et le cosmopolitisme étranger du salon de la rue de Saussaye lui assignent une place à part, et j'ajoute unique, dans l'histoire des salons de Paris. Une étrangère pouvait seule tenter cette innovation sans exemple dans le passé, sans imitation dans le présent ».

Après vingt ans, le Comte de Cavour, représentant du Roi de Sardaigne au Congrès de Paris, rentrait au salon de la comtesse de Circourt. Vingt ans auparavant, engagé par la Comtesse à rester en France, il avait répondu par une lettre aussi noble que prophétique par laquelle il déclarait qu'il se devait tout à l'Italie; en 1856 son rêve de jeunesse allait se réaliser; on s'en doutait un peu dans le salon des Circourt; mais on ne pouvait cependant pas prévoir toute l'issue du jeu auquel l'admirable diplomate se préparait. « Bien qu'il ne fût encore, dit M. Hubert-Saladin, qu'au début de ses *illustres crimes*, le ministre de Victor-Emanuel était plus difficile à présenter aux amis de Mme de Circourt que d'autres membres du congrès et que son compatriote le vieux comte Orloff. La chose ne l'effraya point; elle comptait sur la curiosité qu'inspirait le monstre, lequel n'était là, ni le diplomate, ni le ministre, mais l'étranger membre d'une famille avec laquelle elle entretenait des relations depuis 1829 ».

Grâce à ces avantages, Cavour a pu jouer l'air d'un être inoffensif au salon de son amie de jeunesse, et, par cette contenance, mieux étudier son monde, et en tirer parti pour son pays.

Ainsi le salon parisien, bien qu'indirectement, a exercé une certaine influence sur la politique italienne et contribué, peut-être, sans même s'en douter, à la résurrection de l'Italie.

La gloire de la Sorbonne et du Collège de France n'est plus à relever; on pourrait cependant nous faire remarquer que les grandes universités des autres pays n'ont rien à envier aux deux anciennes institutions universitaires de la ville de Paris; mais si on songe au rôle civilisateur de la Sorbonne et du Collège de France dans le passé, si on pense aux nombreuses institutions supérieures, telle que l'École des

Hautes Études, l'École Supérieure des Langues Orientales Vivantes création de M. Schefer, l'École des Ponts et Chaussées, l'École Supérieure de Médecine, l'École Supérieure d'Agriculture et tant d'autres institutions qui couronnent et complètent les enseignements de la vieille université, on sera forcé de convenir qu'après Berlin et Vienne, aucune autre grande ville ne présente, pour la science, les ressources de Paris, et que nulle part l'enseignement universitaire a eu plus d'éclat. Les Musées, les Laboratoires, l'Institut, les Académies, les Bibliothèques, et toute la masse des matériaux scientifiques que présente la Ville de Paris est encore unique au monde. Bien des détails ont été perfectionnés en Allemagne, en Angleterre, en Italie même; mais, comme ensemble, Paris, en sa qualité de ville universitaire, est encore l'un des foyers les plus actifs du monde. Si on n'entend plus les cours éloquents des Thiers, des Guizot, des Fauriel, des Villemain, des Michelet, des Quinet, au point de vue de la critique, les travaux qui sortent de l'École des Hautes Études, de l'École des Chartes, de l'École de Rome, de l'École d'Athènes, font grand honneur à l'enseignement français; et tant qu'il y a en France des maîtres comme Renan, Michel Bréal, Gaston Paris, Paul Meyer, Gabriel Monod, de Jubainville et autres savants de cette force, on peut se consoler de ne plus entendre des grands discours au Collège de France et à la Sorbonne; le siècle marche au positivisme; les jeunes-gens n'aiment plus les délassements de l'esprit; ils sont devenus des chercheurs et des érudits; qu'ils ne deviennent seulement pas des pédants, et qu'ils ne réservent point au vieil âge les folies et les étourderies qu'on pardonne à la jeunesse; et nous serons tout à fait prêts à les admirer pour leur grande sagesse. Depuis la révolution, les fruits de l'intelligence mûrissent plus vite; on rêve moins et on raisonne davantage; si cette raison ne tue pas la poésie, si elle ne cache point quelque funeste hypocrisie, ou le calcul d'une ambition précoce, nous devons nous féliciter de voir pousser des enfants d'une si rare prudence, et presqu'une génération d'infaillibles.

Encore un mot sur la presse parisienne. La quantité d'idées qu'elle remue, l'influence qu'elle exerce dans le monde est énorme; si elle est une arme, au point de vue de la publicité, aucun autre pays n'est mieux armé, mieux organisé, en Europe, pour la publicité, que la France. Sa force n'est pas seulement nationale; Paris avec son armée de publicistes envahit tous les pays civilisés. À Berlin comme à Londres, à Rome comme à Saint-Petersbourg, on s'impressionne vivement de ce qui s'imprime à Paris. On a beau dédaigner l'avis de la presse française et être toujours prêt, dès qu'il vous déplait, à le taxer de légéreté; la vérité est que rarement on le néglige, et que même les hommes d'état, les écrivains, les artistes les plus philosophes ne parviennent guère à dissimuler leur indifférence au suffrage de la presse parisienne. Et voilà la vraie arme puissante et légitime; l'opinion publique qui s'impose et qu'on écoute. Lorqu'à l'étranger on lance des fusées contre la France, on a l'air de braver l'indignation qu'elles peuvent soulever dans les cœurs français. Aussitôt que cette indignation se manifeste dans la presse, on éprouve une sorte d'épouvante et on regrette d'avoir été imprudent et téméraire. Nous sommes loin d'en tirer la conclusion que la presse française ait toujours raison dans ses appréciations; il y a d'ailleurs trop d'opinions différentes en France même, pour qu'on ne puisse souvent espérer la réfutation des erreurs de la part même de quelques écrivains français plus éclairés que les autres. Mais soit que la critique française porte juste, soit qu'elle dépasse la mesure, ou qu'elle manque de solidité, toujours est-il vrai que l'esprit français qui l'assaisonne est une arme qui perce et dont on se défend mal à l'étranger. De l'étranger on peut souvent s'imaginer d'avoir, dans les débats de la presse, enfoncé l'adversaire français; mais cette imagination ne sort guère du cercle restreint où elle s'est produite; l'étranger est le plus souvent mortellement blessé là où le polémiste français ne reçoit qu'une piqûre. L'opinion publique dans les autres pays est nationale; en France seule elle devient, elle est naturellement cosmopolite. Si la France pouvait toujours avoir raison dans ses appréciations, quel immense bienfait ne deviendrait-elle pas la manifestation quotidienne de l'opinion publique par ses publicistes! Malheureusement, les directeurs spirituels de cette opinion, les grands maîtres de la pensée nationale se cachent souvent et se tiennent à l'écart; et ils permettent trop souvent qu'un bataillon indiscipliné de publicistes, pour lesquels l'article n'est qu'un gagne-pain, s'empare de l'opinion publique et vise bien plus à l'effet et à la mode du jour qu'à la vérité. Rarement ils guident; le courant les emporte; si des hommes comme Renan, Jules Simon, Mézières, Hébrard, Reinach, Hervé, John Lemoinne, Maxime Du-Camp, Leroy-Beaulieu et autres sages modérateurs de la presse pouvaient chaque jour donner le *la* aux journalistes, et en faire des éclaireurs et des lutteurs, pour le bien et pour la paix, ils créeraient à eux seuls une nouvelle mode à suivre, et M. François Magnard, le rédacteur en chef du *Figaro*, le journal le plus en vogue, le plus remuant, le plus intéressant pour les masses, le plus connu à l'étranger, entraînerait immédiatement toute sa vaillante collaboration et tout son vaste public à la suite de la mode du jour qui s'imposerait au nom d'un idéal faisant à la fois honneur à la France et à l'humanité. Mais le nombre des écrivains qui veuillent de nos jours prendre charge d'âmes est bien rare; la mer orageuse laisse balloter sur ses flots des navires sans pilotes; point de phares au rivage; les ports mêmes se ferment; un seul cri de *sauve qui peut* domine la confusion des esprits et des langues; et on invoque envain une voix puissante et généreuse qui s'élève et ranime les cœurs, et qui impose encore, comme au moyen âge, au monde chrétien, aux nouveaux croisés pour la paix, la volonté de Dieu. Tant qu'on laisse que l'agitation pour la paix se fasse dans les seuls cercles démagogiques, avec l'intention malheureusement trop évidente de secouer et de renverser l'ordre qui existe, la sainte cause de la paix ne passionnera jamais le grand public. Mais, si la presse française unanime, guidée par ses nobles chefs, se mettait à la tête de ce beau mouvement humanitaire, elle entraînerait le monde à sa suite. Seulement, la beauté de la cause exige un degré d'enthousiasme égal à celui qui a jadis excité nos frères de France aux guerres saintes des Croisades et à la guerre sainte pour la délivrance de l'Italie; le succès de la cause dépend du seul enthousiasme avec lequel on saura l'embrasser.

On chercherait envain aujourd'hui en France des publicistes de la force des Armand Carrel, des Girardin et des Forcade; le public même a cessé d'attendre l'oracle signé de la main d'un des ces grands maîtres de l'opinion publique; le prestige que l'on attribuait sous la Monarchie de juillet et sous l'Empire à l'opinion d'un seul homme, on l'attribue maintenant à tout le journal; si un publiciste puissant se révélait encore dans les colonnes d'un journal, il ne tarderait point à être saisi par des électeurs, lancé dans le tourbillon de la vie parlementaire, distrait per les affaires, et ce calme, cette sérénité, cet esprit impartial et supérieur qu'exige le gouvernement de l'opinion publique, difficilement se retrouverait dès que le publiciste entrerait dans la mêlée ardente de la vie politique active. Le système américain de la chasse au scandale, et des polémiques personnelles ne peut être adopté en France. Si on ne veut plus des simples théoriciens dans la presse quotidienne, encore moins on doit vouloir la lutte personnelle, prenant la forme d'un *box*. Si la presse étrangère écoute moins l'avis de la France sur la politique du jour, c'est que, depuis la chûte de l'Empire, trop souvent les questions politiques ont été portées sur le terrain des personnalités où tout le monde se blesse aveuglement et aucun adversaire ne reste debout. Si quelques nouveaux directeurs de la presse se ralliaient, pour donner une plus haute inspiration aux discussions politiques qui passent de la Chambre aux journaux et des journaux à la Chambre, l'importance de la presse française serait beaucoup plus considérable, et ferait une plus grande impression sur le gouvernement, qui semble maintenant s'en désintéresser assez; lorsqu'il y avait en France un gouvernement personnel, le mot de la presse était relevé aux Tuileries et faisait réfléchir l'Empereur. Maintenant ce qui se dit dans les journaux glisse; il peut servir pour la lutte immédiate; rarement il parvient à changer la direction de l'opinion publique et à modifier les vues et les actes du gouvernement.

Ceci semble être en contradiction avec ce que nous disions tout à l'heure, du prestige et de l'influence de la presse française à l'étranger; nous devons donc ajouter un mot qui explique nos impressions. Les luttes internes de la France contemporaines intéressent médiocrement l'étranger; les partis ne sont plus nettement dessinés en France comme sous les gouvernements monarchiques; on les a perdus de vue; ils se transforment trop souvent, et leur action est, au fond, embrouillée; la vraie inspiration assez rare; on désire chez les partis politiques comme chez les grandes individualités un caractère fortement frappé; ce caractère manque maintenant à la société politique française aussi bien qu'à la société politique italienne; le cri le plus constant qu'on a entendu dans les dernières élections italiennes, était un cri de regret et de désespoir; il n'y a plus de partis; il n'y a que des intérêts personnels; on s'attache au gouvernement, au ministère, en mesure du profit qu'on espère en tirer; les principes qui sont la base des caractères et qui devraient être les seuls directeurs des partis n'ont plus aucune prise, et on en fait abstraction; la racommandation la plus vive et la plus sérieuse qui a été adressée pendant la lutte, à M. Crispi, est celle-ci: reconstituez au Parlement une droite et une gauche constitutionnelle; gardez-vous bien de considérer vos oppositeurs personnels comme des ennemis de la monarchie; vous ne pouvez admettre qu'au Parlement il y ait des anarchistes; dès qu'ils prêtent serment à la constitution, ils acceptent la monarchie, comme vous l'avez acceptée, et ils pourront devenir des ministres du Roi, et le servir avec la même loyauté avec laquelle vous servez depuis trois ans et vous servirez longtemps encore la Maison de Savoie.

Toute cette lutte politique engagée sur le terrain des personnalités est stérile ; attachons-nous aux principes ; d'après les principes, prenons place dans les rangs et agissons : M. Crispi a été sauvé, on peut, on doit même ajouter qu'il a triomphé dans les dernières élections, grâce à l'intervention patriotique de l'ancienne droite ; dès que les représentants de cet ancien parti qui a créé l'Italie constitutionnelle, ont compris le danger que le pays allait courir par la manière audacieuse, couronnée cependant d'un brillant succès, avec laquelle la question électorale avait été posée : « ceux qui soutiennent notre gouvernement sont des monarchistes, ceux qui ne l'approuvent pas nous les déclarons des ennemis du pays et des institutions » ; tout en regrettant cette manière brusque et personnelle de présenter aux électeurs la situation politique italienne, ils ont secoué leur torpeur habituelle, et tenu à prouver à M. Crispi que la Maison de Savoie avait un boulevard naturel et un appui solide dans l'affection et dans le dévouement constant de tout le peuple italien ; Milan la ville d'Italie où M. Crispi, jouissait peut-être le moins de sympathies publiques, interpellée, a voulu montrer dans son grand bon sens, qu'elle tenait à la monarchie, qu'elle n'aimait aucune aventure risquée, qu'elle voulait la paix réelle, la sécurité du travail ; Milan, la ville qui garde le plus de reconnaissance à la France, et qui lui doit, en grande partie, sa délivrance du joug autrichien, lorsqu'un éminent italien naturalisé français, a cru, par le don de cent mille francs à la démocratie italienne, avoir le droit d'intervenir, comme républicain, dans les élections politiques italiennes, pour contribuer à nous préparer le spectacle d'une chambre républicaine italienne, s'est insurgée et a protesté, comme elle le devait, contre cette intrusion funeste, avec le même droit avec lequel tous les Français, républicains ou monarchistes, peu importe, se révolteraient sans doute si quelque monarchiste italien s'avisait de donner de l'or, pour aider la France à renverser le gouvernement de la république française, Cette faute a coûté cher aux radicaux italiens. Une ville aussi riche et aussi généreuse que Milan n'était point facile à acheter; M. Cernuschi devait le savoir mieux que tout autre; pourquoi a-t-il eu le malheur de l'oublier?

Et cependant, son journal, le *Siècle*, l'un des mieux renseignés sur les affaires de l'Italie, aurait pu lui ouvrir les yeux. Le *Siècle* a eu dans le passé, comme directeurs politiques deux grands amis de l'Italie, MM. Havin et Jules Simon, qui ont toujours traité les questions italiennes d'un point de vue très-élevé. On n'a point oublié en Italie le rôle sympathique joué par le *Siècle*, depuis 1856 jusqu'en 1860, pour préparer l'indépendance italienne, et les chaudes et spirituelles correspondances du théâtre de la guerre d'Edmond Texier. Sous la direction de M. Magnin et de M. Jourde et Thévenet, le *Siècle* a montré moins de chaleur pour l'Italie; mais toujours s'est-il gardé de menacer cette monarchie italienne, dont il avait salué l'apparition avec un sincère enthousiasme; le *Siècle* est un republicain en France; il suit la nuance de l'Union républicane; mais on pourrait affirmer qu'il serait parfaitement indifférent à un changement de gouvernement en Italie; pourquoi ce zèle dans l'un de ses actionnaires, pour miner l'existence des institutions monarchiques italiennes? Ce n'est pas un compliment aujourd'hui en Italie de dire à quelqu'un qu'il est resté l'homme de l'année 1848; M. Cernuschi semble ignorer ce qui s'est passé depuis 1848 dans son ancien pays; et M. Crispi, son ancien compagnon d'exil, son ancien frère républicain a eu soin de lui rappeler que l'expérience de la vie monarchique italienne, depuis trente et un ans, a servi a quelque chose, et que l'Italie est bien réellement monarchique, parcequ'elle se rallie toute entière sous la discipline sage et bienfaisante de la Maison de Savoie. Mais, en dehors de la tentative imprudente de M. Cernuschi, nous devons encore regretter la campagne coloniale que des collaborateurs mal avisés ont entrepris au *Siècle* contre l'Italie. Nous étions habitués à apprécier le *Siècle* comme un journal libéral et sympatique ; le rôle dans lequel nous le voyons, depuis quelque temps, engagé n'est point propre à lui gagner l'estime et la sympathie de l'étranger.

L'un des journaux français les plus estimables et les plus estimés est, sans doute, *Le Temps*. Né en 1861, sous la direction de Nefftzer et de Charles Dollfus, il a maintenant pour directeur et pour rédacteur en chef, M. Hébrard. Si le *Siècle* compte parmi ses collaborateurs, MM. A. de la Berge, A. Michel, Dcbau, Sabatier, Touchard, Mager, Charles Bigot, H. Céard, Paul Bourget, A. Dethez, A. Bunand, Claus, G. Pouchet, E. Céard, le *Temps* possède toute une pléiade d'étoiles lumineuses, dans sa collaboration ; citons d'abord trois académiciens, Mézières, Legouvé, Albert Sorel, un critique modèle pour le feuilleton dramatique, M. Francisque Sarcey, des publicistes comme MM. de Pressensé, Hébrard lui même, Sabatier, Michel, Desonnaz, Hément, Paul Bourde, des économistes comme Delombre et Vilaine, un chroniqueur brillant de la vie à la campagne, le Marquis de Cherville, de la vie littéraire, M. Anatole France, de la vie des théâtres, Aderer, de la vie militaire, le général Thoumas, de la vie parisienne, Hugues Le Roux. Journal sincèrement libéral, fort goûté à Paris par le public du soir, il jouit aussi d'une grande estime à l'étranger ; bien rédigé, bien écrit, il est intéressant à lire, et son avis a toujours du poids.

Un autre journal sérieux a eu non moins de retentissement à l'étranger qu'en France ; c'est le *Journal des Débats* ; son influence était grande sous la Monarchie de Juillet, moindre sous l'Empire ; maintenant, malgré son adhésion à la république conservatrice, ce journal centenaire a un public fort restreint en France ; mais on écoute toujours volontiers son avis dès qu'il s'agit de savoir ce qu'on doit penser de plus sage sur une grande question politique, sur une grande question économique, sur un livre important, sur une pièce intéressante. Le journal dirigé par M. G. Patinot, compte parmi ses collaborateurs six membres de l'Académie Française, John Lemoinne, Ernest Renan, H. Taine, Léon Say, Jules Simon, E. Melchior de Vogüé, des économistes de la force de Molinari et Leroy-Beaulieu, et, en outre, André Heurtau, Georges Michel, Weiss, Chantavoine, H. de Parville, Jules Dietz, Joussanet, Ch. Malo, G. Michel, Paul Bourget, H. Houssaye, J. Bourdau, Bertin. Jallifier, G. Daremberg, A. Hallays, Harry Alis, J. Lemaître, E. Reyer ; on se rappelle toujours que ses causeries dramatiques du lundi étaient jadis signées : Jules Janin.

Le plus répandu des journaux français en France et à l'étranger est, sans doute, le *Figaro*, qui tire régulièrement quatre-vingt mille exemplaires par jour. Ses bureaux que nous avons visités, accompagnés par l'aimable secrétaire de rédaction M. Périvier, ont une installation princière. Sa publicité est la plus recherchée, et il s'en sert souvent, nous l'avons déjà remarqué, pour aider des œuvres de bienfaisance. Le *Figaro*, quoiqu'on en dise, est une puissance à Paris, presqu'autant que le *Times* à Londres. Si on n'accepte pas toujours ses opinions, si on n'approuve pas toujours son langage, on s'enquiert toujours de ce qu'il dit. Fondé par Villemessant en 1854, le *Figaro* est actuellement dirigé par M. Francis Magnard, assisté par le secrétaire de rédaction M. Périvier, et par les secrétaires Diguet, René Martin, Auguste Marcade, son état major, et par une très brillante et nombreuse collaboration. Citons Albert Wolff, Lavedan, Henri Fouquier, Albert Delpit, Emile Bergerat, (qui signe le Masque de Fer), Théodore de Grave, Gaston Calmette, Edmond Millaud, Emile Blavet, Arthur Heulhard, Chinchotte, Albert Bataille, Jules Prével, Jacques Saint-Cère, Jules Richard, Auguste Vitu, Charles Darcours, Albert de Saint-Albin, (qui signe Robert Milton), de nombreux correspondants, des romanciers comme Daudet, Theuriet, Ohnet, Richepin, Ulbach, Pierre Loti, Delpit, René de Pont-Jest, Tarbé, Maupassant, Uchard, Decourcelle, Forsan, (Mlle Mélégari). En politique, le *Figaro* est resté conservateur, malgré la République, qu'il subit plus qu'il ne l'aime ; mais il est surtout un journal d'informations rédigé avec talent et écrit avec esprit.

Le *Constitutionnel*, un journal conservateur libéral, rédigé aujourd'hui par M. Alfred Hamm, et jadis si puissant sous la monarchie de juillet, lorsqu'il comptait parmi ses collaborateurs Cauchois-Lemaire, Buchez, Bodin, Thiers, Sainte-Beuve, qu'y publiait ses célèbres causeries littéraires du lundi, et sous l'Empire, n'a plus maintenant, malgré ses 75 ans d'existence, qu'un assez faible tirage.

Le *XIXe Siecle*, journal républicain, fondé en 1871 par Edmond About et dirigé actuellement par M. Portalis, a perdu une partie de son premier éclat, malgré une collaboration distinguée, où l'on rencontre les noms de M. Henri

Fouquier, Paul Ginisty, Raoul Lucet, J. Ysay, A. Cartier, M. Tavernier, Reynier, Francisque Sarcey, G. de Nouviou, André Baitz, Hébrard-Gervosy, Honorat, Eyssautier, Marcel Fouquier.

L'*Estaffette*, est, après le *Figaro*, l'un des journaux parisiens les plus répandus; elle compte sur un tirage quotidien d'environ 50,000 exemplaires. Son rédacteur en chef est M. Abel Peyronton. Parmi ses principaux collaborateurs il compte le député Steeg, le député Emmanuel Arène, Hyppolite Magen, Grandeau, Mognez, Belin du Cotteau, Francisque Sarcey, Michel Pauper, Edmond Lepelletier, Siebeker, Fernand Lafargue, L'Argely, Flamberge, Charles France, Hurel, Sauteuil, Jolleau, de Saint Maurice, Barbier, Gaston Robillot.

Non moins répandu, et assez connu aussi à l'étranger est le journal politique et littéraire l'*Evénément*, dirigé et rédigé par M. Edmond Magnier et écrit par une longue série de collaborateurs distingués. Signalons Aurélien Scholl, Jean Lorrain, Léopold Lacour, Edouard Siebecker, L. Besson, Jules Cazes, Félicien Champsaur, Philibert Audebrand, Arsène Houssaye, L. de Caters, Roger-Milès, Roger-Bontemps, Henri Avenel, (le directeur de l'*Annuaire de la Presse Française*), J.-N. Gung'i, G. Laffon, G. Aubry, E. Clisson, J. Delval, Clavier, Septfontaines, Bertairol, M. Huart, Emile Corra, Silvain Laproie, Ch. Oudard, Eugène Léautey, Louis Besson.

La *France*, dirigée par M. Lalou, est un journal républicain indépendent; quoiqu'elle tienne essentiellement à garder son rôle politique, les députés Raoul Frary, L. Liévin, Desmarais, Laur, Jamais, faisant partie de la rédaction, elle compte une collaboration littéraire distinguée; citons les noms de Saint-Säens, Sarcey, Clovis Huguaes, Fouquier, Second, Dumonteil, Defrance, Nicot, Roger, Blanc, Mermeix, Castelin, Brissac, Vidaud, Girard, Delphin, De Hamonic.

Le *Gaulois*, journal conservateur monarchique, a eu des moments d'une très-grande vogue ; M. Arthur Meyer en est le directeur, H. Cavalier le secrétaire de rédaction. Dans sa collaboration, on distingue : Henri Conseil, Meurville, Banner, El. Bourges, Montjoyeux, Popinet, Fourceud, Guy de Maupassant, Mirbeau, Emile Michelet, Carle des Porrières, Louis Daryl, Louis Teste, Cornély, Alfred Capus, Escopette, Fourcaud, Cucheval-Clarigny, Louis Prudent, H. Pessard, Frédéric Gibert, Maxime Serpeille, Edmond Le Roy, Arthur Bloche. Nous regrettons de devoir constater qu'il y a dans la rédaction de ce journal des ennemis déclarés de l'Unité italienne, des réactionnaires avoués, qui par un parti pris, ont souvent aigri les questions qui ont divisé dans ces dernières années les esprits italiens des esprits français ; M. Louis Teste, entr'autres, n'a, sans doute, pas oublié le sévère jugement que l'un de ses livres a mérité en Italie.

Nous comprenons beaucoup mieux la *Gazette de France* franchement royaliste et réactionnaire, qui compte 261 années d'existence ; au moins, elle reste fidèle à son passé, et ce qu'elle déteste, elle le déteste bien ouvertement. Dirigée par M. Gustave Janicot, elle compte quelques collaborateurs fort distingués : Charle Dupuy, J. Bourgeois, Adolphe Racot, Joseph de Godlewski, Louis de Laroque, Lenthéric, Gayot, et l'illustre Armand de Pontmartin, qui fournit depuis un grand nombre d'années ses feuilletons littéraires du samedi.

L'un des journaux les plus lus, les plus amusants est le *Gil-Blas*, républicain conservateur, remarquable surtout pour ses nombreuses chroniques, signées : Aramis, Emanuel Arène, Paul Arène, Emile Bergerat, Peul Bourget, Gustave Claudin, Colombine, Louis Daryl, Albert Delpit, Dubut de Laforest, Abraham Dreyfus, Georges Duruy, Georges Desparbès, Hector France, Paul Ginisty, Emile Goudeau, Grosclaude, Abel Hermant, Clovis Hugues, L'Ingenu, Jacqueline, Léopold Lacour, Camllle Lemonnier, L'Heureux, Hugues Le Roux, Pierre Loti, René Maizeroy, Guy de Maupassant, Tancrède Martel, Oscar Metenier, Octave Mirbeau, Maurice Montégut, Joseph Montat, Nazim, Georges Ohnet, Pompon, Marcel Prévost, Ricard, Richepin, Santillane, Maurice Talmeyr.

La *Justice*, journal républicain radical, dirigé par M. Clémenceau, rédigé par M. Pelletan, contient des articles de Vuillaume, E. Durranc, Millerand, S. Pichon, Mullem, Degouy, Gustave Geffroy, Charles Martel et Pathelin.

La *Lanterne*, journal républicain radical très-répandu, avec un estimable supplémant littéraire; elle doit son succès à son rédacteur en chef M. Eugène Mayer, et à M. Yves Guyot qui a signé ses articles sous le pseudonyme de *Un vieux petit employé*.

L'un des journaux parisiens les plus importants pour les questions économiques et sociales est la *Liberté*, jadis inspirée par Isaac Pereire; dirigée par M. Louis Gol, MM. de Delille, Laperouse, Villedeuil, de la Richerie, Victorin Joncières, Paul Perret, Emile de Molènes, Louis Esnault, Imbert de Saint-Amand, et Pont-Jest y collaborent.

La *Marseillaise* exprime, par boutades, les opinions de son propriétaire, directeur et premier *leader* républicain radical M. Henri de Rochefort.

Le *Matin*, un journal fondé, conçu, rédigé par M. Edwards, d'après le système anglais et américain en ce qui concerne les informations, rivalise avec le *Figaro* pour la publicité; il a des *leaders* de premier ordre, Jules Simon, John Lemoinne, Ranc, Emanuel Arène, Cornély, Aurélien Scholl et Delafosse.

Le *National*, la *Patrie*, la *Pays* et le *Soir*, anciens journaux ont aujourd'hui un faible tirage, et n'exercent leur influence que dans un cercle fort restreint.

Le *Rappel* dirigé et rédigé par M. Vacquerie a comme directeur littéraire Paul Maurice; parmi ses collaborateurs on signale Ernest Lefèvre, Frédéric Montargis, Ernest Blum, Jean Destrem, E. Hement, Shoelcher, L. Meunier, Victor Meunier, Ch. Frémine, Mme Judith Gautier, Emile Marsy, Amédée Blondeau.

Organe de l'Union Républicaine, dirigée et rédigée par l'éminent biographe de Gambetta, M. Joseph Reinach, la *République Française* joue un rôle essentiel dans la presse actuelle parisienne. M. Reinach en est devenu, depuis 1886, propriétaire avec M. Denayrouze, ancien député. Parmi ses collaborateurs politiques, on compte Spuller, Ranc, Thomsen, Proust, Roche, Méline, Ordinaire, Compayre, Dusolier, Em. Arène, Depasse, Derosne; ses correspondances de l'étranger sont remarquables; M. Denayrouze dirige la partie littéraire, qui compte comme collaborateurs Duvernoy, Sarcey, Theuriet, Mercadier, Haag, Gariel, St. Meunier, Rognard. Sagnier, Bertillon.

L'*Univers*, journal monarchiste et ultramontain, dirigé par Eugène Veuillot, continue a être très-répandu dans le monde catholique; s'il n'a plus les vivacités excentriques du temps, où Louis Veuillot le dirigeait, il compte toujours sur une collaboration respectable et sérieuse; citons les noms de Léon Aubineau, Coquille, Comte G. de Latour, Louis Leclerc, Ph. Serret, Arthur Loth, Auguste Roussel, Pierre Veuillot, Eugène Tavernier, H. Fromm, Nemours Godré, Georges Bois, Joseph Mollet, E. Vial, de Caër.

Le *Voltaire* offre un parfait contraste avec l'*Univers;* républicain comme la *République Française,* frondeur, mondain, amusant, est caractérisé par son directeur Aurélien Scholl. Ses correspondances dá l'étranger sont nombreuses; sas articles politiques sont signés Paul Barbe, Letellier, Magen; ses chroniques Egremont, Claude Lemaître, Jacques Roland, Maurice Français, Paul Fresnay, Louis Serizier, Camille Flammarion, Léon Kerst, Marcel Didier, Dahirelle, etc. C'est au *Voltaire* qu'a paru la première fois le roman *Nana* de Zola.

Nous n'avons indiqué ici que les journaux quotidiens de Paris les plus en vogue et les plus importants. On peut s'imaginer tout le mouvement d'idées qui part du feu qui pétille chaque jour dans ces journaux; combien de passions y trouvent leur pâture quotidienne! quel monstre criminel, à tout prendre, et quel bienfaiteur!

Nous n'avons encore rien dit des revues d'un intérêt général, et nous ne dirons rien ici des revues speciales; mais les sept grandes revues politiques et littéraires, la *Revue des Deux Mondes,* la *Nouvelle Revue,* le *Correspondant,* la *Revue Britannique,* la *Revue du Monde Latin,* la *Revue Bleue* et la *Revue Critique,* à cause du public français et international auquel elles s'adressent, nous demandent encore un mot.

La *Revue des Deux Mondes* compte soixante ans de vie. Elle forme a elle seule maintenant une véritable bibliothèque; tuot ce qu'il y a de plus illustre parmi les écrivains français de notre temps y a passé; quelques illustres écrivains étrangers, tels que Heine, Scudo, Laveleye, Dora d'Istria, et quelques autres ont eu l'honneur insigne d'être admis à sa collaboration; les heureux dont les articles sont insérés à la grande revue, reçoivent une sorte de lettres de noblesse qui les distinguent; la rédaction de la *Revue* forme une aristocratie à part, estimée et estimable. Le retentissement de ses articles est très grand dans tous les salons du monde. Il y a des *Magazines* en Angleterre et en Amérique qui ont un plus fort tirage que la *Revue des Deux Mondes;* mais aucune revue n'a un public internationel aussi nombreux, aussi distingué que la *Revue* fondée par M. Buloz. Les seuls écrivains qui en ont dit du mal sont ceux qui n'ont pas eu le bonheur ambitionné d'y être reçus; on a parlé de sa déchéance; cependant, dans ses dernières années, son tirage, déjà très-fort, a encore augmenté, et les anciennes célébrités ont été remplacées par de jeunes talents, qui en ont relevé l'intérêt. Libérale conservatrice en politique et en littérature, elle ne marche pas aussi vite, et elle ne change pas autant que la mode; mais elle résume à une certaine distance et avec une certaine prudence, les résultats de tous les progrès réels. Ses romans sont les plus exquis, ses critiques les plus sérieuses et les plus recherchées et appréciées. La *Revue des Deux Mondes* a été et reste toujours un grand modèle, non pas seulement pour les revues françaises, mais pour un grand nombre de revues étrangères; la *Nuova Antologia,* la meilleure revue italienne, s'est formée sur le type de la *Revue des Deux Mondes.*

La *Nouvelle Revue*, fondée il y a onze ans, par une femme de cœur et de talent, illustre et vaillante, Mme Edmond Adam, dont le nom de plume est Juliette Lambert, a fait surtout appel à la jeune France; son patriotisme est très-chaud; fidèle à ses principes républicains et progressistes, elle accorde l'hospitalité à tous les jeunes talents qui marchent dans ses rangs. Elle ne garde pas toujours la mesure de sa grande sœur ainée la *Revue des Deux Mondes;* mais, à cause de cela même, elle est plus vivante, et elle intéresse davantage au point de vue de l'actualité et de la curiosité; bien renseignée sur les événements da la politique étrangère, elle a su, grâce à une noble persévérance et à des sacrifices énormes, se faire jour, gagner un public considérable, et exercer une influence qui, d'année en année, est devenue plus sensible; elle ne dédaigne point dans les rangs de sa rédaction brillante, des collaborateurs étrangers.

Le *Correspondant* a précédé de six ans la *Revue des Deux Mondes*. Revue catholique et conservatrice, il recrute surtout sa collaboration dans le monde légitimiste. Montalambert, de Falloux, de Carné, Lacordaire Dupanloup, Gratry, Laprade, Autran, les Ducs de Broglie, les Marquis de Vogüé, ont fait partie de sa collaboration. Il a servi comme type à la *Rassegna Nationale* qui se publie à Florence sous la direction du Marquis da Passano.

La *Revue Britannique* est presqu'aussi vénérable, par son âge, que le *Correspondant*. Excellent intermédiaire international, dirigé et rédigé avec tact par M. Amédée Pichot, dans un esprit libéral et conservateur, elle donne des extraits importants des revues anglaises et des publications étrangères. Elle a donné sous l'Empire l'idée d'une excellente *Revue germanique*, dont la disparition a laissé des regrets; la *Revue Suisse* de M. Tallichet a aussi adopté, en grande partie, le plan judicieux de la *Revue Britannique*.

La *Revue du Monde Latin*, qui existe depuis huit ans,

et paraît une fois par mois, est signalée à notre attention et à notre reconnaissance par une excellente chronique littéraire italienne de M. Amédée Roux, un ami dévoué de l'Italie.

La *Revue politique et littéraire,* dite *Revue bleue,* dont le rédacteur en chef, est maintenant un écrivain fort distingué, M. Alfred Rambaud, a remplacé l'ancienne *Revue des cours littéraires;* elle compte, par conséquent, une existence de 28 ans; sa collaboration est excellente; elle suit de près le mouvement politique, littéraire et scientifique de notre temps; et son article est toujours aussi sérieux que vivant; républicaine en politique, elle nous semble un modèle presque parfait de revue hebdomadaire.

La *Revue critique d'histoire et de littérature,* qui existe depuis 25 ans, joue un rôle considérable dans le monde des professeurs; dirigée par MM. G. Graux, D. Guyard, G. Monod et Gaston Paris, elle répond assez bien à son titre; mais elle ne considère son monde qu'avec le microscope; c'est un point de vue qui a son utilité, car (pas toujours, mais quelquefois) les choses minimes aussi ont leur prix, pourvu qu'en s'attachant aux petites fautes d'impression et aux *lapsus calami* les plus innocents, on ne s'imagine pas de faire de la haute critique; les jeunes écrivains, auxquels les illustres directeurs de la *Revue Critique,* ont laissé la plus ample liberté, pour faire valoir tous leurs talents et toute leur érudition, pour montrer que la science française est aussi sérieuse que la science allemande, même lorsqu'il s'intruisent sur les livres confiés à leur critique, sont bien décidés à ne point les épargner, et les déchirent bravement et sans pitié. Avec l'âge, ils deviendront, sans doute, plus indulgents pour les simples fautes littéraires, et ils s'indigneront, dans le monde, davantage, contre des crimes plus graves. Ce n'est point d'ailleurs aux jeunes qu'on demande cette bienveillance philosophique qui regarde les misères humaines d'en haut et sourit aux excusables défaillances et aux mesquines querelles auxquelles les gens de lettres attachent une si grande importance.

Parmi les Revues spéciales, il y en a un grand nombre qui jouissent, à juste titre, d'un grand crédit; nous nous bornerons à citer la *Revue de l'histoire des Religions,* la *Revue Historique,* la *Revue des traditions populaires,* le *Journal Asiatique,* le *Journal des Savants,* la *Revue Archéologique,* la *Revue Celtique,* la *Revue Félibréenne,* la *Revue de Linguistique,* la *Revue de Philologie,* la *Revue des Langues Romaines,* la *Romania,* la *Revue de Numismatique,* la *Revue Philosophique,* la *Revue des questions historiques,* la *Revue des questions scientifiques,* la *Revue scientifique,* et tant d'autres qui représentent ensemble un mouvement intellectuel qu'on serait loin de s'attendre, lorsqu'on se figure de loin Paris, comme une ville légère, comme une ville qui s'amuse, comme une ville en décadence; si Paris est tombé, en tout cas, il faut convenir qu'il est tombé debout, et que le flambeau qu'il tenait à la main, dans la chute, ne s'est point éteint.

LA FRANCE COLONIALE

Au nombre des Revues, nous n'avons point encore signalé la *Revue Française de l'Étranger et des Colonies*, gazette soi-disant géographique, mais dont le but est essentiellement patriotique : suivre et défendre partout les intérêts français. Elle existe depuis six ans; son existence même prouve l'importance qu'on attache en France à la politique coloniale; la société intitulée *L'Alliance Française*, qui se propose d'encourager la propagation de la langue française à l'étranger et dont le Pavillon que nous avons visité à la grande Exposition de 1889 nous a semblé fort instructif, est une autre preuve du souci que la France se donne pour garder son influence légitime dans les pays où elle a des intérêts à surveiller.

Dans un livre qui fait partie de la *Petite Bibliothèque populaire*, publié, il y a quelques mois, sous le titre *Les Droits Coloniaux de la France*, chez l'éditeur Charles Bayle, le jeune auteur M. Henri Mager réunit une longue série d'articles, où il ouvre tout son coeur au sujet des ambitions de la France comme puissance coloniale; il nous apprend qu'il est du petit nombre des Français qui ont demandé « que la France aille au Tonkin ainsi qu'à Madagascar. » M. Mager est un apôtre de la colonisation française; il s'indigne donc contre les ministres qui, pour ne pas créer « des questions » ont capitulé devant l'étranger, c'est-à dire devant l'Angleterre en Océanie, devant l'Allemagne aux îles Salomon, devant le Chili à l'île de Pâques, devant l'Italie dans la mer Rouge, et devant le roi barbare de Dahomey dans l'Afrique équatoriale. Ces plaintes du jeune publiciste qui expriment, sans doute, le sentiment à peu près général du peuple français sont instructives pour nous, et nous permettent d'apprécier davantage la sagesse de la conduite du Gouvernement de la République Française, depuis qu'on a pu reconnaître d'avoir commis une double faute politique assez grave, en se lançant dans les deux aventures de Tunis et du Tonkin. La première de ces deux aventures n'a presque pas coûté du sang à la France et a augmenté plutôt que diminué les ressources financières de la France. On peut donc, à certains égards, en féliciter la France, à condition, qu'elle reconnaisse aux autres peuples civilisés des droits pareils, et surtout le libre accès aux ports, le libre commerce, et une parfaite liberté de mouvements. Tant qu'un système de méfiance gouvernera l'esprit et le droit colonial, tant que le principe de la neutralité absolue, et une solidarité commune de tous les états intéressés, n'importe en quelle mesure, à la prospérité des colonies, ne guidera les gouvernements dans leurs entreprises coloniales, le bénéfice que la civilisation tirera des colonies sera inférieur à toutes nos superbes aspirations humanitaires. Si on se donne, hors de l'Europe, cette chasse qu'on aurait honte de poursuivre en Europe même, c'est bien téméraire à nous de prétendre à un rôle de civilisateurs, vis-à-vis des peuples que nous avons l'air, en les dépouillant, en les suffoquant, souvent en les supprimant, de vouloir civiliser. Voici, par exemple, comment les *Cahiers Coloniaux* de l'année 1889, envisageaient la question de la Mer Rouge, au point de vue colonial français. « La Mer Rouge commande les routes maritimes de France à Madagascar et à la Réunion, aux Possessions de l'Inde, à la Cochinchine, à l'Annam au Tonkin, et à la Nouvelle-Calédonie. Si une puissance rivale pouvait être maîtresse d'une des portes de cet immense détroit, long de cinq jours de navigation accélérée à vapeur, si le canal de Suez pouvait nous être fermé, ou si le passage par le Bab el Mandeb était dangereux et infranchissable, toute relation entre la France et ses Colonies deviendrait impossible. D'où *la nécessité impérieuse* de garantir par conventions internationales la neutralité du canal de Suez et d'annuler les batteries de Périm par un établissement définitif à Chcick-Saïd. D'où la nécessité d'établir dans cette région, vers Obock, un port de ravitaillement, de refuge ou de concentration. » Comment l'Italie ne se tiendrait elle pas sur le qui-vive contre les surprises? comment ne surveillerait-elle pas les mouvements des navires français sur les côtes orientales de l'Afrique, en apprenant par ses publicistes, que le but essentiel de la France serait un but militaire, et que ses colonies africaines devraient surtout devenir des forteresses? La France avait, en 1859, occupé, puis oublié, l'île Dessi dans la baie d'Aduli, près de Massauah; on nous reproche maintenant notre ingratitude parcequ'en cette année même Napoléon III, en se mettant à la tête de l'armée française, pour venir délivrer l'Italie, avait déclaré: « Le but de cette guerre est de rendre l'Italie à elle même; et nous aurons à nos frontières un peuple ami qui nous devra son indépendance. » Mais l'histoire se fait jour par jour; depuis 1859, il y a eu Mentana et l'occupation de la Tunisie; en comparaison de ces deux actes de violence, est-ce un si grand crime pour l'Italie, d'avoir, dans l'intérêt de sa nouvelle colonie africaine, occupé une île déserte, sur laquelle la France avait jadis, au grand hasard, mis la main?

Notre point de vue politique cependant est tel, que, tout offensés que nous soyons encore (*e il modo ancor n'offende*) pour la manière brusque, avec laquelle, en faisant abstraction de tous nos droits de précédence, les Français ont envahi la Tunisie, nous pouvons nous réjouir pour la civilisation, à laquelle l'Italie est si vivement intéressée, en constatant que le protectorat d'une nation active et intelligente comme la France, s'étend sur un pays jadis demi-barbare. On s'y est mal pris, à l'égard de l'Italie; c'était sous le gouvernement de M. Cairoli, ce premier ministre si dévoué à la France; on a profité de sa condescendance; la Triple Alliance qui déplait tant à la France, et ne plait pas énormément à l'Italie, était une nouvelle nécessité politique créée par les aggressions soudaines et violentes de M. Ferry et de son parti. Le Tonkin ne regarde point l'Italie; mais il a déja coûté tant de larmes et tant d'argent à la France, qu'on ne peut certainement pas se réjouir pour elle d'avoir persisté dans une entreprise coloniale, qui, même avec le succès final, ne la dédommagera peut être jamais des grosses pertes qu'elle a déja échouées, et de celles auxquelles elle est encore exposée. Le rêve de l'empire du monde hante l'imagination de plusieurs peuples; les Anglais, les Allemands, les Russes, les Italiens n'en sont point exempts; c'est une poésie dangereuse et tant qu'au nom et dans l'intérêt de la civilisation, ne se formera une confédération coloniale des états européens, les colonies dans la nécessité où elles se trouveront de se défendre non pas seulement contre les indigènes, mais bien plus encore contre les surprises possibles et la convoitise d'autres puissances européennes, maintiendront en permanence l'état de guerre, alors même que les puissances entr'elles se trouvent en paix en Europe. Malgré toutes les magnifiques nouvelles théories pacifiques exposées par les professeurs du droit international, dans les pays civilisées, dans la pratique, la France aussi bien que les autres puissances coloniales, ne prend comme guide que l'intérêt matériel immédiat; si elle renonce à des interventions hostiles, si elle accepte les faits accomplis chez les autres, c'est qu'elle espère se refaire autre part et elle pense qu'il faut sacrifier des petites choses en vue des grandes. Les théories du libre échange s'applique rarement; les intérêts nationaux seraient tous protégés dans l'intérêt général, s'il y avait un seul code colonial, une seule ligue internationale pour les colonies, où les grands et les petits, arborant un drapeau commun, le drapeau de la civilisation. Si nous pouvions être entourés de peuples civilisés de tout côté, et si ces peuples devenaint tels, par l'effet de l'influence de la domination française, non seulement nous n'oserions nous en plaindre, mais nous encouragerions les Italiens à soutenir dans son beau rôle notre grande voisine. Pourvu qu'on veuille, qu'on fasse le bien, peu importe que le bien soit fait par nous on par les autres. Nous sommes des idéalistes incorrigibles; et cependant nous croyons que le positivisme n'a pas à se revolter contre un idéal, dont la réalisation augmenterait seulement le bonheur de chaque peuple. Notre intérêt est que la France soit grande et heureuse et qu'elle domine largement le monde; l'intérêt de la France, est qu'une Italie puissante, n'ayant plus besoin de recourir à la politique des petits pour réussir, à la petite ruse, à la malice, réussisse; que l'ancien renard soit remplacé par le nouveau lion et qua ce lion devienne son meilleur ami. Il n'y a rien à craindre lorsqu'on a à faire avec un ami puissant et généreux. Que, dans le domaine colonial, la France répande toute sa lumière sur la Tunisie; qu'elle lui fasse tout le grand bien qu'elle a fait depuis un demi siècle à l'Algérie; qu'elle triomphe, qu'elle grandisse, qu'elle soit bénie dans ses riches colonies; mais qu'elle ne soit pas jalouse de cette Italie qui a cherché un petit débouché colonial à son commerce; nous aurions préféré une espèce de colonisation en Italie elle-même; nous avons encore une partie de notre pays qui est demeuré *terra incognita* et demi-sauvage; nous voudrions fonder là des colonies agricoles, des écoles, des fabriques, des magasins, et retenir chez nous une foule d'émigrés qui, à la recherche de l'Eldorado, vont mourir de faim en terre étrangère. L'Italie elle même, si on la défrichait, si on la cultivait, si on l'illuminait toute entière, serait à elle seule le véritable Eldorado, le Pérou, la Californie, la Terre Promise, le pays des rêves; mais puisqu'on pense avoir eu des raisons pour ouvrir une nouvelle voie commerciale à l'Italie en Afrique, qu'on l'encourage, qu'on la soutienne dans cette marche hardie à travers les sables, pour qu'elle fasse, par les moyens de la civilisation, non pas seulement pour son profit, mais pour le profit de tout le monde, disparaître le désert, pour qu'elle rallie vite, par Massauah, l'Europe avec le Soudan. Le rôle de civilisatrice appartient à chaque nation civilisée; et toutes les nations se trouveront leur mission facilitée, si elles travaillent d'accord, en tous les sens, au même but. Le premier occupant qui ose, qui risque davantage pour le bien de l'humanité, ne doit point inspirer des méfiances et des jalousies; nous avons félicité Lord Dufferin Vice-Roi aux Indes, lorsqu'il annexa à la Couronne d'Angleterre, comme par un coup de baguette magique, le beau règne de la Haute Birmanie, qui était en proie à la tyrannie d'un roi barbare; nous voudrions avoir appris que la France n'a pas seulement vaincu le roi du Dahomey, mais qu'elle l'a dompté et rendu soumis à sa haute volonté; les hommes et les peuples barbares qui se mettent, par leurs actes de cruauté, hors la loi, ne méritent point qu'on applique à leur égard les principes du droit international.

Qui aurait sérieusement songé, il y a trente ans, à envier à la France son domaine de Madagascar? Cette île magnifique, longue et large plus que l'Italie toute entière, de 1642 à 1862, a appartenu à la France au même titre que la Réunion ou la Martinique; sous Louis XIV, l'île avait pris le nom de *France orientale*. Mais depuis que le roi des Hovas s'est déclaré Roi de Madagascar, il y a eu des rois et des reines de l'île, des révoltes contre les Français, des guerres et des soumissions partielles, en tout cas, des contestations, des revendications, qui ont secoué et diminué le prestige et la puissance de la France dans l'île; on ne peut que le regretter; et les amis de la civilisation doivent sincèrement désirer que la France reprenne dans l'île tout son empire. Mais, en 1885, par le traité avec le gouvernement de la reine des Hovas, la France elle même s'est dessaisie de ses pouvoirs, en reconnaissant comme reine de

Madagascar la reine des Hovas, et en gardant seulement dans l'île un protectorat, avec l'exclusion de toutes les puissances étrangéres qui n'ont aucun droit d'intervenir dans les affaires de ce royaume insulaire. Dans la même année, Lord Dufférin déposait le roi de la Haute Birmanie et faisait passer ce beau domaine sous la couronne de l'Impératrice des Indes. Lorsqu'on renonce de propre gré à un royaume comme Madagascar, est-ce bien raisonnable de se formaliser et de jeter des hauts cris, parceque les Italiens s'emparent des sables de la presqu'imperceptible Ile Dessi? Mais la France a commis, peut-être, par le traité de 1885, une faute plus grave dans l'île de Madagascar; elle a soumis aux Hovas, les tribus, jadis indépendantes, des Antankares et des Sakalaves, ses anciens protéges. Abandonnées, elles pourraient bien un jour ou l'autre invoquer le protectorat anglais ou le protectorat allemand; comment la France supporterait-elle une pareille intervention? En effet, en 1888, on écrivait dèja, de Nossi-Bé, au journal *Le Siècle:* « Les Allemands engagent le roi des Antankares à placer l'île Nossi-Mitsion sous le protectorat de l'Allemagne; ils exploitent contre nous le Traité de protectorat, qui, garantissant aux Hovas la suprématie sur Madagascar et ses dépendances, nous empêche de prêter assistance aux Antankares contre les agressions des Hovas. Plus au Sud, vers Majunga, les Macouas, après avoir vainement réclamé la protection de la France contre les corvées aux mines, que leur imposaient les Hovas, ont demandé le protectorat du consul anglais. » En 1889, le journal *Le Soir* écrivait: « Nous renoncions, en 1885, à la faculté d'acquérir des terres; nous nous contentions du droit de louer des biens; nous ne pouvons même plus jouir de ce droit aujourd'hui. On nous écrit de Madagascar : Les Hovas n'entendent céder á personne un pouce de terrain ; il est interdit à tout indigéne de contracter le moindre bail avec les étrangers ; la situation est actuellement bien autrement pénible qu'avant le guerre. » Ce maintien des Hovas envers la France est-ce déja un résultat et une preuve de la civilisation atteinte par les habitants de l'île, ou le produit d'intrigues et de suggestions de quelque puissance étrangére qui a intérêt à affaiblir la France dans l'île ? « Nous abandonnions en 1885 les Sakalaves « à la bienveillance » hova. Depuis trois ans, les Hovas leur font une guerre sans merci. Les Sakalaves de l'intérieur sont outrés contre la France. Ils l'accusent comme de raisons d'avoir introduit les Hovas dans leur pays. En attendant voilà tout le pays soulevé ; avant qu'il soit longtemps, il y aura des massacres ; tous les postes français de la côte ont été rélevés par crainte du pillage. Nous sommes obligés de fuir pour éviter la vengeance des protégés que nous avons trahis. Les Anglais profitent de cette situation pour se faire bien voir des Sakalaves. Ne savons-nous pas que les Allemands ont déja offert leur amitié aux populations de la côte ? Depuis la guerre, les traitants français sont maltraités partout, sont injuriés par les Hovas, bien plus qu'auparavant. Que de plaintes se produiraient si on était sûr d'être protégé ; mais malheureusement notre pavillon ne nous couvre plus. » Triste aveu pour une grande puissance. Au mois d'octobre 1889, à la clôture de la grande Exposition, la *Revue Coloniale illustrée* pubbliait cette note sanglante : « La cérémonie de la distribution des récompenses aux Exposants de 1889 a débuté par le défilé des représentants de toutes les nations. Après les nations étrangères, les Colonies et les Pays de protectorat ont défilé devant le Chef de l'État ;

toutes les Colonies figuraient dans le cortège. On y remarquait les bannières et les écussons même de Mayotte, de Nossi-Bé, et des Comores, même d'Ouvéa et de Foutouna, même les îles de Kerguelen; la Tunisie était brillamment représentée; un seul pays de protectorat manquait; ce pays, c'était Madagascar. Au dernier moment le ministère n'a pas osé ranger Madagascar parmi les nations étrangères! mais il n'a pas placé non plus cette île parmi les Colonies françaises, ou parmi les Pays de protectorat. Cet incident ne pouvait manquer de soulever une vive émotion dans le monde colonial et c'est ce qui a eu lieu. Madagascar est donc perdu, se demandait-on. À quoi sert d'avoir dépensé des millions de francs et des vies d'hommes par centaines pour aboutir à semblable résultat? »

La France garde encore en sa possession les deux îles de Nossi-Faly et Nossi-Mitsion, au nord-ovest de l'île de Madagascar; mais les Hovas sont devenus si audacieux qu'ils commencent même des hostilités annonçant leur intention de s'en emparer, en les disputant à la France qui en a le protectorat depuis vingt-quatre ans. Mais ici encore le protectorat semble plûtot nominal que réel, si on doit en juger par cette étrange nouvelle qu'on lit dans les *Cahiers coloniaux de 1889:* « La Résidence générale de Madagascar a porté plainte contre le Gouverneur de Diego-Suarez pour s'être permis d'empêcher les Hovas de prendre nos deux îles de Nossi-Faly et de Nossi-Mitsion, qui font partie du gouvernement de Diego-Suarez. »

L'île de la Réunion à l'est de Madagascar reste entièrement française; seulement elle demande que dans cette colonie, on applique davantage le principe de la décentralisation.

Les possessions françaises dans l'Inde restent telles qu'elles ont été réduites en 1815, avec les mêmes désavantages que présente le Domaine portugais dans l'Inde; elles sont petites et isolées, cependant intéressantes. L'Inde française se compose de quatre territoires: Pondichéry, comprenant quatre communes, et Karikal, avec trois communes, sur la côte de Coromandel; Yanaôn, avec ses aldées, sur la côte d'Orixa; Mahé, avec ses aldées, dans la côte de Malabar, et Chandernagor avec son territoire au Bengale. La France possède, en outre, dans l'Inde des loges ou points de dépôt à juridiction souveraine et des « maisons de commerce » de la France. Il y a des loges françaises, dans le sens de marché privilegié, donné par les anciens marchands florentins à ce mot, à Patna, Cassimbazar, Dacca, Yongdia, Balasore, Mazulipatam, Calicut, Surate; les loges de Yongdia et de Cassimbazar ne sont plus occupées aujourd'hui; les *Maisons de Commerce* sont des factoreries, dont la propriété est incontestable, mais sans juridiction; il y en a encore plusieurs et elles portent le nom de Chapra, Soupour, Nounepour, Kirpay, Conicola, Sirampour, Sola, Feringhi-Bazar, Chopour, Alloudé, Elimbazar, Patorcha, Ottabady. Elles ne sont que les petits restes d'une très-grande fortune, après Waterloo renoncée en faveur de la compagnie anglaise des Indes. Il n'y a pas de doute, cependant, que si toute cette fortune qui reste, était organisée au profit du commerce et de l'industrie par un administrateur de talent, la France pourrait encore en tirer un excellent parti.

Nous avons eu l'honneur d'être l'hôte du gouverneur français de Pondichéry. Rien de plus doux pour un voyageur italien, grand ami de la France, que l'hospitalité française reçue dans un coin de terre, qui est un vrai paradis mignon, dans une ville gracieuse et proprette, au milieu d'une végétation méridionale féérique; peu de fois dans notre vie nous avons senti un charme aussi puissant; les anglais gouvernent bien l'Inde, mais les français la goûtent mieux et la font apprécier d'avantage. Pondichéry sera une perle fine tant que les français le garderont; qu'ils le gardent toujours, et qu'ils puissent créer autour de leurs aldées d'autres Pondichéry dans l'Inde. Les indiens s'en trouveront bien, et la civilisation y gagnera; nous avons vu quelques soldats à la résidence du Gouverneur; mais il ne nous ont point fait peur; les français n'ont plus besoin de soldats pour gouverner leurs colonies indiennes; leur humanité est la meilleure des disciplines. A Pondichéry on demande, et on a raison de réclamer un port; la colonie sera riche dès que la rade de Pondichéry aura son port; qu'on l'accorde vite. On peut faire quelque sacrifice pour le bonheur complet des habitants du Paradis terrestre; le jour où Pondichéry aura un port, cette ville deviendra aussi puissante que Madras, et la rivalité des deux villes ne fera du mal à personne.

Dans les colonies françaises de la Cochinchine on se récrie contre le système protectionniste qui a épuisé toutes les ressources. « Ainsi, dit M. Mager, la cotonnade anglaise, qui ne paye, à l'entrée en France, que 50 francs suivant le tarif conventionnel, paye dans l'Indo-Chine 62 francs, par application stricte du tarif général. Le but qu'on se proposait n'a pas été atteint; l'industrie française n'a recueilli aucun avantage du régime protecteur imposé à la Cochinchine; les marchandises étrangères ont continué, comme par le passé, à alimenter Saïgon; seuls, les consommateurs européens ou asiatiques de notre colonie ont supporté, sans profit, les charges du tarif général et du tarif spécial. Qu'est-il résulté ? Le renchérissement de toutes les denrées et de toutes les marchandises a été suivi d'un mécontentement général parmi les Annamites; toutes les transactions sont devenues plus pénibles; leur chiffre a considérablement faibli; la rentrée des impôts est devenue difficile, le nombre des faillites est décuplé. Un plus long essai de protection, sans rien rapporter au commerce métropolitain, qui d'ailleurs faiblit chaque jour, coûterait, à coup sûr, la vie à la Cochinchine. » M. Blancsubé disait à la Chambre, en février 1887, au moment de la discussion législative : « Lorsque nous viendront vous dire que nous sommes ruinés et vous demander les moyens de continuer à vivre, vous préférerez renoncer à cette loi. » Le même système condamné par tous les vrais économistes, et si funeste à la Cochinchine, sans procurer aucun bénéfice réel à la France, est aussi une des causes essentielles de l'isolement actuel de la France au milieu des nations européennes. Le pays, où pour la liberté, on a le plus vivement lutté, renie ses beaux principes, obéissant aux suggestions d'un esprit philistin, qui tarirait mesquinement toutes les sources de vie, à condition d'y trouver de l'or au fond; on a donc entièrement oublié, dans certaines sphères politiques, le sens caché de la fable du roi Midas ?

Au Tonkin, on a eu le grand tort de trop oublier la politique pacifique inaugurée, pendant ses six mois de gouvernement, par le regretté Paul Bert, pour la remplacer par la politique agressive et militaire aussi coûteuse que dangereuse. La Chambre française a souvent flétri les ministres qui ont imposé cette dernière politique à leurs administrateurs. M. Mager, l'un des partisans de l'occupation du Tonkin, est content de l'état actuel de cette nouvelle grande colonie française. « La situation, dit-il, est prospère. Même sans emprunt, le Tonkin peut aujourd'hui vivre et s'outiller. Il suffit de reformer la perception de l'impôt, pour être assuré d'excellents budgétaires; le marché est immense; l'industrie française s'est ouvert un champ d'activité dont elle commence à peine à sentir l'étendue; l'époque est prochaine où l'Indo-Chine, à elle seule, achetera à nos producteurs plus que toutes nos autres colonies réunies, l'Algérie et la Tunisie comprises. » Ainsi soit-il. Seulement, dans la carrière coloniale, plus souvent et plus vite peut-être que dans toute autre carrière, l'appétit vient en mangeant; par conséquent dans le *Soir* du 29 avril 1889, M. Mager, au sujet des frontières françaises de l'Indo-Chine, s'exprimait ainsi : « Dès maintenant, la France revendique pour frontière de ses possessions indo-chinoises le cours du Mékong; elle se réserve de reculer sa limite à trois cents kilomètres plus à l'ouest, jusqu'à la ville siamoise de Korat, le jour où elle entendra porter son influence directe sur les populations laotiennes qui peuplent le bassin de Mékong, sur la rive droite. Il faut que l'on sache bien en Angleterre que la France n'est pas disposée à tolérer l'établissement dans les Principautés laotiennes, dans le pays des Moïs, d'agents de la politique anglaise, qu'ils s'abritent sous le masque siamois ou sous le couvert d'explorations scientifiques et commerciales. » Vaines menaces; défi inutile; le même droit qui a servi à la France pour occuper l'Annam et le Tonkin peut être invoqué par l'Angleterre, si elle désire pousser plus loin ses confins de Birmanie. La France aussi avait fait précéder ses expéditions militaires sur le Fleuve rouge, sur le Mékong, par des expéditions scientifiques fort intéressantes, et par des explorations qui avaient une arrière-pensée stratégique. Elle ne doit donc pas s'étonner que les anglais imitent cet exemple, s'il n'est plus juste de dire que les anglais, qui ont illustré les royaumes de Hué et de Siam, dès le siècle passé, ont les premiers montré le chemin et guidé aux conquêtes de nos jours. Il sera, d'ailleurs, très-naturel que les peuples colonisateurs, se trouvent un jour ou l'autre aussi bons voisins dans leurs possessions éloignées, qu'ils le sont dans leurs états européens ; et il y a lieu d'espérer, que s'ils acceptent le même code colonial, ils finiront par faire bon ménage ensemble loin de leur patrie, comme ils s'évertuent déjà d'être ou, pour le moins, de paraître, sur le sol européen, les plus grands amis de la paix, et les meilleurs amis du monde. Pendant que nous écrivons ces lignes, n'avons nous pas appris que le Tzarevitch entreprend un voyage aux Indes, et que sir Mackenzie-Wallace, l'ancien intelligent secrétaire de lord Dufferin, Vice-Roi des Indes, l'auteur de l'excellent livre *Froc Russia*, l'accompagne ? Vont-il fixer la ligne de démarcation qui séparera définitivement leurs vastes possessions asiatiques ? En tous cas, ce voyage d'un prince russe avec un homme politique anglais est de bon augure pour la paix en Orient, et un exemple de grande sagesse donné à d'autres peuples qu'il est inutile de nommer.

Dans l'Océan Atlantique, la France possède encore les petites îles de Saint-Pierre et Miquelon, et le droit de pêche sur une partie des côtes de l'île ; il paraît que les anglais et les habitants de Terre-Neuve songent à priver les français de ce droit. « La pêche de Terreneuve, dit M. Mager, est un élément précieux pour notre inscription maritime, dont dépend le développement de notre puissance nationale ;

et elle a une importance commerciale considérable, puisqu'en une seule année, Terre-Neuve a donné à nos pêcheurs métropolitains plus de 16 millions de kilogrammes de morue, représentant neuf millions de francs, sans compter le produit des lacs qui peut s'évaluer à plus de 250 millions de kilogrammes de poisson. » Les Terres-Neuviens travaillent depuis un siècle à s'affranchir de cette servitude envers la France, et ils mettent toute sorte d'entraves pour empêcher aux français de tirer profit de leur industrie.

La Guadeloupe et la Martinique sont encore deux belles possessions françaises aux Antilles. Leur civilisation est si avancée, et elles se sentent si bien françaises, qu'elles réclament d'être considérées, non pas comme deux colonies étrangères, mais comme deux départements de la France, avec les mêmes droits et les mêmes charges. Une pareille réclamation prouverait en faveur de la puissance assimilatrice de la France. Mais on peut répéter pour les Antilles ce que le député Treille a avancé pour l'Algérie: « Si, au point de vue politique, le lien doit être étroit entre la métropole et l'Algérie, il faut *au point de vue administratif*, accorder à celle-ci comme aux autres colonies, la décentralisation la plus large. »

Bien plus considérables sont cependant les possessions de la France sur la côte occidentale de l'Afrique, au Sénégal, au Niger, dans la Guinée, au Congo et dans quelques autres nouveaux parages. Les établissements du Sénégal et du Niger sont surtout intéressants pour la France; l'expansion de la France de ce côté est naturelle et logique; lorsque le ralliement de l'Algérie d'un côté avec le Niger et la Gambie, de l'autre avec le Soudan occidental, sera un fait accompli, la puissance coloniale de la France lui procurera une richesse incomparable; alors elle n'aura plus lieu de s'inquiéter si les italiens, en vue de leur commerce avec le Soudan oriental gardent d'un côté Massauah, en réclamant Kassala, et de l'autre côté ont des vues légitimes sur Tripoli. Ce n'est pas l'esprit de conquête qui attire les italiens vers le Soudan au centre de l'Afrique, mais la nécessité d'avoir un débouché à leur commerce. Tandis que la France exploitera pour la civilisation, par ses vastes et riches colonies africaines, le Soudan occidental, qu'elle permette à l'Italie amie d'exploiter à son tour le Soudan oriental; on ne peut pas tout avoir, et tout garder; on doit concentrer les efforts dans un but pratique et bien déterminé. L'Angleterre au Sud, le Portugal au Sud-Ouest, la France au Nord-Ouest, l'Italie au Nord-Est, l'Allemagne au Sud-Est de l'Afrique ralliées dans une seule mission civilisatrice feront la véritable découverte et conquête de l'Afrique, un monde toujours inconnu, toujours nouveau, dont les ressources semblent être inépuisables. Avec des plans bien arrêtés, des desseins aussi larges qu'élevés, et une entente cordiale, sans intrigues, sans surprises, sans trahisons, chaque nation aura un beau rôle envers l'Afrique et chacune réalisera pour elle même un bien-être durable, fondé sur des droits légitimes.

Pourquoi ne réunirait-on pas en Europe un grand congrès spécial pour le partage da l'Afrique à civiliser, entre les nations qu'y sont le plus vivement intéressées? S'il est vrai que la libre Amérique veut rester un monde à part et nous fermer ses ports et ses portes, l'Europe a tous les moyens de s'en dédommager en Afrique et en Asie. Qu'on y songe seulement, non pas dans un intérêt exclusivement national, mais dans l'intérêt de l'Afrique et de l'Asie elles-mêmes, et dans l'intérêt général de l'Europe civilisée. Que chaque pays se trace bien nettement et ouvertement un rayon d'activité coloniale en Afrique sans le dépasser. Lorsqu'on aura d'un commun accord combiné ce partage idéal de l'Afrique sauvage, qu'on travaille hardiment et avec zèle à l'œuvre de la civilisation; cette œuvre doit être poursuivie avec un esprit de solidarité; il ne peut y avoir entre les puissances que de l'émulation et jamais de la défiance. Un congrès spécial pour la conquête pacifique de l'Afrique, aurait des avantages inappréciables et mettrait une fin à bien de malentendus, aux secrètes rancunes, aux inquiétudes malsaines. Que le Président de la République Française invite le premier les puissances intéressées à ce congrès pour la paix en Afrique. Le mot de la France, en cette occasion, aurait un retentissement bienfaisant dans l'Europe entière. A propos du projet de joindre par une voie ferrée, le Sénégal et l'Algérie par Timbouctu, voici ce qu'écrivait en 1879, M. Mager : « Notre établissement en Algérie et au Sénégal nous commande de relier ces deux colonies en les unissant toutes deux au Soudan pour exploiter ses immenses richesses. Le chemin de fer transsaharien n'est pas seulement pour nous une possibilité ou un droit, c'est aussi un devoir. Il faut se souvenir des paroles si justes que M. Largeau entendait prononcer à Bordeaux et qu'il approuvait complètement: « Si nous ne nous hâtons « d'asseoir solidement notre domination dans le nord-ouest « de l'Afrique, que nous tenons déjà à moitié par le Ga- « bon, le Sénégal et l'Algérie, notre avenir colonial est « perdu. »

De notre côté, nous recommandons depuis cinq ans à notre gouvernement, qu'au lieu de lancer nos soldats contre les abyssiniens, il les emploie à la construction des chemins

de fer destinés à réunir par Keren et Kassala, Massauah à Khartum et au Soudan oriental. Les anciens romains gouvernaient presque le monde entier par des stations militaires sur les grandes routes qu'ils ouvraient à la civilisation ; cet exemple classique est encore bon à suivre ; les anglais l'ont adopté dans l'Inde ; le même système nous conviendrait, ainsi qu'à la France, en Afrique. Seulement on ne devrait pas craindre le voisin plus qu'on ne craigne l'ennemi ; M. Mager voit partout des convoitises étrangères au dommage de la France ; tantôt il en veut eux italiens qui envahissent leurs établissements sur la côte orientale, tantôt aux espagnols qui menacent de traverser la route des français au Soudan ; à propos des établissements français à Porto-Novo il écrit :
« A Porto-Novo, les anglais et les allemands usent de toutes leurs intrigues pour nous faire abandonner la tentative de colonisation de 1863 et profiter de nos hésitations pour prendre notre colonie. Vers l'est, nous sommes envahis par les anglais, vers l'ouest par les allemands. Depuis 1886 les anglais sont parvenus à faire triompher leurs prétentions. La néfaste convention du 10 août 1889 a démembré le royaume de Porto-Novo au profit de l'Angleterre ; la France cède toute la partie orientale du royaume à l'est de la crique Ajarra. Bien qu'une loi eût été nécessaire, aux termes des textes constitutionnels, pour couvrir une semblale cession territoriale, un décret du 18 mars 1890 est venu promulguer la convention de 1889. Cet acte aura pour résultat de nous fermer, pour toujours, la route du Niger et du Soudan que les anglais placent sous leur protectorat ; d'établir une infranchissable barrière entre ce qui nous reste du royaume de Porto-Novo et les pays des Yarouba et des Eghas, que nous livrons à l'Angleterre ; nous sommeu vain-

cus par la diplomatie anglaise et après avoir été chassés par les allemands de Porto-Seguro et de Petit-Popo, nous sommes évincés par les anglais d'une partie du royaume de Porto-Novo! »

Ces grandes lamentations n'ont pas le pouvoir de nous attendrir; si les anglais ont pris le devant, et la diplomatie française, plus brillante qu'abile, a cédé à leurs prétentions, il faut en conclure que le plus faible a dû céder la place au plus fort. Si l'Italie, étant sur la voie de Kassala, renonçait, en faveur des anglais, à la prise de possession de cette ville, nous considérerions cet abandon comme un aveu complet de notre impuissance en Afrique; mais nous espérons que notre diplomatie saura défendre assez énergiquement, nos intérêts, pour que l'Angleterre se résigne à permettre aux italiens de marcher a leur but, vers le Soudan oriental. Seulement nous ne voudrions jamais voir la solution de ces questions détaillées d'influence coloniale confiée au seul caprice et à l'entêtement des deux parties intéressées; un Congrès permanent international, un Conseil d'arbitrage, où chaque puissance européenne aurait ses représentants, devrait seul examiner et résoudre toutes ces questions irritantes.

Quant aux envahissements de l'Italie sur la côte orientale de l'Afrique qui mettent en orgasme certains publicistes français, la France en est bien dédommagée par les trois expéditions au Congo d'un italien, devenu depuis quelques années, un français, le comte Brazza de Savorgnan, issu d'une ancienne famille du Frioul. « Le premier voyage d'exploration et d'étude de M. Savorgnan de Brazza dura trois ans; parti de Bordeaux au mois d'août 1875, il n'était de retour qu'en 1878. Le 27 décembre 1879, M. de Brazza

repartit; sa seconde exploration dura jusqu'en avril 1882 ; ce voyage eût pour résultat la création de la colonie du Congo. La troisième expédition partit le 1.ᵉʳ janvier 1883, et se prolongea jusqu'en octobre 1885 ; à son retour, de Brazza pouvait dire : « Nos possessions, qui jadis ne com-
« prenaient qu'une bande étroite et insignifiante de côtes
« entre le Cap Saint-Jean et le Cap Sainte-Catherine, sont
« actuellement plus que centuplées ; elles ont aujourd'hui
« pour limites au nord la rivière Campo, au sud elle tou-
« chent le Congo ». Quant à Stanley il avouait sa pensée, un jour, dans une conférence à Manchester : « La France,
« voilà l'ennemie » disait-il. De 1885 à 1889 la question des
« voies de communication fut le principal souci de Savorgnan
« de Brazza. » Deux routes sont projetées vers la côte. L'État indépendant du Congo étudie un projet de chemins de fer de 300 kilomètres ; il longerait le fleuve sur sa rive gauche ; l'établissement du projet a déjà coûté deux millions ; cette voie ferrée ne pourrait être construite que dans les conditions les plus difficiles ; elle coûtera des sommes considérables ; et son prix de revient pésera lourdement sur tous les transports ; ce ne sera jamais une vive économie. Pour en rendre l'exécution possible, on usera en Angleterre et en Belgique de tout le prestige dont une savante réclame a pu rehausser Stanley. M. de Brazza de son côté a entrepris de joindre le Congo à la côte et à la France. La route du gouvernement français est plus courte et plus directe, moins coûteuse et plus économique ; elle pourra être longtemps avant ouverte à la circulation ; ce sera le véritable débouché du bassin du Congo et de l'Afrique centrale. La Chambre des députés vient de voter, sur le rapport de M. Arthur Leroy, une double ligne de navigation de la baie

de Loango à Oran et Marseille, dans la Méditerranée; à Bordeaux, Cherbourg, Le Hâvre et Dunkerque, dans l'Atlantique. Par la voie ferrée de Brazzaville au Konilon, par la voie navigable de ce fleuve, par le service mensuel de Loango à la France, le Congo navigable se trouvera ainsi directement relié à la France. Ce sera un grand succès pour la cause française, une puissante assurance d'expansion pour notre commerce national. Tout l'honneur en reviendra à M. de Brazza qui a découvert le Niari en 1882 et qui n'a cessé, depuis cette époque, de tendre à la réalisation de sa volonté, malgré toutes les difficultés que lui ont suscitée quelques envieux, malgré les hostilités qu'il a dû vaincre jusque dans son entourage immédiat, malgré l'opiniâtreté de Stanley qui est venu le poursuivre et l'attaquer jusqu'à Paris même pour faire échec au traité signé avec Makoko, origine première de la colonie du Gabon-Congo. Le succès de M. de Brazza sur Stanley est, en même temps, le succès de la France, et une puissante victoire économique. »

S'il en est ainsi, nous nous en réjouissons pour l'Italie qui peut espérer d'avoir, dans son sein, et à son bénéfice, d'autres organisateurs de colonies africaines, habiles comme Brazza de Savorgnan, et pour la France, qui, grâce à un italien d'ancienne date, devenu français, a établi en Afrique l'une de ses plus belles et de ses plus florissantes colonies. L'Italie qui a fourni, dans notre siècle, à la France des Bonaparte, des Gambetta, et des Brazza n'est certainement pas une quantité négligeable et méprisable. Dans la sève italienne il y a souvent une grande vigueur; nous sommes heureux chaque fois que la France en tire son parti; nous nous garderons bien de considérer comme des rénégats ces italiens qui vont faire honneur à l'Italie en terre étrangère;

d'ailleurs nous l'avons déjà laissé comprendre : en pays civilisé, pour l'homme civilisé, il n'y a plus d'étrangers. Que chaque peuple comme chaque individu garde sa physionomie et son caractère ; mais puisque les yeux nous nous ont été donnés pour nous regarder, non pas pour nous foudroyer, les bouches pour nous parler, non pas pour nous dévorer, les mains pour nous serrer de plus près, non pas pour nous battre, approchons nous et circulons dans le monde civilisé comme chez nous, puisque la même lumière y rayonne partout d'en haut.

En Afrique, malgré sa puissance, la France jalouse un peu l'Italie, l'Allemagne, l'Espagne, et surtout l'Angleterre ; à la Guyane française, elle a aujourd'hui une question de frontières avec la Hollande : « La question du Tapanahoni, dit M. Mager, est une question de vie ou de mort pour la Guyane française. Notre colonie n'a pas d'agriculture ; elle agonise. L'exploitation aurifère peut la sauver ; les plus riches places sont entre le Tapanahoni et l'Aoua ; abandonner le territoire, c'est achever la ruine de la Guyane » ; une autre question existe, au sujet de la Guyane, entre la France et le Brésil : « La Guyane française a pour limite d'un côté le Fleuve des Amazones, de l'autre, le Maroni prolongé par le Tapanahoni. La frontière du Fleuve des Amazones nous est contestée par le Brésil, qui occupe même militairement le territoire compris entre l'Amazone et le Rio Aguaray ; il a fondé, pour surveiller cette conquête, la colonie militaire de Pédro II. — Nous n'avons pas renoncé à l'espoir d'étendre notre influence jusqu'à Macapa, et de faire de ce poste du Fleuve des Amazones la capitale des Guyanes. » Au point de vue humain, tous les intérêts, ceux des brésiliens autant que ceux des français, nous sont chers ; les convoitises peuvent être égales des deux côtés; il faudrait savoir de quelle côté est le droit et où le peuple trouverait son bien le plus assuré; ici encore se présente la nécessité d'un Conseil permanent d'arbitrage pour toutes les questions de droit international, pour toutes les questions de confins et d'influence entre peuple et peuple.

Les établissements français de l'Océanie comprennent l'archipel de la société (Tahiti, Moréa et les îles Sous-le-Vent de Tahiti, c'est-à-dire Raiatea, Huahine, Borabora et dépendances), l'archipel Tonamotou ou Iles Basses, l'archipel Toubonai, l'archipel des Marquises, l'archipel du Gambier ou Mangareva, et l'île Oparo ou Rapa; les trois premiers archipels font partie du royaume de Pomaré. La France aspire encore à étendre ses droits sur quelques autres îles de l'Océan Pacifique, et s'inquiète des progrès de l'Angleterre dans ses colonies océaniennes, et s'étonne que les anglais convoitent les îles de Cook « bien que ces îles, par leur voisinage de Tahiti et des Toubonaï, rentrent dans la sphère d'influence de la France. » Pourquoi ne pas convenir plutôt que les Français ont empiété sur un domaine, qui, s'il devait appartenir à quelqu'un, était réservé aux compatriotes de Cook? La France a eu, sans doute, une influence bienfaisante depuis son séjour à l'île de Tahiti; mais peut on nier que l'influence anglaise aux îles de Cook soit moins précieuse pour la civilisation? Malheureusement il y a des questions d'intérêt matériel qui inquiètent les deux grands voisins; écoutons M. Flourens : « Nos droits sur l'archipel de Cook ne sont pas douteux. L'Angleterre a cru le moment venu de se rapprocher de Tahiti, ce qu'elle désire depuis longtemps; son but immédiat est de faire la contrebande de la pêche des perles, ce qui ruinerait notre colonie océanienne. Je suis convaincu que l'Angleterre nous rendra les îles de Cook, mais nous aurions mieux fait de ne pas les laisser prendre. Il faut prévenir les événements plutôt que de se heurter aux faits acquis. Mais il y a des précédents; j'ai obtenu de l'Angleterre qu'elle nous rendit, en 1887, les îles Sous-le-Vent dont elle s'était emparée. »

Que l'Angleterre, une nation essentiellement maritime et insulaire réclame le domaine des îles de l'Océanie, il nous semble tout naturel; que la France ait pris possession de quelques unes de ces îles ce n'est qu'un sujet d'étonnement pour nous; le fait accompli et réussi mérite qu'on en tienne compte; mais nous ne saurions nous intéresser et d'autant moins nous associer à l'esprit chicanier qui guide certaines récriminations contre les Anglais. Voici, par exemple comment M. Mager envisage, dans le *Siècle* de l'année 1888, la question des îles de Cook dont l'Angleterre s'est emparée, par surprise: « Au sujet des îles de Cook, aucune faiblesse, aucune transaction n'est admissible. Nos cinq archipels de l'Océanie constituent un domaine compact. Le laisser morceler, permettre à un ennemi d'ouvrir une brèche au cœur de cette possession, serait anéantir l'avenir de notre Colonie océanienne, qui, par sa situation dans le Pacifique, son climat, sa richesse et sa variété de productions, est une de nos plus belles possessions. » Dans la même année, les Chiliens s'empare d'une île voisine de Tahiti, de l'île de Pâques; nouvelles alarmes en France. Ce qui s'appelle île voisine est à huit cent lieues de Tahiti, entre les archipels français et l'Amérique du Sud; depuis dix ans seulement, le drapeau français y flottait; est-ce une raison pour que les Chiliens bien plus intéressés à la possession de cette île renoncent à la possibilité d'en devenir les maîtres? il n'y a là que des indigènes; ces indigènes ont toujours eu des rapports avec les Chiliens; pourquoi devraient-ils préférer un gouvernement français au gouvernement d'un peuple voisin? De prétention en prétention, pourquoi les Français ne débarqueraient-ils pas un jour sur les côtes du Chili, sous pretexte, qu'il rentre dans le rayon de ses Archipels Oceaniens, et, par conséquent, sous son influence? L'Ile de Pâques a été découverte par les Hollandais en 1722; parcequ'en 1865 un français M. Dutrou-Bornier, s'est aperçu de la fertilité de ce pays, et s'est avisé d'y fixer sa demeure, en y arborant un drapeau français ; parceque, après la mort de ce propriétaire français, ses biens ont passé à des héritiers français qui habitent Tahiti, d'où un seul, est passé au village de Mataveri, le chef-lieu de l'île de Pâques, voilà un droit suffisamment acquis pour la France, d'après M. Mager. Nous regrettons de n'être point de son avis là-dessus; à ce titre, comme il deviendrait facile de s'emparer du monde entier! En 1878, il y avait à l'île de Pâques, sur 130 indigènes, un seul européen et cet européen était un propriétaire français; qui arborait sur sa résidence un drapeau français, voilà un droit acquis par la France contre le Chili. Si on argumente de la même manière contre l'Angleterre, les Anglais riront sous cape, et continueront à nommer des vice-consuls, des consuls, des résidents partout où ils voudront arborer leur drapeau national et affirmer la suzeraineté de leur pays. Nous croyons rêver en constatant le ton sérieux avec lequel, dans une série d'articles insérés au *Siècle*, au *Soir*, à la *Géographie*, M. Mager, perore pour les droits de la France sur l'île de Pâques. Mais, en dernier lieu, ce n'est plus seulement parceque l'île, habitée pendant quelques années par un français, semble devenue française de droit, qu'on en réclame la possession; nous avons de la peine à emprunter à un journal aussi important et aussi libéral que le *Siècle* les lignes suivantes où sont données les vraies raisons pour lesquelles, on devrait enlever aux Chiliens l'île de Pâques, pour la réserver au domaine exclusif de la France; est-ce à la fin du dix-neuvième siècle, dans un pays républicain, et dont la haute civilisation s'est imposée par des principes d'humanité et de fraternité, qu'on doit entendre des raisons pareilles? « Si la France couvrait de son drapeau, avec Tahiti et Rapa, l'île de Pâques et les îles Cook, elle dominerait sur une largeur d'Océan qu'il faudrait vingt-cinq jours pour traverser. Si elle refusait du charbon à une nation rivale, à l'Angleterre ou à l'Allemagne, par exemple, cet adversaire serait dans l'impossibilité de prendre la voie de Panama pour secourir ses Établissements océaniens; la France serait maîtresse de la moitié du Pacifique au profit de son commerce, de sa marine, de sa sécurité, de son prestige et de sa puissance. »

Le ministre des affaires étrangères ne s'est point laissé émouvoir par ces représentations tant soit peu grotesques, et on ne peut que le féliciter. La France est assez grande puissance coloniale, pour se permettre le luxe de quelque dédain pour certaines questions chauvines qui percent parfois dans la presse et irritent les esprits au lieu de les apaiser. Très souvent on crie pour la perte de droits qui n'ont jamais été reconnus; on se fâche de ne pas avoir osé à temps, et que d'autres plus habiles aient osé davantage; de devoir partager avec l'Angleterre la suzeraineté des Nouvelles-Hébrides; et que l'Allemagne et l'Angleterre aient compris avant la France l'importance des îles Salomon, en les occupant; on voudrait pouvoir tout embrasser, tout posséder, à la fois, comme certains enfants qui n'ont plus faim et qui ouvrent encore de grands yeux, avec un air piteux de convoitise, sur le gâteau qui reste; nous ne comprenons plus cette espèce d'appétit malsain; nous ne pouvons avoir aucune sympathie pour des cris d'alarme poussés contre des voisins qui font leur chemin paisible à côté de nous. Lorsque la France tient une grande partie de l'Afrique, de belles possessions en Asie, en Amérique et en Océanie, pourquoi tant et si souvent doit-elle s'impatienter contre l'Angleterre laquelle comme puissance maritime et coloniale ne peut avoir nulle part des rivales sérieuses? L'Angleterre, d'ailleurs, dans le grand marché du monde, fait assez de place aux autres puissances, pour que, sur mer surtout, sur les grandes mers particulièrement, celles-ci saluent avec respect le drapeau anglais qui passe.

C'est d'une manière bien plus intelligente que le protectorat français est compris par M. Gabriel Charmes, dans son livre: *Politique extérieure et coloniale* que nous apprécions dans toute sa partie solide, tout en regrettant le ton malveillant dont on y parle de l'Italie. La conclusion essentielle qu'on peut en tirer nous semble celle-ci: on gagne toujours plus a être d'accord avec les puissances voisines, que par des ruptures et des chicanes. M. Charmes ne vise pas autant à de nouvelles conquêtes et à une plus grande expansion de la France, dont les forces coloniales sont peut-être déja trop eparpillées, qu'à bien organiser, à rendre plus actives, plus heureuses, plus fécondes les colonies qui existent; il admire, avec raison, l'exemple de sagesse que donne à tout le monde l'Angleterre dans son administration coloniale, et il voudrait que les lois du pays et l'esprit national aidassent mieux l'oeuvre coloniale : « La politique extérieure de la République, écrivait-il, y a cinq ans, M. Charmes, avait en d'heureux débuts. En s'alliant avec l'Angleterre, la seule puissance dont l'amitié ne fût pas compromettante pour elle, la France avait à la fois écarté les nuages qui assombrissaient son horizon sur le continent et acquis sur les mers des avantages considérables. Chaque jour elle y faisait de nouveaux progrès. Il a suffi d'une crise ministérielle pour les arrêter. Un ministère nouveau a répudié l'alliance anglaise, uniquement parce que cette alliance avait été nouée par ses prédécesseurs. Cette rupture nous a valu la perte de l'Egypte et les complications, de plus en plus périlleuses, auxquelles nous nous sommes heurtés sur tous les points du monde, en même temps qu'elle nous a condamnés à rester isolés sur le continent ou à nous y prêter à de prétendues alliances qui nous ont coûté très cher et qui, jusqu'ici du moins, ne nous ont rien rapporté. On voit par là quelle influence directe la politique intérieure exerce sur la politique extérieure. La seconde est solidaire de la première. Il est impossible, avec des majorités capricieuses et des ministères toujours changeants, d'avoir une diplomatie sérieuse et suivie, puisant dans de fortes traditions le prestige dont elle a besoin pour se faire écouter et respecter. Mais ce n'est pas tout. Les lois qu'on édicte au dedans ont au dehors un contre-coup profond, et c'est une grande illusion de croire qu'on peut adopter à l'intérieur une politique violente, faussement démocratique, tout en pratiquant à l'extérieur une politique sage, réservée et féconde. Ainsi, depuis quelques années, la France s'était éprise avec juste raison de politique coloniale ; elle avait devancé un mouvement d'expansion lointaine si naturel, si légitime, si utile et si nécessaire, qu'il a gagné peu à peu toute l'Europe et que personne n'y résiste plus aujourd'hui. Mais elle n'avait pas fait attention que la politique coloniale serait condamnée à échouer avec des lois militaires qui, sous prétexte d'égalité, arrêteraient les émigrants à l'âge même où ils devraient se fixer dans les colonies, et avec une persécution religieuse qui, pour abattre le cléricalisme, tarirait une des sources les plus abondantes de notre expansion dans le monde, les missions catholiques. — Nous reconnaissons qu'il faut s'arrêter dans la voie des entreprises coloniales, qu'y glisser plus avant ne serait ni politique, ni sage, ni sensé, ni patriotique ; mais il ne le serait pas davantage, ou plutôt il le serait bien moins encore d'en sortir avec la même légéreté que nous nous y sommes engagés, et de faire succéder l'affolement de la retraîte à l'entraînement de la conquête. Tout en nous gardant d'entamer d'autres affaires, nous ne saurions abandonner sans folie celles qui nous ont déjà coûté si cher, et condamner à la stérilité les sacrifices trop lourds que nous nous sommes imposés. Or, pour les terminer le mieux possible, pour en tirer un parti qui compensera peut-être un jour nos pertes actuelles, il faut éviter les fautes auxquelles nous devons d'amères déceptions. »

Ces conseils de sagesse conviennent aussi bien à l'Italie qu'à la France. Nous ne sommes qu'aux premiers débuts de notre carrière coloniale ; et il serait insensé, une fois qu'on a risqué sur le sable le premier pas, de s'arrêter sur le sable ; il ne fallait peut-être pas choisir Massauah comme premier établissement ; mais, puisque nous en avons fait notre point de départ, c'est à Kassala d'abord, puis à Khartum qu'il nous sera nécessaire d'arriver ; et il n'est point dit que, sur le chemin des Indes, nous ayons déjà fait serment et pris engagement de ne plus nous établir nulle part; mais les conquêtes italiennes peuvent et doivent se faire sous le prestige des armes, mais non pas avec les armes, par la seule activité de notre commerce et à l'aide d'une sage administration civile; le modèle anglais pourrait servir, comme type, pour l'Italie et pour la France, à la fois.

Seulement il faut que chaque pays médite pour son compte et mette en exécution et à profit ces conseils de M. Charmes: « La politique coloniale aurait pu être une politique de paix sur le continent et une politique de victoires faciles chez les peuples barbares où nous aurions fondé des établissements; il est fort à craindre qu'à l'avenir, elle soit tout autre chose. Du moment que l'Europe entière y prend part, elle risque d'amener des conflits qui auraient en Europe même leur dénouement. M. Bismark a dit, il y a quelques mois, au Reichstag, avec sa brutale franchise, que l'Allemagne ne défendrait pas ses colonies sur leur territoire, qu'elle les défendrait sur ses frontières continentales, et il a rappelé, que Metz n'est pas loin de la France et que l'Angleterre n'était pas si bien défendue qu'on pourrait le croire contre l'Allemagne par la mer agitée qui l'en sépare. Un pareil avertissement mérite d'être médité. La politique coloniale, telle que nous la comprenions il y a quelques années, n'est plus possible. La politique coloniale nouvelle demande une délicatesse extrême dans l'éxécution, car elle étend sur le monde entier les chances de contact, et, par suite, de choc que nous avons avec nos voisins. De là vient qu'il faut désormais, dans nos colonies comme sur le continent, éviter avec le plus grand soin toutes les occations d'où surgiraient des démêlés entre d'autres puissances et nous; ce qui équivaut à dire que la politique coloniale n'est plus une politique spéciale, qu'elle se confond avec la politique générale, qu'elle doit être dirigée avec la même circonspection. »

Nous voudrions seulement remplacer le mot circonspection par un autre mot plus sympathique; peut-être, est-il un bien cet intérêt que tout le monde semble prendre pour les colonies des autres; nous nous rapprochons donc de l'idée d'un Congrès permanent pour la politique coloniale, d'un Congrès chargé de la rédaction d'un nouveau droit général pour les colonies, d'un Congrès enfin auquel la dernière formule du plus difficile de tous les gouvernements, le gouvernement international, le gouvernement de la paix universelle, doit être réservée.

DERNIER MOT

Notre dernier mot comme le premier n'est qu'un mot de paix. Nous espérons qu'il n'existe pas, qu'il n'ait jamais existé, que jamais il n'existera plus un véritable état de guerre entre la France et L'Italie. La triste aventure de Mentana, la surprise de Tunis, méritent d'être oubliées en Italie, pour faire place aux seuls sentiments naturels et possibles, qui nous attachent vivement à la France.

Il y a des républicains en France qui pensent: les seuls amis de la France en Italie sont les radicaux. Non; l'amour de la France n'est le privilége d'aucun parti, et aucun parti loyal ne doit s'en servir comme d'une arme, pour combattre, avec cette arme étrangère, ses propres concitoyens. Si Garibaldi, avec les siens, a pu, en 1870, oublier que sa ville natale avait été cédée, dix ans auparavant, par l'Italie à la France, accourir et combattre vaillamment pour la délivrance du sol français, si dans ces dernières années les radicaux ont saisi plusieurs fois l'occasion de manifester leur vive sympathie pour la France, nous en félicitons le parti radical italien, qui a montré du cœur, à condition cependant qu'aucun autre jeu politique, qu'aucun intérêt de parti ne se cache derrière cette belle campagne idéale. Mais, si on réfléchit que les mêmes radicaux se sont toujours opposés à l'inauguration du monument en bronze erigé à la mémoire de Napoléon III, sur une place publique de la ville de Milan, on a de la peine à se persuader que tout ce feu soudain pour la France républicaine soit innocent et sans danger pour les institutions monarchiques italiennes. C'est la France monarchique, c'est la volonté personnelle de l'Empereur qui a lancé son armée superbe aux victoires de Magenta et de Solferino, qui ont délivré du joug autrichien Milan et la Lombardie; pourquoi refuse-t-on l'hommage public, que la reconnaissance du peuple lombard a voué à la gloire du libérateur? On ne supprime point l'histoire; les fautes commises par le veincu de Sedan peuvent avoir été trés graves aux yeux des Français; mais pour les Italiens l'Empereur Napoléon III représentait la France noble combattant fièrement pour une idée grande et généreuse. Ce souvenir est ineffaçable; et les radicaux milanais montreraient du bon sens et de la bonne foi dans leur enthousiasme pour la France, si les premiers ils allaient délivrer l'illustre prisonnier en bronze enfermé et caché depuis des années dans la cour des Archives.

Nous appartenons au nombre assez grand des Italiens qui n'ont jamais approuvé l'alliance militaire de l'Italie avec l'Allemagne, l'ennemie de la France; il y avait des grandes raisons de convenance, de décence, d'égards dûs à notre ancienne alliée, amie, et bienfaitrice qui devaient nous retenir d'un engagement formel auquel on aurait donné le caractère d'une odieuse ingratitude. Mais, ayant en horreur les guerres, et devant, d'autant plus, détester une alliance militaire faite en vue d'une guerre qui, à nos yeux, est impossible et qui serait infame, nous ne nous serions certes pas réjoui davantage, si l'alliance militaire avait été faite par l'Italie avec la France contre l'Allemagne.

Chaque nation a pour nous un caractère sacré et inviolable; comme nous ne voudrions, au sein d'une famille voir s'entretuer des frères, et nous interviendrions pour y déjouer toute intrigue menaçant la paix fraternelle, avec le même esprit, avec le même cœur, nous devons veiller pour que la paix des peuples ne soit plus troublée par aucune guerre fratricide. Si nous ne sommes pas tous des véritables frères, s'il y a entre nous des parents éloignés, toujours est-il vrai que le lien de la civilisation européenne doit nous resserrer tous. Les grandes armées, les grands arsenaux, les grands chantiers militaires nous effrayent et nous inquiétent; il nous ruinent tous, ils nous font du mal, et il nous distraient du travail utile. Nous demandons que nos soldats en Afrique soient, désormais, employés à ouvrir des chemins, à bâtir des ponts, des chaussés, des voies ferrées; qu'on en fasse des ingénieurs et des ouvriers pour la civilisation; c'est un emploi plus noble que de les garder à bailler dans leurs garnisons ou, sous différents pretextes, les lancer contre l'ennemi voulu et improvisé. Les plus grandes, les plus glorieuses batailles sont les batailles pacifiques. Dans ces dernier mois, l'utile découverte du docteur Koch a fait plus d'honneur à l'Allemagne et mieux servi à sa cause en face de la France et de l'humanité que toutes ses batailles victorieuses et sanglantes des funestes années 1870-71.

Le bruit a couru que, dans la dernière entrevue du Comte Caprivi avec le Roi d'Italie, le roi populaire, le roi sage qui veille constammant pour le bonheur de son peuple, et avec son puissant et heureux Ministre, on a posé les bases d'une nouvelle alliance économique, et d'une grande ligne douanière européenne, de laquelle la France, l'Allemagne et l'Italie seraient les initiatrices. Le désarmement partiel de chaque pays en suivrait; toutes les armées seraient mises sur le pied de paix. Nous souhaitons que tout ceci ne soit pas un conte. Nous aimons les contes, mais nous ne voudrions avoir rêvé debout pour une cause aussi belle, aussi urgente que celle qui nous passionne depuis des années.

Les dernières elections politiques italiennes ont montré que l'Italie n'aime pas les aventures et qu'elle est fortement organisée comme état monarchique. Puisque la victoire de M. Crispi a été procurée surtout par l'intervention de l'ancien parti libéral modéré, qui a secoué son apathie habituelle, devant le danger qu'on signalait pour l'avenir des institutions monarchiques, que l'on sache en France, que ce parti est le plus sincérement reconnaissant pour les bienfaits que l'Italie a retirés de sa voisine chevaleresque; que ce parti n'oublie rien, et qu'on peut compter sur sa fidélité. Entièrement désintéressé, et profondémment libéral, il a ce sentiment de la mesure, qui est la base essentielle de la justice. Que les Français s'y fient. De même que les anciens libéraux de l'Empire et de la Monarchie de Juillet sont devenus les meilleurs soutiens de l'actuelle République française, tous les libéraux italiens de l'école de Cavour et d'Azeglio, pour nous entendre sur des noms qui ne prêtent à aucune mystification possible, sont les plus sincères amis de la France, sur lesquels il est possible à la République française de s'arranger. Et puis qu'il est inévitable que M. Crispi, en ralliant ses compagnons de l'ancienne gauche avec les représentants les plus libéraux de l'ancienne droite parlementaire, crée avec ces éléments le nouveau parti national monarchique, qui doit lui assurer pour un long temps une majorité solide, la France peut, dans ces conditions, en face d'une situation nouvelle, se fier aux avances de M. Crispi, qui sait pouvoir compter dans le pays, non pas sur un parti isolé, mais sur tout un peuple qui a pour la France, malgré les querelles passées, malgré quelques regrettables défiances et des réserves necessaires, une espèce de culte passionné. Dans tous les cas, nous le professons ici comme partout, et nous l'avouons sans scrupule et sans peur; il fait partie de notre foi, et nous y tenons, sans renoncer à aucun de nos enthousiasmes de patriotes italiens, et au profond respect que chaque nation qui travaille pour la civilisation nous inspire.

La vérité et la justice nous poussent vers une nouvelle assiette sociale; un seul intérêt supérieur peut nous y guider; poursuivant les intérêts individuels, le choc des intérêts sera continuel, et nous n'atteignerons jamais le but. Regardons tous, dans une seule entente, vers l'intérêt commun, et nous trouverons aisément la satisfaction de tous nos besoins nationaux. Que le Président de la République Français, la Reine d'Angleterre, l'Empereur d'Allemagne, l'Empereur de Russie et le Roi d'Italie se trouvent seulement d'accord pour établir en Europe un Congrés Permanent de la Paix, fixant un code international européen et colonial, et le rêve [des rêves s'accomplira pour tous les peuples civilisés. Le remède est simple, puisqu'il dépend de la seule volonté de quelques chefs d'état coalisés pour le bien de l'humanité; dans aucun des pays, où le chef aura dit: je veux que la paix régne, il y aura des révoltes contre cette espéce de dictature bienfaisante; la paix ne coûte guère aux peuples; l'état de guerre seul est désastreux; tout le monde en convient, mais tout le monde s'arme; il faut cesser de s'armer; et écrire vite et adopter le Code de la Paix. Dicté par les chefs des grands états européens, ce Code ne sera jamais lettre morte. L'Italie jette le premier cri; que l'Allemagne et la France le recueillent. Si l'Allemagne devait sacrifier à l'idée de la paix son ambition de posséder l'Alsace et la Lorraine, et en proclamer la neutralisation, est ce que le jeune et puissant Empereur qui a si bien compris son rôle de prince actif, s'y refuserait? Pour avoir la paix, il faut d'abord éloigner les causes de guerre. Tant que ce clou de l'Alsace et de la Lorraine reste rivé aux pieds de l'Allemagne, celle-ci devra toujours regarder d'une manière inquiéte du côté du Rhin.

Il faut donc enlever ce clou. L'Allemagne aura sa paix avec la France en renonçant a l'Alsace et à la Lorraine, qui ne l'ont certes pas rendue plus forte; l'Autriche avec l'Italie en renonçant aux deux provinces de nationalité italienne qu'elle garde si maladroitement; la Turquie avec la Grèce, en lui cédant l'ile de Créte. Le code international à venir ne saurait prendre comme point de départ un état de guerre; et cet état durera tant qu'il y aura de pareilles questions ouvertes. Il faut d'abord éliminer ces questions; que la diplomatie y travaille, en atteignant ce but; le reste ne sera plus que l'œuvre du temps; les princes initiateurs se nommeront eux-mêmes leur délégués, et engageront tous les autres souverains à en désigner; la réunion de ces sages en parlement général, en assemblée constituante, nous donnera le code définitif de la paix internationale.

Il nous semble qu'il n'y a pour le moment, rien de plus important, rien de plus intéressant à entraprendre et à faire dans le monde; cette espèce d'idée fixe peut paraître banale et d'une naïveté enfantine, ou un grand rêve de poëte, pour ne pas dire de fou; mais combien de folies apparentes sont devenues des réalités splendides! Seulement pour que nous nous rencontrions tous, il faudra nous habituer à regarder ensemble vers un seul point élevé et lumineux; et les peuples comme les individus, peuvent bien arriver à un certain degré de désintéressement sans sacrifier leur dignité personnelle. Par des concessions mutuelles, tous les intérêts se trouvent naturellement protégés; seulement, il est utile que cet accord soit le résultat de la raison acceptée et reconnue par tout le monde, et non pas d'aucune violence faite ou subie parciellement.

Le même principe de l'équilibre par la liberté que l'on recommande dans l'ordre économique, doit triompher dans l'ordre politique; il faut seulement le fixer nettement et avec sincérité, et le maintenir avec loyauté; et, en attendant, nous débarrasser des esprits querelleurs, toujours prêts à guerroyer pour des riens et de nos propres vues étroites. Le monde est fatigué de luttes stériles; il est grand temps qu'il se livre, en toute sécurité, aux saintes joies du travail et aux douceurs d'une vie purifiée par l'amour actif du prochain et illuminée par le Soleil invoqué et adorable de la Paix bienfaisante.

TABLE DES MATIÈRES

A Monsieur Ernest Renan . . . . *Pag.* 5
Prélude . . . . » 9
Un coup d'oeil à l'Histoire de France . . . . » 29
La civilisation française depuis 1789 . . . . » 79
Aspect général de la France . . . . » 129
La Provence intermédiaire entre la France et l'Italie . » 139
Paris . . . . » 151
La France Coloniale . . . . » 255
Dernier mot . . . . » 287

www.ingramcontent.com/pod-product-compliance
Lightning Source LLC
Chambersburg PA
CBHW070738170426
43200CB00007B/565